역사 속의 소프트웨어 오류

Copyright ⓒ acorn Publishing Co., 2014. All rights reserved.

이 책은 에이콘출판(주)가 저작권자 김종하와 정식 계약하여 발행한 책이므로
이 책의 일부나 전체 내용을 무단으로 복사, 복제, 전재하는 것은 저작권법에 저촉됩니다.
서사와의 협의에 의해 인지는 붙이지 않습니다.

부실한 소프트웨어가 초래한
위험천만한 사건 사고들

역사 속의 소프트웨어 오류

김종하 지음

추천의 글

도요타 자동차 급발진 사고, 과다 방사선 치료로 환자를 죽인 테락 25 방사선치료기, 일촉즉발의 핵전쟁 위기… 이 끔찍했던 사고의 배후에는 우리가 신뢰하는 컴퓨터, 그중에서도 컴퓨터를 제어하는 소프트웨어가 있다. 개별 뉴스에 불과했던 일들이 한 자리에 모여 현대 문명에 대한 통찰을 주는 책이 됐다. 한국에서 가장 글을 잘 쓰는 개발자 가운데 한 명인 인기 블로거 Wisedog 님이 펴낸 책이라 무엇보다 쉽고 재미있다. 컴퓨터 전공이 아니어도 술술 읽힌다.

- 김상훈 / 관심사 SNS Vingle(빙글) 마케팅커뮤니케이션 디렉터

지금까지 나온 소프트웨어 에세이는 주로 밝은 면에 집중한다. 잘 되고 좋고 멋지고 훌륭한 소프트웨어에 대한 환상 말이다. 하지만 이 책은 실수, 실패, 그리고 그 뒤에 숨겨진 뒷 이야기를 집중적으로 다룬다. 소프트웨어 오류와 원인(일단 알고 나면 별거 아닌 듯이 보이는!)을 재미있고 이해하기 쉽게 풀어 쓰므로, 소프트웨어를 제대로 그리고 안전하게 구현하고 싶은 개발자에게 추천한다.

- 박재호 / 이노디에스 이사, 『조엘 온 소프트웨어』 역자,
'컴퓨터 vs 책'(http://jhrogue.blogspot.kr/) 블로그

바야흐로 소프트웨어 세상이다. 웨어러블, 빅데이터, 클라우드, 자율주행 자동차 등 연일 매스컴을 장식하는 최신 기술 이야기에서도 소프트웨어가 핵심을 차지한다. 개발자로서 혁신의 중심에 있다는 건 기분 좋은 이야기다. 하지만 소프트웨어가 고장 나면, 이런 혁신의 산물도 망가진다. 말하자면 소프트웨어의 역할이 커진 만큼 그에 대한 책임도 크다는 뜻이다. 이 책은 고신뢰성을 보장해야 하는 소프트웨어가 망가졌을 때 어떤 피해를 입는지를 소개한 책으로, 소프트웨어의 중요성이 커진 오늘날, 고신뢰성의 소프트웨어를 개발해야 하는 프로그래머들에게 도움이 될 것이다.

- 신승환 / 현대오트론 수석연구원,
『스마트카 Smart Car 소프트웨어 엔지니어링』 저자

조만간 알고리즘을 기반으로 한 지식의 대부분은 소프트웨어가 대체할 것이고, 80% 이상의 의사들을 대체할 것으로 예측된다. 그러므로 소프트웨어의 품질과 버그에 대해서는 꾸준한 관찰이 필요하다. 책에서 언급된 과 같은 실수를 예방하기 위해서 소프트웨어의 기술은 계속 진화 중이다. 자동화된 더 많은 인공지능들이 활성화될 미래에 활동할 후배들에게 좋은 교훈을 줄 사례들이 이 책에 소개된 것은 매우 훌륭하다. 소프트웨어 품질에 관심이 많은 후배 개발자들에게 적극 추천한다.

- 신현묵 / 오픈헬스데이터그룹 이사, PAG&파트너스 자문가,
(전)우리들병원그룹 IT전략담당이사

역사 속의 중대한 시스템 사건 사고의 이면에는 임베디드 소프트웨어의 오류가 그 중심에 있다고 해도 과언이 아니다. 이는 엄연한 사실이다. 이 책은 자동차, 금융뿐만 아니라 국방, 항공, 우주과학에 이르기까지 소프트웨어 오류가 이 위험천만한 사건 사고에 어떻게 관여되고 어떤 영향을 미쳤는지를 개괄하며, 그림을 이용해 이해하기 쉽게 작성한 훌륭한 개요서다. 소프트웨어 오류의 중요성을 새삼 일깨워 준 이 책을 임베디드 소프트웨어에 종사하거나 연구하는 분들이 꼭 읽어봐야 할 귀중한 도서로 적극 추천한다.

— 윤희병 / 전 국방대 국방과학학과 교수, 고려대 정보대학 컴퓨터학과 초빙교수

현대인의 눈이 닿는 모든 곳에는 컴퓨터가 있다. 스마트폰이나 PC의 얘기가 아니다. 더 작은 컴퓨터가 있다. 현관문에 달린 전자식 자물쇠부터 건물의 엘리베이터·자동차·비행기 등 모든 것에 컴퓨터가 있다. 그리고 이 모든 컴퓨터에는 소프트웨어가 깔려 있다. 만약 이 소프트웨어에 오류가 있다면? '그 사건'의 원인이 사람의 실수나 기계 결함이 아니라 소프트웨어 버그였다면? 이 책은 '한 줄의 오류'가 만든 어마어마한 결과를 추리 소설처럼 흥미로우면서도 사서처럼 매우 사실적으로 다룬다.

— 이인묵 / 조선일보 산업2부 IT팀 기자

인류 문명을 발전시키는 최첨단 IT 기술. 이 꿈을 실현해 주는 소프트웨어에도 위험한 얼굴이 있다. 이 책은 막대한 금전적 피해를 야기하기도 하고 다수의 소중한 인명을 앗아가는 일련의 사건을 소개함으로써 소프트웨어를 잘못 다루면 어떤 폭탄보다도 무섭다는 사실을 일깨워 준다. 또한 단순 사건 나열로 그치지 않고 소프트웨어 결함의 원인을 파헤치는 과정으로 독자의 호기심을 자극한다. 소프트웨어를 개발하는 프로그래머는 물론, IT 기술을 영유하고 있는 모든 사람이 흥미롭게 읽을 책이다.

- 정영범 / 공학박사, 파수닷컴 PA사업부 개발팀장

국내 업체들이 시간에 쫓겨 오류가 많은 소프트웨어를 내놓고 나중에 유지보수하느라 고생하는 경우를 많이 봐왔다. 소프트웨어 오류는 사용자는 물론 해당 개발 업체의 발목도 잡을 수 있는 위험한 존재다. 경쟁력 있는 소프트웨어 회사라면 가급적 오류가 적은 제품을 내놔야 한다. 치명적인 소프트웨어 오류 사례들을 정리한 이 책은 소프트웨어 오류에 대한 인식을 바꿀 수 있는 의미 있는 메시지가 될 것이다.

- 황치규 / ZDNet Korea 컴퓨팅팀 기자

지은이 소개

김종하 kim.jongha@gmail.com

견고한 코드를 작성하는 일에 관심이 많은 개발자다. 소프트웨어 테스팅에도 큰 매력을 느껴 테스트 자격증 ISTQB를 획득하고 소프트웨어 테스트 엔지니어로도 근무한 적이 있다. 정적 코드 분석도구를 개발하고 있는 파수닷컴을 거쳐, 현재 수출입 물류 벤처기업 셀러노트에서 CTO로 재직 중이다.

지은이의 말

이 책은 내 개인 블로그의 글로부터 시작했다. 걸프전 당시 패트리어트 미사일의 명중률이 형편없었다는 이야기를 우연히 접한 후, 관련 자료를 찾다가 미국 정부 측 조사 보고서를 읽게 되었다. 그 보고서에는 이라크 스커드 미사일이 미군 병영을 강타했으며, 스커드 미사일을 요격해야 할 패트리어트 미사일은 소프트웨어 결함으로 인해 요격에 실패했다는 내용이 적혀 있었다. 미디어가 내 머릿속에 '패트리어트는 스커드의 천적'으로 각인시켜 놓은 이미지가 산산조각 나던 순간이었다.

　이 일을 계기로 나는 소프트웨어의 결함으로 발생한 사건에 대해 조사해서 지속적으로 블로그에 올렸다. 다른 글과는 달리 이 글에 대한 반응이 좋아서 2년가량 꾸준히 적었고 이렇게 책으로 엮어 내놓게 되었다. 그러나 글을 쓰는 과정은 너무나도 힘들었다. 보통 데스크톱 소프트웨어의 결함보다는 임베디드 소프트웨어의 결함이 재산 피해나 인명 피해로 이어지는 경우가 압도적으로 많다. 그래서 임베디드 소프트웨어의 결함에 대해 주로 조사했는데, 문제는 이런 임베디드 소프트웨어는 국방, 과학, 항공, 우주, 의료, 자동차, 철도 등 매우 다양한 분야에 걸쳐 사용되고 있다는 점이었다. 따라서 글 한 편을 쓰기 위해 해당 분야의 배경 지식과 용어를 고루 이해해야 했고, 이 때문에 글 쓰는 데 매우 애를 먹곤 했다. 항공 관련 글을 쓸 때는 항공기 마니아(일명 항덕)가 되어야 했고, 국방 관련 글을 쓸 때는 밀리터리 마니아(일명 밀덕)가 되어야 했다. 전력 관련 글을 쓸 때는 수시로 전력과 관련된 책을 읽으면서 이해해야 했고, 일면부지의 항공대학교 조교에게 다짜고짜 이메일을 보내 레이더 관련 용어를 물어본 적도 있었다. 이 때문에 글 한 편을 적는 데 평균적으로 3개월이 소요되었고, 길게는 반 년이 넘는 시간이 걸리기도 했다.

이 책을 출간하면서 한 가지 아쉬운 점은 국내의 소프트웨어 실패 사례를 많이 소개하지 못한 것이다. 외국(특히 미국, 유럽)의 경우에는 실패 사례가 발생하면 조사위원회를 구성해서 끝까지 조사한 후 일반에 공개하지만, 우리나라는 조사위원회를 아예 만들지 않거나 조사 결과를 공개하지 않는 경우가 일반적이었다. 행여나 조사 결과가 공개되더라도 그 정보의 질이 매우 떨어져서 글로 쓸 수 없는 사례가 대부분이었음을 밝혀 둔다. 또한 소프트웨어 분야 종사자의 눈으로 보고 들은 것을 글로 옮긴 것이기 때문에 각 분야 전문가들이 보기에 다소 미흡한 부분이 있더라도 부디 넓은 마음으로 헤아려 읽어 주길 바란다.

끝으로 에이콘출판사 김희정 부사장님 외 편집팀과 책을 감수해준 파수닷컴 PA사업부 정영범 팀장님 외 팀원들, 틈날 때마다 내 발을 핥으면서 발의 보습을 책임진 애완견 일복이와 글을 쓰는 동안 물심양면으로 도와준 아내 현수에게 감사의 말을 전한다.

목차

추천의 글 · 5
지은이 소개 · 9
지은이의 말 · 10
들어가며 · 21

1장 _ 0.000000095의 오차가 앗아간 28명의 생명 · 25

미 공군 기지에 날아온 스커드 미사일 · 25
패트리어트 미사일 시스템의 구조 · 28
미사일 대 소프트웨어 · 29
미군의 대응 · 31
운명의 그날 당시 패트리어트 · 32
소프트웨어 개발자를 위한 섹션 · 35

2장 _ 멀고 먼 화성 탐사의 길: 소프트웨어 오류로 화성의 먼지가 된 두 탐사선의 운명 · 37

우주 탐사의 르네상스 · 37
화성 탐사의 첫 발을 내디딘 소련 · 38
미국의 첫 화성 탐사 성공 · 40
첫 화성 착륙선 · 42
화성 탐사의 주역, 미국 · 45
다시 시작된 화성 탐사 · 45
NASA의 화성 탐사 계획 · 47
MCO의 궤도 진입 · 48
MCO의 통신 두절 · 49

에어로 브레이킹 • 49
　　　단위 표기 불일치가 불러온 참사 • 51
　　　또 다른 탐사선, MPL • 54
　　　화성 대기권 진입, 그러나 • 54
　　　MCO, MPL의 교훈 • 55

3장 _ "여보세요? 여보세요?"
　　　코드 한 줄이 초래한 AT&T 장거리 전화 불통 사건 • 57
　　　AT&T의 역사 • 57
　　　신뢰의 AT&T 장거리 네트워크 • 59
　　　네트워크 장애의 시작 • 61
　　　문제의 원인은 잘못된 코드 한 줄 • 64
　　　전화 대란 그 후 • 64
　　　소프트웨어 개발자를 위한 섹션 • 65

4장 _ 소프트웨어 오류가 불러온 어둠: 2003 미국 북동부 대정전 • 69
　　　우리나라의 9.15 정전 사태 • 69
　　　2003년 미국 북동부 대정전 • 71
　　　대재앙의 시작 • 73
　　　연이은 트립 • 78
　　　최후의 보루, 샘미스-스타 345kV 라인 • 80
　　　티핑 포인트 • 84
　　　아이패드 발매일의 긴 줄 • 88
　　　왜 알람이 처리되지 않았을까? • 89
　　　소프트웨어 개발자를 위한 섹션 • 90

5장 _ 불멸의 요크타운 • 91
요크타운 • 91
태평양전쟁과 요크타운 • 91
유지비 절감 프로그램의 테스트 함선으로 • 100
영광의 하드웨어, 불명예의 소프트웨어 • 101

6장 _ 인터넷 웜의 시초, 모리스 웜 • 103
인터넷의 특성 • 103
공격과 방어 기능을 갖춘 소프트웨어 • 104
소프트웨어의 결함: 웜의 등장 • 105
웜과의 사투 • 106
위대한 웜, 그 후 • 110
모리스의 두 가지 아이러니 • 110

7장 _ 소프트웨어는 날아가는 전투기도 떨어뜨린다 • 113
스웨덴 JAS 39 그리펜 전투기 추락사고 • 114
그리펜 시제기의 추락 • 114
또 한 번의 추락 • 115
원인은 소프트웨어 문제 • 118
항공기에서 점점 더 중요해지는 소프트웨어 • 120

8장 _ 70억 달러짜리 불꽃놀이 쇼: 아리안5 501편 • 123
성장하는 상업용 우주산업 • 123

아리안5의 개발 • 125
아리안5 501편 • 125
사건의 재구성 • 126
결론 • 134
소프트웨어 개발자를 위한 섹션 • 135

9장 _ 잘못 설계한 소프트웨어 사용성: 빈센트호 사건 • 137

바다로 번진 전쟁의 불길 • 139
긴장이 높아져 가는 미국과 이란 • 143
실수와 오판, 운명의 교향곡 • 145
이란항공 655편을 향해 발사된 미사일 • 152
격추, 그 후 • 152

10장 _ 컴퓨터는 이해하기 힘든 인간의 시간 계산 • 155

윤년이란 • 156
마이크로소프트의 야심작과 윤년 버그 • 157
전 세계 게이머를 골탕먹인 PS3 윤년 버그 • 159
컴퓨터가 아닌 펜과 종이로, 병원 시스템 오류 • 160
멈춰버린 내비게이션 • 162
일상의 Y2K 버그 • 163
소프트웨어 개발자를 위한 섹션 • 164

11장 _ 게임 버그 · 167
    일상 속의 게임 · 167
    각종 게임 버그들 · 168
    이브 온라인 · 170
    월드 오브 워크래프트 · 172

12장 _ 금단의 열매: 핵무기 · 175
    소련을 향해 다가오는 핵 미사일 · 176
    페트로프의 결단 · 177
    페트로프의 결단, 그 후 · 179
    북미 항공우주 방위사령부: NORAD · 180
    새벽 3시에 걸려온 전화 · 182

13장 _ 의료기기의 소프트웨어가 사람을 죽였다: 테락25 사건 · 185
    늘어가는 암 환자와 암 치료법 · 185
    방사선 치료 · 187
    테락25의 개발 · 188
    테락25의 첫 번째 희생자 발생, 1985년 6월 · 190
    테락25의 두 번째 희생자 발생, 1985년 7월 · 192
    세 번째 희생자, 1985년 12월 야키마밸리 메모리얼 병원 · 194
    네 번째 희생자, 1986년 3월 동 텍사스 암센터 · 195
    다섯 번째 희생자, 1986년 4월 동 텍사스 암센터 · 200
    여섯 번째 희생자, 1987년 1월 야키마밸리 메모리얼 병원 · 202

사고의 원인 1: 소프트웨어 • 203
　　　사고의 원인 2: 사용자 인터페이스 • 207
　　　사고의 원인 3: 문서 • 208
　　　사고의 원인 4: 소프트웨어에 대한 AECL의 무지 • 209
　　　소프트웨어 오류가 불러온 참극 • 209
　　　소프트웨어 개발자를 위한 섹션 • 210

14장 _ 소프트웨어 오류로 잃은 화성 탐사선 • 217
　　　마스 글로벌 서베이어 • 218
　　　마스 글로벌 서베이어의 갑작스런 임무 종료 • 220
　　　원인은 소프트웨어 오류 • 222
　　　화성 탐사 로봇의 시대를 연 소저너 • 224
　　　본격적인 화성 탐사 로봇 스피릿 • 228
　　　스피릿의 첫 위기: 소프트웨어 오류 발생 • 228
　　　스피릿의 두 번째 위기: 바퀴 고장 • 230
　　　스피릿의 최후 • 231

15장 _ 세계를 쥐락펴락한 금융 소프트웨어 버그 • 235
　　　밴쿠버 증권거래소의 오류 • 235
　　　반올림 오류가 원인 • 236
　　　호주 퀸즈랜드 은행 카드 단말기 고장 • 237
　　　회사의 파산 위기를 초래한 소프트웨어 버그 • 240
　　　소프트웨어 개발자를 위한 섹션 • 242

16장 _ 소프트웨어가 막을 수 있었던 항공기 사고: 대한항공 801편과 아메리칸항공 965편 추락 사고 • 245

괌의 참사: 대한항공 801편 • 246
추락까지의 기록들 • 247
막을 수 있었던 사고 • 249
소프트웨어만 제대로 작동했더라면 • 251
아메리칸항공 965편 • 254
실수의 시작 • 257
"우리가 어디에 있는 거죠?" • 263
소프트웨어에 일부 책임 • 266

17장 _ 17조 원의 로또, 디지털예산회계시스템 • 269

지옥과 천당을 오르내린 정부 • 269
디지털예산회계시스템의 개발 • 270
'부적정한' 프로젝트 • 270
감리 의견도 무시하고 시스템 가동 강행 • 271
예정된 결함들 • 272
결국 터진 문제 • 273
종합적인 인재의 결정판 • 273

18장 _ 도요타 급발진 사고와 소프트웨어 • 277

"브레이크가 작동하지 않는다" • 278
도요타 리콜 위기 • 280

도요타 소프트웨어 검사 • 284
　　ECU 소프트웨어가 급발진을 일으킬 수 있다 • 285
　　버그 투성이 도요타 소프트웨어 • 288
　　바그룹 보고서와 도요타의 항복은 별개 사항 • 290

소프트웨어 개발자를 위한 에필로그 _
**　버그 없는 소프트웨어를 만들기 위해 • 291**
　　최초의 버그 • 291
　　소프트웨어의 원죄: 버그 • 292
　　소프트웨어 개발 프로세스 • 293
　　소프트웨어 버그의 비용 • 294
　　코딩 표준 • 296
　　정적 코드 분석 • 297

　참고자료 • 299
　그림 출처 • 305
　찾아보기 • 315

들어가며

 실패는 성공의 초석(礎石)이 된다. 현재 존재하는 각종 안전 규범, 가이드라인 등은 과거 실패 사례를 분석하고 다시 되풀이하지 않겠다는 의지의 결과다. 비행기가 이륙하기 전에 승무원들은 탑승객들에게 비상 상황이 발생하면 상체를 앞으로 숙이고 머리를 감싸는 자세를 취해야 한다고 안내한다.

 이 안전 수칙은 1997년 발생한 대한항공 괌 추락 사고에서 비롯되었다. 항공기가 지상에 충돌하기 직전에 우연히 한 탑승객이 신발을 신기 위해 몸을 웅크렸다. 바로 이 자세가 이 탑승객의 생존에 결정적인 요인이 되었다. 비록 수백 명의 탑승객이 이 사고로 희생되는 아픔을 겪었지만, 이 자세는 그 후로부터 지금까지 전 세계 항공기 탑승객의 생명을 지키는 든든한 안전 수칙으로서 활용되고 있다.

 반면 소프트웨어 분야로 시선을 돌리면 우리가 가야 할 길이 아직 멀어 보인다. 소프트웨어가 원인으로 발생한 사고에 대해서 잘 알지 못할 뿐더러, 원인을 알아도 번거롭거나 시간이 없다는 이유만으로 주의 깊게 개발하지 않는 것이 현실이다. 하지만 과거와 달리 소프트웨어는 이제 실생활 곳곳에서 널리 쓰이기 때문에 소프트웨어에 오류가 있다면 그로 인한 재산적, 물질적 손해는 과거와 비교할 수 없을 정도로 훨씬 파괴적이고 광범위해졌다. 따라서 견고한 코드를 만드는 데 관심이 많은 개발자라면 한 번쯤 과거 소프트웨어의 실패 사례를 반드시 곱씹어 보고 더 안전한 코드를 만들기 위해 노력해야 한다.

이제 소프트웨어가 없는 세상에서 살아간다는 것은 상상할 수 없는 일이 되었다. 지금도 당신의 호주머니에서 스마트폰이 작동하고 있고 회사에서는 윈도우나 맥OS, 리눅스 등으로 업무를 처리하며, 출퇴근하기 위해 이용하는 자동차나 버스조차 각종 소프트웨어로 중무장되어 있다.

몸이 아파서 병원에 가보면 다양한 소프트웨어가 탑재된 각종 의료기기를 만날 수 있으며, 여행을 가기 위해 타는 비행기도 이제 최첨단 소프트웨어의 집합체가 된 지 오래다. 그런데 과연 이 모든 소프트웨어는 안전한 것일까? 그렇지 않다. 소프트웨어 오류가 직간접적인 원인이 되어 발생한 사건 사고로 지금까지 수많은 사람이 죽거나 다쳤고 막대한 물질적 손실이 발생했다.

이 책에서는 이처럼 소프트웨어 오류로 인해 우주, 항공, 군사, 통신, 금융, 의료, 생활 등 다양한 분야에서 막대한 피해를 입은 사례를 역사적인 에피소드 위주로 다루고 있기에, 평소 역사적인 사건이나 이슈에 관심이 많은 일반인이라면 소프트웨어에 관한 전문적인 지식 없이도 교양서적처럼 누구나 재미있게 읽을 수 있다.

아울러 소프트웨어 오류가 원인인 사건 사고—주로 물질적으로 큰 손해를 입히거나 일상생활에 큰 불편을 준 사건, 그리고 많은 인명 피해를 초래한 사고—를 위주로 이 책을 구성했다. 특히, 버그 없는 소프트웨어를 작성하는 데 관심이 있는 소프트웨어 개발자나 테스터, 소프트웨어 회사를 경영하는 관리자나 경영진들은 더욱 흥미를 느낄 수 있으며, IT 관계자들에게는 꼭 읽어야 할 필독서가 될 것이다.

1장

0.000000095의 오차가 앗아간 28명의 생명

1차 이라크 전쟁이 한창이던 1991년 2월 25일 저녁. 사우디아라비아 다란^{Dhahran}에 위치한 미 공군 기지에 어둠이 찾아왔다. 미군 병사들은 땀에 젖은 전투복을 벗고 가벼운 차림으로 하루를 마치고 있었다. 그날도 다른 날과 같은 평온한 일상이 이어졌다. 단 1기의 스커드^{SCUD} 미사일이 날아오기 전까지는 말이다.

미 공군 기지에 날아온 스커드 미사일

현지 시각 저녁 8시 40분경, 이라크에서 발사된 스커드 미사일 1기가 다란 공군 기지의 병영을 강타했다. 곧바로 엄청난 폭음과 함께 화염이 피어올랐고, 얼마 지나지 않아 병영 전체는 아수라장으로 변해버렸다. 계속해서 이어지는 수차례의 폭발로 병영 건물은 삽시간에 맹렬한 불길 속에 휩싸이게 되었고, 도처에서 사망자와 부상자들이 속출했다.

스커드 미사일 공격에 따른 피해는 끔찍했다. 이 공격으로 인해 미

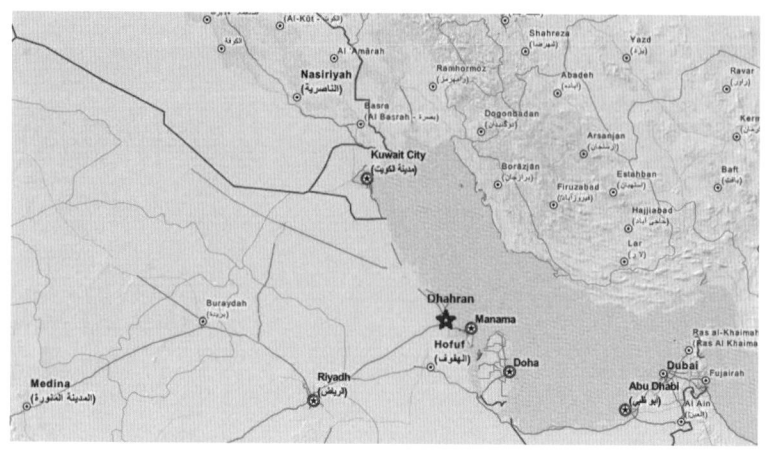

그림 1-1 중동 지역 지도와 다란의 위치 (출처: OpenStreetMap)

군 병사 28명이 사망하고 97명이 부상을 당했다. 특히 펜실베니아에 본부를 둔 제14병참 파견대는 전체 인명 손실의 절반에 가까운 13명의 사망자와 43명의 부상자가 발생하는 큰 피해를 입었다. 이 인명

그림 1-2 스커드 미사일 공격으로 파괴된 병영의 잔해를 조사하는 미군 (출처: Defence Imagenary)

피해는 이라크군의 스커드 미사일 공격으로 발생한 인명 손실 중 가장 큰 피해로 기록되었다.

비슷한 시기, 미군은 이라크군의 스커드 공격에 대비하기 위해 주요 거점에 미사일 요격 시스템을 배치하고 있었다. 이 요격 시스템의 핵심은 바로 1차 이라크 전쟁을 통해 일반인들에게는 '미사일 잡는 미사일'로 더 유명해진 패트리어트 미사일이었다. 당시 다란 공군 기지에도 이 패트리어트 미사일이 배치되어 있었지만, 스커드 미사일 요격은커녕 요격을 위한 단 한 발의 미사일조차 발사하지 못 했다. 그토록 유명한 패트리어트 미사일이 왜 스커드 미사일을 격추하지 못했을까?

그림 1-3 패트리어트 미사일 (출처: Raytheon 홈페이지)

패트리어트 미사일 시스템의 구조

스커드 미사일의 격추에 실패한 원인에 대해 좀 더 쉽게 접근하기 위해 패트리어트 미사일 시스템에 대해 먼저 알아보자.

패트리어트 미사일의 화려한 데뷔식은 1991년에 이루어졌지만, 사실 이 미사일 시스템은 이미 1981년부터 미군이 운용하고 있었다. 초창기 패트리어트(코드명 MIM-104A)는 사실 미사일이 아니라 비행기를 격추시키기 위해 설계되었다. 1950년대에 개발된 나이키-허큘리스Nike-Hercules와 호크HAWK 대공 미사일을 대체하려는 목적으로 개발했기 때문이다. 패트리어트가 스커드 미사일과 같은 탄도 미사일도 격추할 수 있는 능력을 갖추게 된 것은 1980년대 후반에 개발된 MIM-104C형부터였다. 1차 이라크 전쟁 때 배치된 패트리어트 미사일 시스템이 바로 이 MIM-104C형이었다.

패트리어트 미사일 시스템은 그림 1-4와 같은 단계를 거쳐 스커

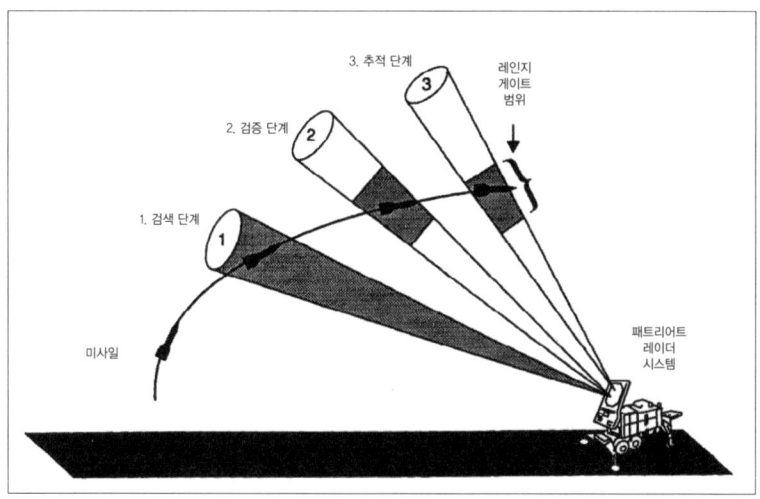

그림 1-4 정상적인 패트리어트 요격 절차 (출처: GAO Report)

드 미사일을 추적하고 요격했다.

1. 검색 단계: 날아오는 물체의 속도, 위도, 경도, 방위각, 고도와 같은 정보를 기반으로 하여 스커드 미사일인지 아닌지를 판단한다.
2. 검증 단계: 목표물의 비행 궤적과 속도, 위치 등을 검증한다.
3. 추적 단계: 패트리어트 시스템의 컴퓨터는 스커드 미사일이 날아올 지점을 미리 예측하여 미사일이 이 구간(이를 레인지 게이트$^{Range Gate}$라 한다)에 들어오면 미사일을 추적하기 시작한다.
4. 격추: 목표물이 사거리 안으로 진입하면 패트리어트 미사일을 발사한다. 발사된 패트리어트 미사일은 목표물에 근접하면 마치 산탄총(발사 시 탄두가 퍼져서 넓은 범위에 피해를 주는 총)처럼 목표물 앞에서 터진 후 약 1,000여 개의 파편을 목표물의 진입 궤도에 흩뿌려 목표물을 파괴한다.

미사일 대 소프트웨어

다란 공군기지를 공격했던 이라크 스커드 미사일의 정확한 명칭은 '알 후세인$^{Al-Hussein}$'으로, 스커드B형의 개량형이다. 알 후세인은 스커드B형과 비교하여, 탄두 중량을 반으로 줄이고(2,200파운드 → 1,100파운드) 사거리를 두 배로(300km → 600km) 향상시킨 모델이다. 스커드 미사일의 발사 지점과 목표 지점 간의 거리를 최대 사거리인 600km라고 가정하는 경우, 발사 후 약 7분 뒤에는 목표 지점에 도달하게 된다. 게다가 스커드의 최고 비행 고도는 150km에 달하고 비행 속도는 약 마하 5(약 시속 5,400km)로 매우 빠르다.

이러한 스커드 미사일을 격추하기 위해서는 미사일의 위치, 고도와 속도 등을 실시간으로 파악하여 다음 위치를 실시간으로 계산해야 하며, 패트리어트 미사일을 정확하게 그 지점으로 유도해야 하기 때문에 사람의 능력만으로 미사일을 요격하는 것은 불가능했다. 따라서 목표물(미사일) 추적 및 패트리어트 미사일 발사와 관련된 모든 과정을 컴퓨터로 계산하고 통제하게 된다. 모든 과정이 컴퓨터로 제어되는 패트리어트 시스템은 그야말로 완벽해 보인다. 하지만, 이렇게 제어 역할을 수행하는 소프트웨어가 사실은 잘못된 계산을 하고 있다면 어떨까?

실제로 패트리어트 시스템에는 치명적인 소프트웨어 오류가 숨어 있었다. 걸프전 발발 직후, 미군은 스커드 미사일을 방어하기 위해 중요 거점에 패트리어트 미사일을 배치했다. 1991년 2월 11일, 당시 패트리어트를 운용하고 있던 이스라엘군이 넘겨준 패트리어트 시스템의 기록을 분석한 패트리어트 프로젝트 팀은 심각한 소프트웨어 오류를 발견했다. 패트리어트 시스템을 8시간 연속 가동하면 레인지 게

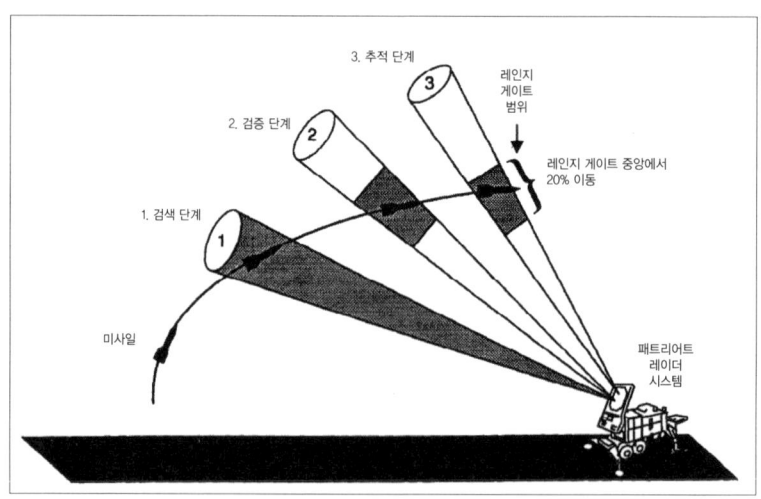

그림 1-5 레인지 게이트가 20% 벗어날 경우 (출처: GAO Report)

이트가 정상 위치에서 다른 위치로 20% 이동하는 것이었다. 앞서 언급한 대로, 레인지 게이트는 패트리어트 시스템이 스커드 미사일이 날아올 지점을 예측하는 구간이다. 이러한 레인지 게이트가 정상 위치에서 다른 위치로 20% 이동했다는 것은 레인지 게이트의 정 중앙에 더 이상 목표물이 위치하지 않음을 의미한다. 즉, 목표물이 레인지 게이트의 정 중앙에 가까울수록 더욱 높은 확률로 목표물에 대한 정확한 추적이 가능해지는데, 이 레인지 게이트 자체가 다른 위치로 20% 이동한다는 것은 그만큼 목표물을 추적하는 데 정확성이 떨어져 실패할 가능성이 높아진다는 것을 의미했다.

패트리어트 프로젝트 팀의 관계자는 "레인지 게이트가 목표물에서 50% 이상 이동하면 패트리어트 시스템이 더 이상 스커드 미사일을 추적하지 못한다."고 밝혔다. 이스라엘군의 데이터를 참조해 보건대, 8시간 동안 연속으로 패트리어트 시스템을 가동하면 레인지 게이트가 다른 위치로 20% 이동한다. 따라서 약 20시간 연속으로 가동하면 레인지 게이트는 50% 이동한다는 것을 알 수 있고, 그 경우 목표물이 레인지 게이트에서 벗어나게 되어 패트리어트는 무용지물이 된다.

미군의 대응

지금까지 군 관계자들은 패트리어트 대대에서 패트리어트 시스템을 한 번에 8시간 이상 가동하지 않는다고 생각하고 있었고, 이스라엘군이 겪은 경험이 무척 이례적인 일이라고 믿고 있었다. 하지만 패트리어트 프로젝트 팀은 이스라엘군의 데이터를 분석한 후 실제로 레인지 게이트가 이동하는 소프트웨어 오류를 확인했고, 해당 오류를 수정한 소프트웨어를 2월 16일부터 배포하기 시작했다. 뒤이어 2월 21일 패트리어트 프로젝트 부서는 '장시간에 걸쳐$^{\text{very long run time}}$' 패트리어트 시스템을 사용하면 레인지 게이트가 이동하게 되어 목표물 추적에 실패할 수 있다고 경고하면서, 이 문제를 해결한 새로운 소프트웨어를 개발하여 배포하고 있다는 내용의 메시지를 모든 패트리어트 대대에 보냈다. 하지만 이 메시지에서 언급한 '장시간'이 얼마나 긴 시간인지는 정작 명시하지 않았다. 패트리어트 프로젝트 팀은 당연히 패트리어트 시스템을 목표 추적에 실패할 정도로 오랜 시간 동안 연속해서 사용하지 않을 것이라 생각했다.

운명의 그날 당시 패트리어트

이라크의 공격이 있던 그날, 미군은 스커드 미사일의 공격에 대비하기 위해 다란 공항과 항구에 패트리어트 1개 대대를 배치하고 있었다. 그중 다란 공군 기지의 방어를 맡은 것은 알파 포대$^{\text{Alpha Battery}}$와 브

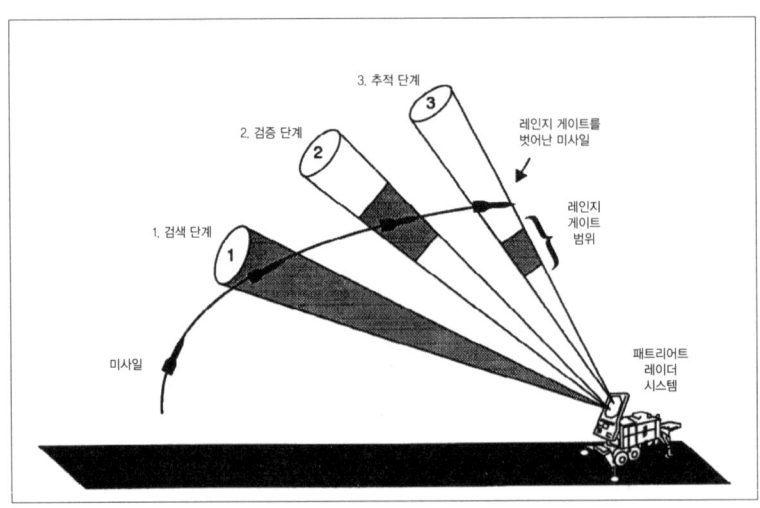

그림 1-6 당시 알파 포대의 레이더 시스템 (출처: GAO Report)

라보 포대$^{Bravo\ Battery}$였다. 하지만 사건 당시 브라보 포대는 레이더 문제로 가동을 중지했고 알파 포대만이 패트리어트를 작동 중이었다.

알파 포대가 보유한 패트리어트의 소프트웨어는 1시간 운용할 때마다 0.0034초의 오차를 내고 있었다. 이 정도의 오차시간은 우리의 일상생활에서 눈 깜짝할 시간보다 훨씬 짧은 찰나에 불과하지만, 초속 2km로 움직이는 스커드 미사일에게 이 오차는 무려 7m나 이동할 수 있는 시간이며 레인지 게이트에서 7m 정도의 오차를 나타낸다는 것을 의미한다. 따라서 이 시스템을 20시간 연속 가동하면 약 0.687초의 오차가 발생하고 레인지 게이트는 실제 목표물의 위치와 비교해서 137m의 오차를 내게 된다. 이 경우 목표물은 레인지 게이트 자체를 벗어나기 때문에 패트리어트는 더 이상 정상적으로 목표물을 추적할 수 없다. 즉 20시간 이상 연속해서 작동하면 패트리어트 시스템은 그저 번지르르한 장난감에 지나지 않는다는 말이다.

표 1–1 패트리어트 가동 시간에 따른 오차

시간	초	계산된 시간(초)	오차(초)	레인지 게이트 오차 범위(m)
0	0	0	0	0
1	3,600	3,599.9966	.0034	7
8	28,800	28,799.9725	.0275	55
20	72,000	71,999.9313	.0687	137
48	172,800	172,799.8352	.1048	330
72	259,200	259,199.7528	.2472	494
100	360,000	359,999.6687	.3433	687

본론으로 돌아와 다시 얘기하자면, 사건 발생일인 2월 25일에 알파 포대는 패트리어트 시스템을 무려 100시간 연속 가동 중이었다. 이는 앞서 설명한 부분과 표 1-1에서 볼 수 있듯, 0.3433초의 오차가 발생했다는 것과 레인지 게이트가 무려 687m나 벗어나 있었다는 것을 의미한다. 즉, 패트리어트 시스템은 스커드 미사일로부터 약 687m나 떨어진 전혀 엉뚱한 곳을 탐색하고 있었기 때문에, 당연히 추적에 실패할 수밖에 없었다. 아무런 방해도 받지 않은 스커드 미사일은 그대로 미군 병영으로 빨려 들어갔다. 이라크가 발사한 스커드 미사일의 개량형인 알 후세인의 오차 범위가 1.5~3km임을 감안한다면 그야말로 요격에 성공한다는 것은 '소 뒷걸음질하다가 쥐 잡는' 격이었고, 미군으로서는 그야말로 큰 불행이었다.

그리고 안타깝게도 이 문제를 해결한 소프트웨어는 사건 다음 날인 2월 26일에서야 다란에 도착했다. 이 사건은 스커드 미사일에 의해 미군이 희생된 첫 사례였고, 스커드 미사일로 인해 발생한 최대의 인명 피해로 기록되었다. 만일 소프트웨어 오류가 없었거나 문제가 해결된 소프트웨어가 조금 더 일찍 도착했다면 28명이 희생되는 비극을 막을 수 있을지도 모른다.

소프트웨어 개발자를 위한 섹션

패트리어트 시스템은 1/10초마다 1/10씩 곱하는, 즉 10씩 나누는 연산을 수행했다. 이 계산은 24비트 고정 소수점 레지스터를 사용하여 수행했다. 문제는 컴퓨터가 10진수 기반이 아니라 2진수 기반으로 계산한다는 점이다. 1/10은 2진수로 1/2^4 + 1/2^5 + 1/2^8 + 1/2^9 + 1/2^{12} + 1/2^{13} + ⋯인 무한소수가 된다. 이를 2진수로 변환하면 0.000 1100110011001100110011001100⋯로 딱 떨어지지 않는다. 그런데 시스템은 24비트에 맞춰서 25비트 이하 값을 잘라버리고 24비트까지만 저장하기 때문에 한 클럭 수행 시 0.00000000000000000000000011001100(10진수로 약 0.000000095)만큼의 오차가 발생하게 된다.

즉 수식으로 정리하면 다음과 같다.

```
  0.0001100110011001100110011001100⋯
 −0.000110011001100110011001100
  ─────────────────────────────────
  0.00000000000000000000000011001100⋯ (2진수)
```

1/10초마다 수행되는 이 계산이 100시간 동안 누적되었고 따라서 0.000000095 × 100(시간) × 60(분) × 60(초) × 10(초당 수행되는 나누기 연산) = 0.34초만큼의 시간 오차가 발생했다. 당연히 스커드 미사일 요격은 실패할 수밖에 없었다.

2장

멀고 먼 화성 탐사의 길: 소프트웨어 오류로 화성의 먼지가 된 두 탐사선의 운명

1960~1970년대는 우주 탐사의 르네상스 시기였다. 2차 대전 이후 미국과 소비에트 연방(이하 소련)의 냉전이 시작되면서 이 두 나라가 경쟁적으로 우주를 향해 탐사선을 발사했기 때문이다.

우주 탐사의 르네상스

1957년 10월 4일, 소련이 세계 최초의 인공위성 스푸트니크^{Sputnik} 1호를 쏘아 올리면서 촉발된 '우주 경쟁'은 군사, 경제, 문화, 기술, 이념적으로 상극인 두 국가 간의 일종의 자존심 싸움이었다. 물론 우주 탐사에 저렇게 열을 올렸던 것은 순수한 학문적 동기도 있었겠지만, 우주산업 기술이 군사 기술에 많이 응용되는 것도 주요 이유 중 하나였다.

　미국과 소련은 가까이는 달부터 멀리는 천왕성까지 지금껏 수많은 탐사선을 보냈지만, 이 장에서는 '화성 탐사선'에 대한 이야기를

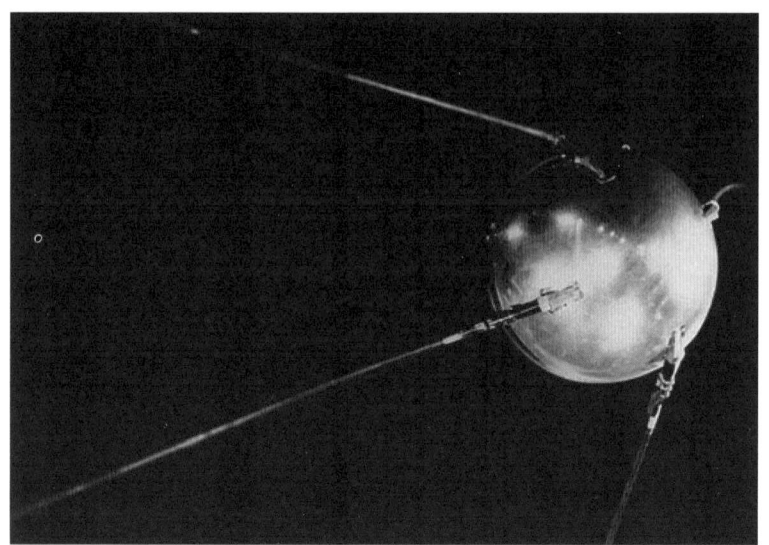

그림 2-1 스푸트니크 1호 (출처: NASA/JPL)

주로 다룬다. 화성은 태양계의 네 번째 행성으로, 태양과 지구 사이 거리의 약 1.5배 거리에서 태양 주위를 공전하고 있다. 태양계의 행성 중에서는 인간이 거주하기에 비교적 좋은 환경을 가지고 있기 때문에, 달 다음으로 많은 수의 탐사선이 화성으로 발사되었다. 하지만 성공적으로 임무를 수행한 탐사선은 그리 많지 않았다.

화성 탐사의 첫 발을 내디딘 소련

화성 탐사 역사의 첫 페이지를 장식한 나라는 소련이었다. 소련은 미국보다 4년 앞선 1960년 10월 10일 인류 최초로 화성 탐사선을 발사했다. 당시 발사된 이 탐사선의 이름은 마르스닉^{Marsnik} 1호였다. 화성을 스쳐 지나가면서 화성의 정보를 지구로 전송할 예정이었으나, 3단 로켓의 펌프가 고장 나면서 화성을 스쳐가기는커녕 심지어 지구 궤도에도 못 미치는 120km 상공까지 상승한 후 추락했다. 뒤이어 4일 후에 발사된 마르스닉 2호 역시 같은 이유로 120km 상공까지 상승 후 추락했다.

그로부디 2년 후 소련은 다시 한 번 화성 탐사에 나섰다. 소련은 1962년 10월 24일 스푸트니크 22호를 발사했다. 하지만 이 탐사선의 운명 역시 앞선 두 탐사선과 크게 다르지 않아서, 지구 궤도에 진입하자마자 윤활유 유출로 주 엔진이 폭발해 산산조각이 났다. 일반적으로 연달아 세 번이나 연속해서 실패하면 실의에 빠질 법도 한데 소련은 포기를 몰랐다. 스푸트니크 22호를 발사한 지 8일 후, 또 하나의 화성 탐사선을 발사했다. 마르스^{Mars} 1호라는 이름의 이 탐사선은 다행히 지구 궤도를 벗어나 화성을 향해 날아가면서 일부 데이터를 지구로 전송하는 데 성공한다. 하지만 약 6개월 뒤인 1963년 5월 21일,

그림 2-2 마르스닉 2 인공위성 (출처: NASA)

화성을 향해 날아가던 탐사선과의 통신이 돌연 두절되었다.

소련은 이대로 물러서지 않았다. 최초의 화성 착륙선을 목표로 개발된 스푸트니크 24호를 1962년 11월 4일, 존드^{Zond} 2호를 1964년 11월 30일에 발사했다. 하지만 안타깝게도 모조리 실패하고 만다. 스푸트니크 24호는 지구 궤도를 벗어나지 못했고 존드 2호는 화성에 도착하기 3개월 전 통신이 두절되었기 때문이다.

소련이 이렇게 번번이 실패를 맛볼 동안 경쟁국인 미국이 가만히 손 놓고 있을 리 없었다. 미국은 1964년 11월 5일 미국 최초의 화성 탐사선 마리너^{Mariner} 3호를 발사했다. 마리너 3호 역시 화성 근처를 지나면서 화성을 탐사할 목적으로 설계되었다. 하지만 발사 후 로켓의 오작동으로 인해 화성에 도달하지 못하고 지금까지도 우주 어딘가를 떠돌고 있다.

미국의 첫 화성 탐사 성공

화성 탐사의 첫 페이지는 소련이 열었지만, 첫 과실을 맛본 국가는 미국이었다. 미국은 마리너 3호를 발사한 지 약 3주 후인 1964년 11월 28일 마리너 4호를 발사했다. 인류는 마리너 4호를 통해 최초로 화성 근접 거리에서 화성에 대한 정보를 입수하는 데 성공했다. 마리너 4호는 발사된 지 7개월 반 만에 화성 상공 9,846km 지점을 통과하면서 21장의 사진을 지구로 전송했다. 마리너 4호는 사진뿐만 아니라 대기압과 자기장, 표면 온도 같은 정보를 지구로 전송하는 등 성공적으로 임무를 마치고 우주 저편으로 사라졌다.

첫 성공의 기쁨에 고무된 미국은 마리너 6, 7, 8, 9호를 연달아 발사했고, 8호를 제외한 나머지는 모두 성공적이었다. 특히 마리너 9호

그림 2-3 마르스 4호가 전송한 화성 사진 (출처: NASA/JPL)

는 최초로 화성 궤도를 공전하는 탐사선이었다. 마리너 4, 6, 7호 중 마리너 9호가 화성에 가장 가까운 거리인 1,400km까지 접근했고 이 고도에서 화성 궤도를 돌면서 장기간에 걸쳐 화성 표면을 촬영했다. 미국은 마리너 9호를 통해 상당히 많은 데이터를 얻었다. 마리너 9호는 7,329장의 사진을 통해 화성 표면 면적의 약 70%를 촬영할 수 있었고, 각종 분화구나 화산의 존재도 확인했다. 과거 물에 의한 침식이나 퇴적 등의 현상도 목격하여, 극 지방에 물이 존재하리라는 추측을 가능하게 하는 데 큰 역할을 했다.

첫 화성 착륙선

미국이 화성 탐사 경쟁에서 승승장구하고 있을 때, 여전히 소련은 무엇을 해도 잘 되지 않는 집안의 전형적인 모습을 보여주고 있었다. 1969년 발사한 마르스 1969A호, 마르스 1969B호는 각각 발사 후 438초, 41초 만에 폭발했다. 엎친 데 덮친 격으로 마르스 1969B호는 발사대에서 고작 3km 떨어진 곳에 떨어졌고 잔해에서 나온 유독 물질이 바람을 타고 발사 장소를 덮어버리는 바람에 다른 탐사선의 발사 일정까지 줄줄이 연기되고 말았다.

소련이 1971년 발사한 코스모스^{Kosmos} 419호는 탐사선을 지구 궤도에 올려놓는 것까지는 성공했으나 탐사선의 엔진 점화 타이머를 발사 후 1.5시간이 아니라 1.5년으로 설정하는 어이없는 실수를 저지르는 바람에 저고도에서 지구 궤도를 돌다가 중력에 이끌려 이틀 뒤 다

그림 2-4 미국의 마리너 6, 7호 (출처: NASA)

시 대기권으로 추락하고 말았다.

그러나 앞서 보여준 모습들에서 알 수 있듯 남다른 근성을 가진 소련이었기에 역시나 이번에 겪은 실패에도 전혀 굴하지 않고 1971년에만 화성 탐사선을 3기나 쏘아 올리는 기염(?)을 토했다. 우리나라가 나로호를 평균 14개월마다 한 번씩 발사한 사실과 비교해 보면, 소련의 탐사선 발사 주기는 가히 미사일 발사 수준이었다. 앞서 1971년 5월 10일에 발사했다가 실패했던 코스모스 419호의 뒤를 이어 5월 19일에는 마르스 2호를 발사했고, 5월 28일에는 마르스 3호를 발사했다.

마르스 2호는 인류의 화성 탐사선 중 최초로 착륙선을 탑재한 모델이었다. 이 탐사선은 화성 궤도를 도는 궤도선과 '로버^{Rover}'라고 불리는 이동 가능한 착륙선으로 구성되어 있었는데, 당시 궤도선은 성

그림 2-5 마르스 2호의 착륙선 (출처: NASA/JPL)

공적으로 화성 궤도에 진입했으나 착륙선은 화성 표면에 착륙 도중 추락해 부서지고 말았다.

한편 마르스 3호 역시 마르스 2호처럼 착륙선을 가진 탐사선이었다. 마르스 3호의 탐사선은 마르스 2호의 착륙선과는 달리 착륙에 성공했다. 하지만 운이 나쁘게도 하필 착륙 지점에 불어 닥친 강력한 먼지 폭풍 때문에 착륙한 지 약 20초 만에 통신이 두절되고 말았다.

이후 계속해서 6기의 소련 탐사선이 발사되지만, 제대로 된 성공을 거두지 못한 채 1991년 소련은 무너지고 만다. 소련을 계승한 러시아는 1996년에 마르스 96호를 발사했지만 이 역시 실패했다. 이

그림 2-6 바이킹 1호가 처음으로 보낸 화성 지표면의 컬러 사진 (출처: NASA/JPL)

후 극심한 경제난 속에 더 이상 탐사선을 발사하지 못하던 러시아는 2011년 11월 9일 '포보스-그룬트' 화성 탐사선을 발사하여 재도전에 나섰지만 이것 역시 실패하고 말았다.

화성 탐사의 주역, 미국

소련이 '무엇을 해도 망하는 집'이라면 미국은 '무엇을 해도 되는 집'이었다. 1975년 8월 20일에 발사한 바이킹^{Viking} 1호는 소련의 마르스 2, 3호처럼 궤도선과 착륙선으로 구성되어 있었는데, 마르스 2, 3호와는 달리 화성 착륙에 성공하는 쾌거를 거두었다. 더불어 1975년 9월 9일에 발사한 바이킹 2호 역시 착륙에 성공하는 겹경사까지 맞이했다.

하지만 경사는 오래가지 않았다. 바야흐로 우주 탐사의 르네상스가 끝나고 암흑기가 찾아왔다. 문제는 '돈'이었다. 당시 소련의 경제력은 세계 2위였지만 우주 탐사에 소모되는 막대한 비용을 감당하지 못하는 바람에 미국과의 치킨 게임에서 발을 뺄 수밖에 없었다. 베트남 전쟁 때문에 예산의 압박을 받고 있던 미국 역시 우주 탐사에 많은 돈을 쓸 수 없었다. 게다가 경쟁 상대인 소련이 발을 뺀 이상 미국 혼자서 우주 탐사에 많은 돈을 쏟아부을 수도 없는 노릇이었다. 결국 미국은 수많은 우주 탐사 계획을 취소했다.

다시 시작된 화성 탐사

한동안 잠잠하던 화성 탐사에 다시 불을 붙인 것은 소련이었다. 소련은 1988년 화성 탐사선 포보스^{Phobos} 1, 2호를 연달아 발사했으나, 늘 그랬듯이 화성 탐사에 실패했다. 이런 소련의 재도전을 라이벌 미국

이 팔짱만 끼고 보고 있지는 않았다. 미국은 화성 탐사용 위성을 발사할 옵저버^{Observer} 계획을 세우고 1992년 9월 25일 화성 탐사선 마스 옵저버$^{Mars\ Observer}$호를 발사했다. 17년 만에 발사된 이 화성 탐사선은 300여 일 동안 7억 2,500만 km를 항해하여 화성 근처에 도착했으나, 화성 궤도 진입을 이틀 앞둔 1993년 8월 22일에 돌연 연락이 두절되어 임무에 실패했다.

마스 옵저버호 발사로부터 약 4년 뒤인 1996년, 미국은 마스 글로벌 서베이어$^{Mars\ Global\ Surveyor}$와 마스 패스파인더$^{Mars\ Pathfinder}$를 연이어 발사했다. 마스 글로벌 서베이어는 화성 궤도를 돌면서 화성을 탐사하기 위한 목적이었고, 마스 패스파인더는 바이킹호처럼 화성 표면을 탐사할 목적으로 제작되었다. 그 당시 두 탐사선은 미국이 화성 탐사에 나선 이래 가장 큰 성공을 거두었다. 마스 글로벌 서베이어는 화

그림 2-7 화성의 바위를 조사하고 있는 마스 패스파인더의 지표 탐사로봇 소저너 (출처: NASA)

성 궤도를 돌면서 지금까지 화성 탐사선이 보내왔던 것보다 훨씬 더 많은 자료를 지구로 보냈다. 또한 착지 후 이동이 불가능했던 바이킹 1, 2호와는 달리 이동 가능한 바퀴를 장착한 마스 패스파인더는 예상했던 것보다 다섯 배나 더 오래 작동하면서 NASA^{북미 우주항공국} 관계자들을 놀라게 했다.

NASA의 화성 탐사 계획

마스 패스파인더와 마스 글로벌 서베이어의 성공에 고무된 미국은 화성 탐사 '98 계획^{Mars Surveyor '98}을 수립했다. 이 계획하에서 화성의 기후와 날씨, 물과 대기 등의 정보를 수집할 목적으로 2대의 우주선이 제작되었다. 화성 기후 궤도 탐사선^{Mars Climate Orbiter}(이하 MCO)과 화성 극지 착륙선^{Mars Polar Lander}(이하 MPL)이 바로 그것이다. MCO는 화성 궤도를 돌면서 화성의 날씨와 기후 등의 정보를 수집할 목적으로 만들어졌으며, MPL은 엄청난 양의 얼음이 존재하고 있을 것으로 추정되는 화성의 남극 지역에 착륙해서 지표를 탐사할 목적으로 만들어졌다.

NASA는 현지 시각으로 1998년 12월 11일 13시 45분 51초에 플로리다주 케이프 커내버럴 공군 기지에서 MCO를 발사했다. MCO는 지구 상공에서 발사체인 델타2 로켓과 성공적으로 분리된 후, 화성을 향해 초속 5.5km의 속도로 항진하기 시작했다. 발사 후 286일 뒤인 1999년 9월 23일 MCO는 화성 궤도에 진입하기 위한 절차를 진행하고 있었다. 화성의 기후, 날씨를 조사하는 임무를 안고 지구를 떠난 지 어언 9개월, 이제 화성 궤도에 진입할 일만 남았다. 프로젝트는 성공적으로 보였다.

MCO의 궤도 진입

MCO가 화성에 접근하자 NASA 산하 제트 추진 연구소의 지구 관제소가 부산해지기 시작했다. 오전 8시 41분(UTC) MCO의 화성 궤도 진입이 시작되었다. 먼저 태양전지 판을 접고, 9분 뒤 주 엔진을 분사하기 위해서 MCO 방향을 조절하는 자세 제어가 시작되었다. 8시 56분에는 주 엔진 분사를 위해 압력 밸브가 개방되었고 이로부터 4분 뒤인 9시 00분 46초, 화성 궤도에 진입하기 위해 MCO의 주 엔진이 불을 뿜기 시작했다.

모든 시스템은 정상 가동 중이었다. 주 엔진은 약 16분 23초 동안 분사될 예정이었다. MCO는 잠시 화성의 뒤편(지구에서 보이지 않는 화

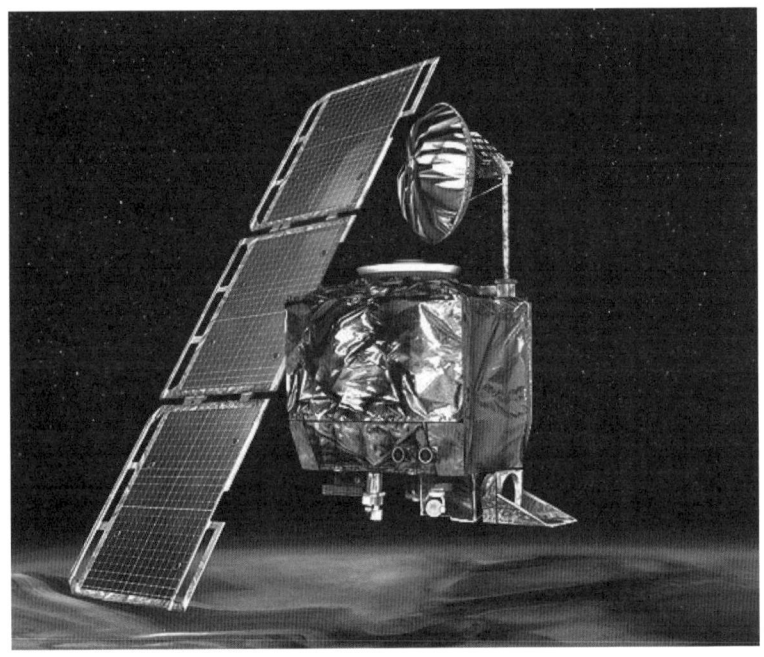

그림 2-8 MCO 상상도 (출처: NASA)

성의 반대편)으로 화성을 끼고 크게 원을 그리면서 이동한 후, 다시 화성의 앞(지구에서 볼 수 있는 화성의 반면)으로 나타날 예정이었다. MCO가 화성의 뒤편에 있을 때는 통신이 불가능했기 때문에, MCO가 화성의 앞면으로 이동할 때까지 MCO의 상태를 알 수 없었다. NASA는 이 시간을 약 21분 정도로 예측했다.

MCO의 주 엔진이 가동된 지 약 6분 후인 9시 6분, MCO는 화성의 그늘로 사라졌다. NASA는 9시 27분경에 MCO가 화성의 그늘에서 벗어나 지구와 교신을 재개할 것이라 예측했다. 지구를 향해 전파를 쏠 것이라는 기대였다. NASA 관제실의 모든 사람들은 가출한 자녀의 연락을 기다리는 부모의 심정으로 초조하게 MCO의 신호를 기다리고 있었다.

MCO의 통신 두절

1초, 1분… 시간은 계속 흘렀고 드디어 MCO가 화성의 그늘을 벗어날 시간이 되었음에도 불구하고, 끝내 MCO의 신호는 잡히지 않았다. NASA는 궤도 진입 시도 다음 날인 9월 25일까지 모든 방법을 총동원하여 MCO와 교신을 시도했으나, 모든 노력이 실패로 돌아갔다. 결국 9월 25일, NASA는 공식적으로 프로젝트 실패를 선언했다.

NASA는 9월 27일 조사위원회를 결성하고, 실패 원인을 조사하기 시작했다. 그리고 이틀 만인 9월 29일에 실패 원인이 밝혀졌다. 원인은 의외로 간단했다.

에어로 브레이킹

MCO 발사 실패의 원인을 설명하기에 앞서 에어로 브레이킹[Aerobreaking]

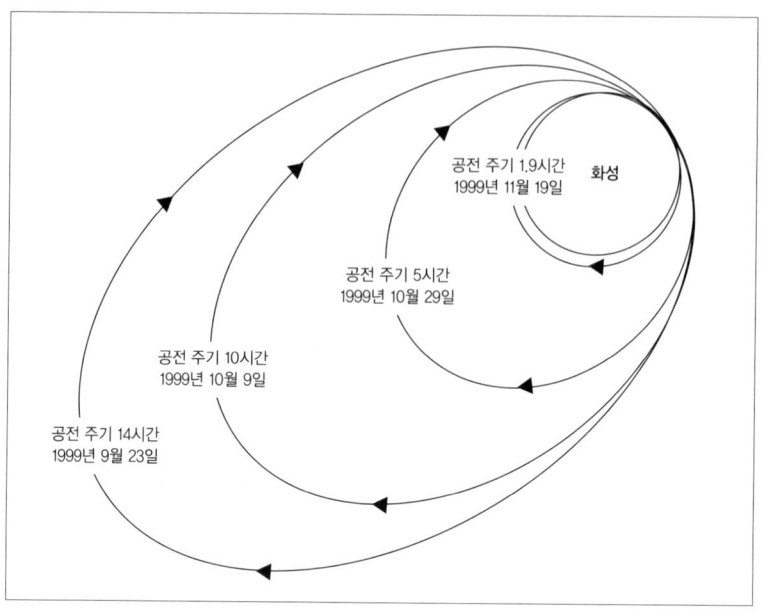

그림 2-9 MCO의 에어로 브레이킹 궤도 (출처: NASA/JPL)

기술에 대한 이해가 필요하다. 에어로 브레이킹은 MCO에 앞서 마스 글로벌 서베이어에 처음 사용된 기술이다. 화성 둘레를 공전하는 탐사선의 경우 화성을 지나치지 않고 화성의 위성 궤도에 진입해야 한다. 이때, 한 번에 위성 궤도에 진입하지 않고 여러 번 타원형의 궤도를 돌면서 대기의 마찰로 점차 속도를 감소시켜, 최종적으로 원형의 공전 궤도를 돌게 만드는 것이 바로 에어로 브레이킹 기술이다.

이 기술에서 가장 중요한 것은 바로 화성 궤도에 진입할 때의 위성 속도와 화성과의 거리다. 탐사선이 화성 궤도에 진입할 때 화성과의 거리가 너무 가까우면 탐사선이 대기의 마찰과 압력으로 인해 파괴될 수 있다. 반대로 탐사선과 화성과의 거리가 너무 멀면 그대로 화성을 지나쳐 영영 우주 미아가 될 수 있다.

단위 표기 불일치가 불러온 참사

모든 사람들이 학수고대하던 MCO의 연락이 결국 오지 않은 이유는 바로 이 에어로 브레이킹 과정에서의 실수 때문으로 밝혀졌다. 때는 사고 발생 15일 전인 9월 8일, MCO는 장장 9개월의 비행을 마치고 화성 궤도에 진입하기 위해 궤도 수정에 들어갔다. 이 궤도 수정은 MCO가 에어로 브레이킹으로 화성 궤도에 진입할 때, 화성 상공 약 226km로 진입할 수 있도록 방향을 조절하기 위해 필요한 과정이었다. 앞서 설명한 대로, 진입 고도가 적절해야 성공적으로 에어로 브레이킹 궤도에 진입할 수 있으며 궤도가 높으면 우주 미아가 되고, 낮으면 화성의 먼지가 된다.

그림 2-10 MCO가 처음이자 마지막으로 찍은 화성. 이 사진은 MCO의 유작이 되었다. (출처: NASA)

이 궤도 수정 이후에도 지구 관제소는 지속적으로 MCO의 궤도 진입을 추적하고 있었다. 그런데 이상하게도 MCO가 보내온 데이터를 바탕으로 MCO의 예상 진입 고도를 다시 계산하니, 9월 8일에 계산한 226km보다 훨씬 낮은 150~170km가 나왔다. 게다가 MCO가 화성에 가까이 접근하면서 화성의 강한 중력에 의해 영향을 받기 시작했다. 지구 관제소는 MCO의 화성 궤도 진입 1시간 전, 이 중력의 영향까지 포함해서 다시 예상 진입 고도를 계산했다. 재계산 후 얻은 고도는 바로 이전에 계산한 150~170km보다 더 낮은 110km였다. 하지만 MCO가 파괴되지 않고 살아남아 임무 수행이 가능한 최저 고도는 약 80km였기 때문에, NASA는 MCO의 궤도를 수정하지 않고 바로 화성 고도 110km 상공에 진입시켰다.

하지만 사고 후인 9월 27일 조사위원회는 MCO가 실제로 진입한 화성 고도는 110km가 아니라 57km였다는 사실을 밝혀냈다. 사고의

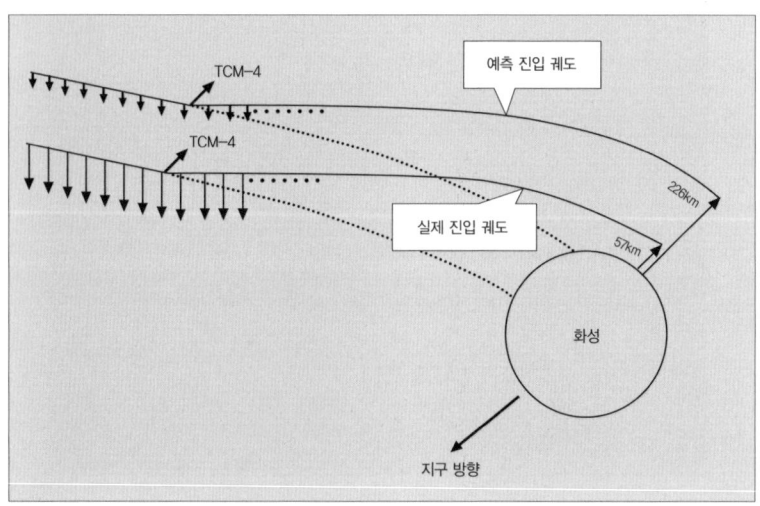

그림 2-11 예측 진입 궤도와 실제 진입 궤도의 차이 (출처: NASA)

핵심 원인은 바로 지구 관제소에서 사용하는 'SM_FORCE^{small force}'라는 프로그램에 있었다. MCO에서 엔진 추력 정보를 보내오면 이 SM_FORCE라는 프로그램에서 데이터를 한 번 처리하고, 이 데이터를 바탕으로 MCO의 궤도를 예측했다. MCO는 지구 관제소에 엔진 추력 정보를 국제 표준 단위인 뉴턴(N, $1N=1kg \cdot m/s^2$)으로 보냈으나, 무슨 영문인지 SM_FORCE는 이를 미국에서 사용하는 힘의 단위인 파운드힘(lbf, 약 4.45N)으로 인식해 처리했다.

MCO가 엔진 추력이 1뉴턴이라고 보고해도 SM_FORCE는 뉴턴을 파운드힘으로 변환하는 과정 없이 이를 그대로 사용했던 것이다. 따라서 지구 관제소는 실제보다 4.45배 큰 데이터로 MCO의 궤도를 예측하고 있었다. 이 차이가 MCO가 지구부터 화성까지 비행한 9개월 동안 계속해서 누적되었고, 에어로 브레이킹 당시 MCO의 실제 위치

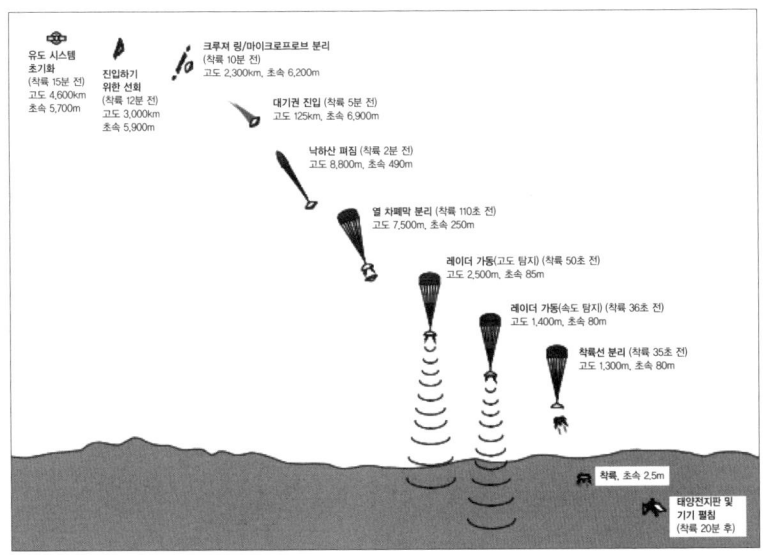

그림 2-12 화성 대기권 진입 과정 (출처: NASA/JPL)

는 지구 관제소에서 파악하고 있는 위치와 달랐다. 결국 MCO는 그림 2-11에서 설명하는 것처럼, 화성 상공 57km에 진입한 후 저고도에서의 대기 압력과 마찰을 견디지 못해 파괴되었다.

또 다른 탐사선, MPL

MCO는 예상치 못한 소프트웨어 오류로 단 1장의 사진만 남기고 화성 대기 중의 먼지로 사라졌지만, NASA에게는 화성 탐사 '98 계획의 또 다른 축인 MPL이 남아 있었다. MPL은 화성 궤도를 도는 MCO와는 달리 화성의 남극에 착륙하기 위해 설계되었다.

화성 대기권 진입, 그러나

1999년 12월 3일 MPL이 화성 표면에 착륙하기 위해 대기권에 진입했지만, 곧 통신이 두절되었다. 화성 궤도를 돌고 있는 마스 글로벌 서베이어가 MPL을 찾기 위해 나섰지만 결국 한 달 반 뒤인 2000년 1월 17일, MPL의 수색을 공식적으로 중단했다.

MCO와 마찬가지로 MPL 사고 이후, NASA는 조사위원회를 구성해서 사고의 원인을 샅샅이 조사했다. 그 결과 MCO와는 달리 아주 명확한 원인을 지목하지는 못했지만, MCO와 마찬가지로 소프트웨어 오류가 가장 유력한 원인으로 분석되었다.

지표 탐사선을 안전하게 착지시키기 위해서는, 하강 속도를 줄이거나 에어백 등의 방법으로 착륙선이 받는 충격을 최소화하는 것이 매우 중요하다. 이를 위해 MPL은 두 가지 방법을 이용했다. 착지 시 화성 고도 130m까지는 낙하산으로 속도를 줄인다. 그 이후에는 낙하산을 버리고 하강 엔진이 점화된다. 이 덕분에 MPL은 낙하산 분리 당

그림 2-13 MPL 상상도 (출처: NASA/JPL)

시 초속 80m의 속도로 하강하지만 착지 직전 초속 2.5m까지 속도를 줄일 수 있다.

MPL이 화성 지표에 착지하면 MPL의 다리에 장착되어 있는 센서가 MPL의 소프트웨어에 신호를 보내고, 이 소프트웨어가 하강 엔진을 끄도록 프로그래밍되어 있었다. 하지만 이 소프트웨어는 하강 중에 MPL의 한쪽 다리에서 발생한 진동을 착륙 완료로 오인해버렸다. 그 즉시, 해당 소프트웨어는 엔진을 정지시켰고 착륙선은 40m 상공에서 그대로 화성 표면으로 곤두박질쳐 파괴된 것으로 추정된다.

MCO, MPL의 교훈

인류가 달과 더불어 가장 많이 탐사선을 보낸 곳이 화성이지만 그 역사가 보여주듯 지금껏 수많은 실패와 좌절이 있었다. 늘 실패하지만 포기를 모르는 불굴의 러시아와 많은 성공을 경험했지만 MCO의 경우와 같이 소프트웨어 오류로 간간히 실패한 미국. 이처럼 두 국가가 끊임없이 도전하고 실패를 바탕으로 교훈을 얻어왔기 때문에 인류는 최근 화성 지표에 '큐리오시티^{Curiosity}'라는 탐사선을 무사히 안착시킬 수 있었다.

큐리오시티의 성공에는 분명 MCO의 실패에서 얻은 교훈이 녹아 있다. NASA는 MCO 사례 이후 모든 프로젝트 진행 시 도량형을 미터법으로 통일하도록 규제했기 때문이다. 도량형 문제로 3억 2,760만 달러(한화 약 4,000억 원, 환율 1,100원 기준)를 허공에 날리면서 얻은 귀중한 교훈이었다.

3장

"여보세요? 여보세요?" 코드 한 줄이 초래한 AT&T 장거리 전화 불통 사건

AT&T^American Telephone and Telegraph는 미국을 대표하는 기업 가운데 하나로, 전화의 역사 그 자체인 전화 전신 회사다. 이 회사의 창립자가 바로 전화를 발명한 알렉산더 그레이엄 벨^Alexander Graham Bell이기 때문이다.

AT&T의 역사

벨은 전화 발명 후, 벨 전화 회사^Bell Telephone Company라는 기업을 세우고 미국 전역에 전화 서비스를 확대해왔다. 1882년에는 서부 전자 회사^Western Electric Company를 인수하면서 생산 기능도 갖게 되었다. 이후 전화와 관련된 대부분의 특허를 보유하고, 벨 시스템^Bell System이라는 이름으로 널리 알려지게 되었다.

AT&T는 미국 벨 전화 회사의 자회사로 1885년 3월 3일 설립되었다. 초창기에 장거리 전화 네트워크 설치 및 운영이 주 사업 분야였던 AT&T는 오히려 1899년 12월 30일 모회사母會社인 벨 전화 회사를

그림 3-1 2차 세계대전 당시 벨 시스템 국제 전화 교환기에서 일하는 여성들 (출처: The U.S. National Archives)

자회사로 편입시켰다. 벨 전화 회사의 자회사로 시작했던 기업이 시간이 흘러 그 모회사를 자기 밑으로 넣은 셈이다. 이후 AT&T는 미국 통신시장의 대부분을 차지하는 지배적인 사업자가 되었고, 이 때문에 미국 정부로부터 지속적인 반독점 규제를 받게 된다. 1949년에 최초로 미국 정부의 반독점 제소가 있었고 1974년에도 미국 법무부가 AT&T를 상대로 반독점 소송을 제기했다.

이 1974년의 소송이 AT&T에게는 치명타였다. 8년간의 법정 공방 끝에 1982년 1월 소송에서 패한 AT&T는 결국 지역 전화 사업을 분리하라는 미국 정부의 명령을 받아들일 수밖에 없었다. 1984년 1월 1일, 미국 정부의 분할 명령에 따라 거대 통신회사 AT&T는 '엄마 벨

'Ma Bell'로 불리던 AT&T와 '아기 벨^{Baby Bell}'로 불리던 7개 지역 전화 회사로 분리되었다. 이 조치로 AT&T의 기존 전화 사업 중 지역 전화 서비스는 분리된 7개의 지역 전화 회사에서 제공하고, AT&T는 장거리 전화 서비스만을 제공하게 되었다. 너무 잘 나가서 강제로 분리되긴 했지만, AT&T는 여전히 통신시장에서 막강한 존재였다. 실제로 분리 후의 AT&T는 장거리 통신망 시장에서 여전히 과반 이상의 점유율을 차지하고 있었다.

신뢰의 AT&T 장거리 네트워크

AT&T의 장거리 전화 서비스는 그 신뢰성에 있어서 모든 전화 회사의 '롤 모델'이었다. AT&T의 장거리 통신 서비스는 하루에 발생하는 미국의 장거리 통신 트래픽의 70%를 책임지고 있었고, 1억 1,500만 건의 전화 통화를 처리했다. 이는 미국 곳곳에 있는 114 전자식 교환

그림 3-2 114 전자식 교환기 (출처: AT&T 홈페이지)

기4ESS 시스템 덕분이었다. 이 교환기는 각각 시간당 70만 통의 전화를 처리할 수 있었다.

114 전자식 교환기는 엄청난 처리 능력을 갖췄을 뿐만 아니라 신뢰성 또한 우수했다. 이 교환기는 네트워크상의 교환기 하나로 인해 전체 네트워크 시스템이 멈추지 않도록 설계되었다. 평소에 교환기는 연결된 다른 교환기의 상태를 끊임없이 지켜보면서 상태가 온전한지 혹은 이상 동작하는지를 확인한다. 만일 교환기 A가 고장으로 작동하지 않으면, 교환기 A와 연결되어 있는 교환기들은 교환기 A를 제외하고 목적지까지 전화를 연결시킬 수 있는 다른 길을 찾아내어 전화 연결에 문제가 발생하지 않도록 했다(그림 3-3, 3-4 참조).

게다가 교환기는 자가 결함 복구 소프트웨어가 내장되어 있어서 교환기에 문제가 발생하면 해당 소프트웨어를 실행하여 자동으로 시스템을 복구할 수 있었다. 복구하는 동안 교환기는 자신에게 오는 전화를 처리하지 않았다. 그동안 자신에게 오는 전화는 동일 네트워크

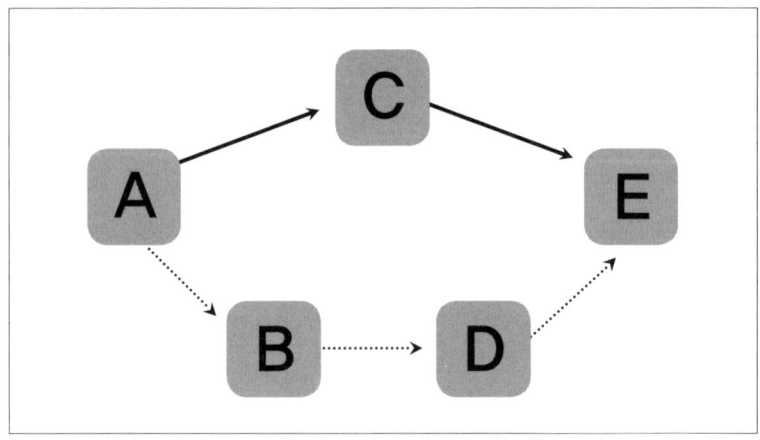

그림 3-3 A에서 E로 가는 가장 빠른 정상 경로 A → C → E

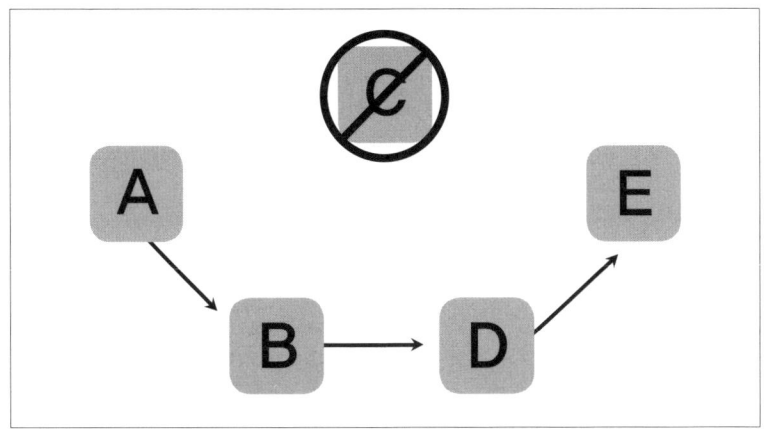

그림 3-4 A에서 E로 갈 때, C 고장 시 대체 경로 A → B → D → E

상의 다른 교환기가 처리했다. 복구 과정은 일반적으로 4~6초가 소요되었다.

네트워크 장애의 시작

1990년 1월 15일, 월요일 오후 2시 30분경, 뉴욕에 있는 AT&T의 4ESS 교환기 중 1대에서 사소한 기계적인 문제가 발생했다. 교환기는 즉각 자가 결함 복구 소프트웨어를 실행시켰다. AT&T의 네트워크 관리 절차에 의하면 복구 중인 교환기 A는 A와 연결된 인근 교환기들에게 자동으로 '지금 서비스 가능한 상태가 아니므로 A에게 새로운 전화를 보내지 말라.'는 메시지를 보낸다. 그러면 이 메시지를 받은 교환기 B, C, D(교환기 A와 연결되어 있는 교환기들, 이웃 교환기)는 교환기 A가 일시적으로 서비스를 중단한다고 프로그램에 체크한다 (그림 3-5, 3-6 참조).

교환기 A가 몇 초 후 복구를 마치고 전화를 다시 처리할 수 있게 준비되면, IAM^Initial Address Message을 보낸다. IAM은 전화를 처리할 수 있게 준비된 교환기가 인근 교환기에게 자신이 이제 전화를 처리할 수 있다고 알려 주는 첫 메시지다. 이 교환기 A는 이 IAM을 자신과 연결된

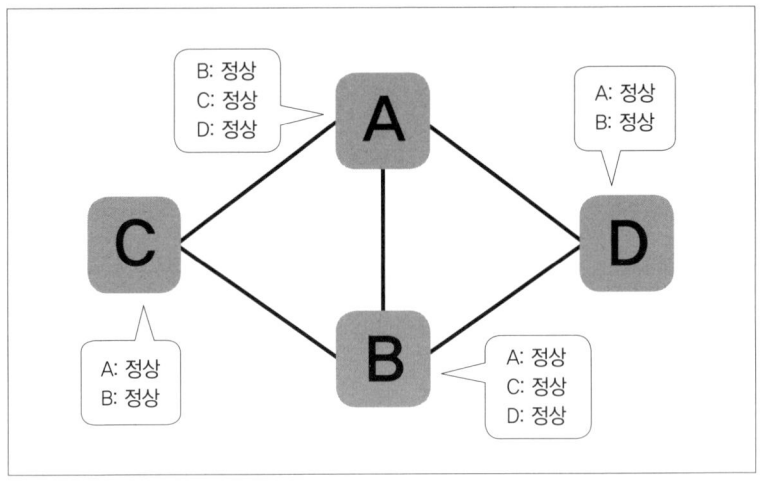

그림 3-5 정상 네트워크 상태

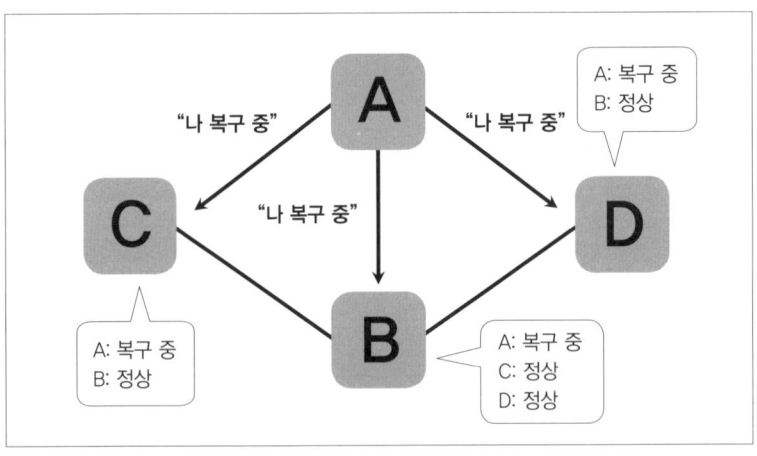

그림 3-6 A가 고장이 날 경우

교환기 B, C, D에게 보낸다. B, C, D 교환기가 A로부터 온 이 메시지를 보면, 자신들의 프로그램에 A 교환기가 다시 정상적으로 가동 중이라고 체크하고 새로운 전화를 넘긴다(그림 3-7 참조).

앞서 설명했듯이 교환기는 이웃 교환기가 정상적으로 작동 중인지 서비스 중단 중인지 알 수 있는 상태 정보를 가지고 있다. 이 교환기는 이웃 교환기로부터 IAM을 수신하면, 자신이 가지고 있는 상태 정보를 업데이트하도록 프로그래밍되어 있었다. 문제는 여기서 발생했다. 예상치 못하게 교환기 B, C, D는 교환기 A로부터 1/100초 간격으로 2개의 IAM을 받은 것이었다. 교환기 B, C, D가 이 메시지를 처리하는 과정에서 소프트웨어 장애가 발생했고, 곧이어 이 교환기들은 서비스를 재시작하게 되었다. 이 와중에 이 교환기들은 교환기 A와 마찬가지로 자신과 연결된 다른 교환기에 IAM을 보내게 되었고, 이 문제가 차례차례 네트워크상의 모든 교환기로 퍼져 나가면서 네트워크상의 거의 모든 교환기가 6초마다 서비스 중단과 재개를 반복

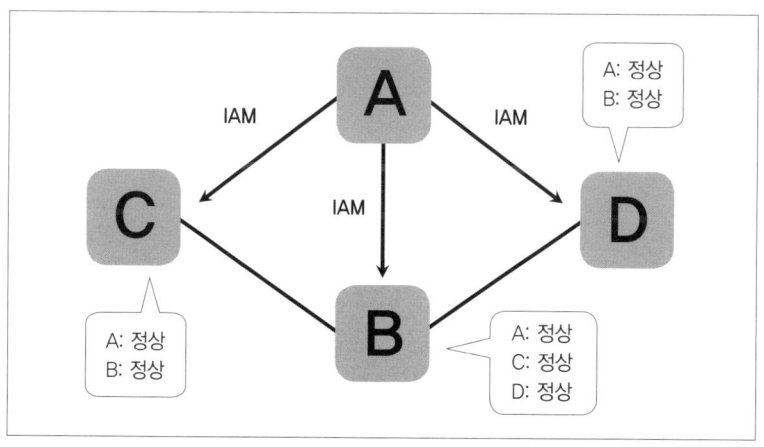

그림 3-7 IAM 메시지를 보낸 후

하면서 네트워크 장애가 발생했다.

문제의 원인은 잘못된 코드 한 줄

AT&T의 엔지니어들은 먼저 일반적인 장애 발생 시 대처하는 방법으로 네트워크를 정상으로 돌려놓고자 애를 썼지만, 소용이 없었다. 이 문제의 경우 AT&T가 지금까지 경험하지 못한 초유의 사태였다. 뉴욕 AT&T의 엔지니어는 물론 근처 일리노이, 오하이오, 뉴저지의 벨 연구소 엔지니어들까지 합류하는 등 모든 노력을 기울인 끝에, AT&T 엔지니어들은 사건 발생 9시간 만인 밤 11시 30분에 네트워크를 안정화시킬 수 있었다.

그 다음 날인 화요일, 모든 교환기의 프로그램을 업데이트 전의 기존 프로그램으로 대체하고 현재 소프트웨어의 결함을 샅샅이 검사하기 시작했다. 그 원인은 한 달 전인 1989년 12월에 새로 설치한 소프트웨어의 코드 한 줄에 있었다. 이 소프트웨어는 12월 중순에 실시한 AT&T 네트워크 업데이트의 일환으로 모든 4ESS 교환기에 설치되었다. 이 소프트웨어가 설치된 4ESS 교환기는 전화 통화량이 많은 크리스마스 시즌과 연말, 연초를 잘 버티는 등 사건이 발생하기 전까지 특별한 문제가 없었다. 다만 만에 하나 나올 가능성이 있는, 이를테면 0.01초 간격으로 메시지가 연달아 들어오는 특수한 상황을 테스트나 개발 과정에서 전혀 고려하지 못한 것이 이 사건의 발단이었다.

전화 대란 그 후

교환기가 고장 난 9시간 동안 미국 전역에서 전화가 연결되지 않는 초유의 사태가 벌어졌다. 지금과는 달리 인터넷이 발달하지 못했던 그 시절이었다. 당시 아메리칸 에어라인이 약 20만 건의 예약을 받지 못한 것으로 추정되는 등 전화로 업무를 처리하던 많은 회사(항공, 호텔, 렌터카, 텔레마케팅, 카드사 등)의 매출이 급격히 감소했다. 당사자인 AT&T도 반나절도 안 되는 짧은 시간 동안에 그 당시 돈으로 6,000만~7,500만 달러의 손실을 입었다. 게다가 100년 이상 전화 서비스를 제공하면서 쌓아온 '안정성 있는 전화 회사'라는 오랜 명성도 한순간에 무너져 내렸다.

이 사건이 발생한 지 17년이 지난 후, 1984년 AT&T에서 분할된 기업인 SBC 커뮤니케이션^{SBC Communication}(분할 당시 Southwest Bell Telephone Company)이 AT&T를 인수 합병했다. 분할될 당시 아기 벨^{Baby Bell}로 불리었던 작은 회사가 그 당시 엄마 벨^{Ma Bell}이었던 큰 회사 AT&T를 인수한 이 사건은 비즈니스 세계에 영원한 강자는 없다는 평범한 진리를 다시 한 번 일깨워 주는 계기가 되었다. 참고로 SBC 커뮤니케이션은 인수 후, 자사의 회사 이름 대신 AT&T라는 이름을 사용하고 있다.

소프트웨어 개발자를 위한 섹션

문제가 발생한 모듈의 의사 코드(pseudo code)는 다음과 같다.

```
1    while (ring receive buffer not empty and side buffer
2    not empty) DO
```

```
3      Initialize pointer to first message in side buffer or
4      ring receive buffer
5      get copy of buffer
6      switch (message)
7       case (incoming_message):
8        if (sending switch is out of service) DO
9         if (ring write buffer is empty) DO
10         send "in service" to status map
11        else
12         break
13       END IF
14        process incoming message, set up pointers to
15    optional parameters
16      break
17     END SWITCH
18     optional parameter work
```

앞서 언급한 대로 1/100초 간격으로 날아온 2개의 IAM을 처리하는 과정에서 에러가 발생했다. 첫 번째 IAM이 처리되지 않은 상태에서 두 번째 IAM을 받으면 일단 7행까지 수행된다. 소프트웨어는 아직 1번 IAM의 처리를 완료하지 않아서 버퍼가 비지 않았기 때문에 9행으로 이동한 후 IF~ELSE문을 탈출해서 12행이 실행되어야 한다. 그런데 이것은 단지 의사 코드일 뿐, 실제 구현할 때는 해당 언어(여기서는 C 언어)에 맞춰서 구현해야 한다. 의사 코드처럼 C 코드에서도 break가 사용되었다.

```
1     while()
2     {
3      switch(message)
4      {
5      case incomming_message:
6       if(sending switch is out of service)
7       {
8        if (ring write buffer is empty)
9         send "in service" to status map;
10       else
11        break; // 이 부분이 결함!
12         process incoming message, set up pointers to
```

```
13      optional parameters;
14        break;
15      } // end of if
16    case ......:
17      break;
18    } // end of switch
19    optional parameter work
20  }
```

그 결과 IF~ELSE문을 탈출하고자 했는데 한 발 더 나아가 SWITCH~CASE문까지 탈출하여 18행(의사 코드의 15행)이 실행되었다. 이에 오류가 발생해서 교환기가 리셋되었다. 더불어 모든 교환기는 같은 소프트웨어를 사용하기 때문에 네트워크가 순차적으로 리셋되어 전체 네트워크 장애가 발생했다.

"테스트할 수 없으면 하지 마라"
예나 지금이나 모듈 간에 실시간으로 상호작용하는 시스템을 테스트하긴 정말 어려운 일이다. 저명한 보안 컨설턴트인 윌리엄 휴 머레이(William Hugh Murray)는 이 사건을 두고 이렇게 말했다.

"AT&T를 비롯해 이와 비슷한 문제를 가지고 있는 다른 모든 회사에서도 마찬가지로, 이런 상황은 시뮬레이션하기도 테스트하기도 어렵다."

그리고 마지막으로 한마디 덧붙였다.
"IF YOU CANNOT TEST IT, DO NOT DO IT."
(테스트할 수 없으면 하지 마라)

당시의 개발자는 이런 상황이 오리라고 생각이나 했을까? 테스터는 이런 상황을 테스트 케이스로 커버할 수 있었을까? 예나 지금이나 어려운 일이다.

4장

소프트웨어 오류가 불러온 어둠: 2003 미국 북동부 대정전

2011년 9월 15일 오후 3시경, 우리나라의 전국 각지에 많은 피해를 입힌 대규모 정전 사고가 발생했다.

우리나라의 9.15 정전 사태

갑자기 멈춰버린 엘리베이터 안에서 몇 시간 동안 사람이 갇혀 있는가 하면, 멈춰버린 산소공급기로 인해 양식장에서는 수많은 물고기들이 폐사하고 말았다. 상점에서는 냉장고에 전원이 들어오지 않아서 음식이 상하거나 카드기가 작동하지 않아서 결제에 지장을 받는 등 영업에 큰 피해를 입었다. 도심에서는 곳곳의 신호등이 꺼지면서 교통 대란이 발생했다. 퇴근 시간까지 정전이 이어지자 서울지방경찰청은 '병(丙)호 비상'을 발령했고, 이에 따라 수많은 교통 경찰이 주요 교차로에서 수신호로 교통을 통제하느라 여름 기운이 채 가시지 않은 도로 위에서 진땀을 흘려야 했다.

'9.15 대정전'이라고 불리는 이 대규모 정전 사태는 사전에 예방할 수 있었던 인재(人災)였다. 2011년 9월은 다른 해보다 유달리 늦더위가 기승을 부렸던 해였다. 당시 기상청은 늦더위를 사전에 인지하고 정부에 이를 통보했다. 하지만 늦더위로 인해 전력 수요가 늘어날 가능성을 무시한 정부는 사전에 계획된 발전기 정비를 실시했다. 그리고 사건이 터진 9월 15일 당시 실제로도 영광 원자력 2호기, 울진 원자력 2호기 및 4호기를 비롯한 총 25개의 발전기가 정비 중이었다. 발전기가 정비 중이면 전력 생산을 못하기 때문에 9월 15일 전국적인 늦더위로 인한 전력 수요의 급증을 전력 공급이 따라가지 못했다. 급기야 전력거래소는 블랙아웃^{Blackout}(광역 정전 사태)을 막기 위해 지역별로 돌아가면서 전원을 차단하는 순환 단전을 실시했다.

비록 9.15 대정전은 사람이 초래한 인재에 가까웠지만 그 대응은 나름 합리적이었다. 이른바 '대를 위해 소를 희생한다'라는 것을 전제로 실시한 지역별 순환 단전은 우리나라 전체가 블랙아웃에 빠지는 것을 막기 위한 불가피한 조치였다. 블랙아웃은 강남구 테헤란로 일대만 정전되는 그런 작은 정전이 아니다. 적어도 서울 전체나 경기도 전체, 심지어 대한민국 전체가 정전될 정도로 규모가 큰 정전이다. 그럼 지역별 단전이라는 조치가 블랙아웃과 어떠한 관계이기에 그것이 적절했다고 평가할까? 이를 쉽게 이해할 수 있도록 여러분에게 이와 관련된 기본적인 지식을 잠깐 언급하고자 한다.

전기는 물리적으로 저장하기 어려운 에너지이기 때문에 생산과 동시에 소비가 이루어져야 한다. 따라서 전기를 생산하는 발전소와 전기를 소비하는 사무실, 공장, 가정은 전력 네트워크로 유기적으로 연결되어 있어야 한다. 또한 전력 공급량은 항상 전력 소비량보다 많아야 한다. 공급보다 소비가 많으면 과부하가 발생한다. 과부하가 발생하면 발전기가 손상될 수 있기 때문에 이 발전기를 지키기 위한 보호장치가 작동된다. 만약 과부하가 발생해서 전력 네트워크 내의 1~2개 발전기가 정지되면 전력 네트워크 내의 남은 발전기들은 더 심한 과부하를 받게 되고, 발전기들이 연쇄적으로 가동을 멈춰서 광범위하게 정전되는 사태가 벌어진다. 따라서 늘 수요보다 공급이 많도록 적절하게 조절해야 하지만, 9.15 대정전은 전력 수요를 잘못 예측한 데다가 발전소 정비로 인해 전력을 추가로 공급할 수 없기 때문에 어쩔 수 없이 순환 단전을 실시할 수밖에 없었다.

블랙아웃의 문턱까지 갔지만 가까스로 피할 수 있었던 우리나라와는 달리 전기를 처음 발명한 나라인 미국은 여러 번 블랙아웃 사태를 겪었다. 그중 2003년 미국 북동부에서 발생했던 블랙아웃은 미국이 겪었던 블랙아웃 사태 중 가장 피해가 컸다. 그런데 2003년의 미국 북동부 블랙아웃은 기상예보를 무시하고 발전기를 정비하는 바람에 인재의 성격이 짙었던 우리나라의 사례와는 다른 원인을 갖고 있었다. 이 블랙아웃의 결정적 원인 중 하나는 바로 '소프트웨어 결함'이었다.

2003년 미국 북동부 대정전

2003년 8월 14일은 세계 최고 수준의 전력 네트워크와 기술을 가진 미국 전력 역사에서 가장 치욕적인 날이었다. 이날 바로 미국 역사상 최대 규모의 정전 사태가 발생했다.

이 정전 사태로 뉴욕New York, 뉴저지New Jersey 등 미국 동북부 지역과 미시간Michigan, 오하이오Ohio 등 중서부 지역, 캐나다 온타리오Ontario 등 도합 미국 7개 주와 캐나다 1개 주가 암흑 천지로 변했다. 10곳 이상의 공항이 폐쇄되었고, 22곳의 핵 발전소가 가동을 멈췄다. 그리고 정전

그림 4-1 정전으로 피해를 입은 지역 (출처: 위키피디아)

은 무려 3일이나 계속되었다.

당시 전기가 들어오지 않는 곳곳이 혼란에 휩싸였다. 신호등에 불이 들어오지 않아 교통이 엉망이 되었고 지하철도 멈춰서 시민들이 귀가를 포기하고 길거리에서 노숙하는 진풍경이 벌어지기도 했다. 수도 시설이 마비되어 도시에 물이 공급되지 않았고, 인터넷과 TV도

그림 4-2 2003 미국 대정전 당시 뉴욕시의 모습 (출처: 위키피디아)

모두 불통이었다. 공장, 사무실, 상점 등 각종 산업 시설도 많은 피해를 입었다. 전력망은 정전이 발생하고 3일 후에 완전하게 복구되었지만 이 3일 동안 미국과 캐나다가 입은 경제적 손실은 60억 달러에 육박했고 피해 주민은 5,000만 명에 달했다.

대재앙의 시작

우리나라의 경우 한국전력이 국내에서 사용되는 모든 전력을 책임지지만, 미국의 경우 많은 민간 업체가 전력 사용을 담당하고 있으며 각 지역마다 이를 서비스하는 업체가 다르다. 블랙아웃 사태 당시 미국 오하이오주는 퍼스트에너지^{FirstEnergy}사가 전력 서비스를 제공하고 있었다. 퍼스트에너지는 유닉스^{UNIX} 운영체제를 기반으로 동작하는

GE^{General Electric}사의 'XA/21' EMS^{Energy Management System}(에너지 관리 시스템[*])를 사용하고 있었다.

2003년 8월 14일 오후 2시 14분, 퍼스트에너지 관제실. 소프트웨어 오류로 퍼스트에너지에서 작동 중이던 EMS 시스템의 경보^{Alarm} 기능과 로깅^{Logging}(기록 저장) 기능을 수행하던 시스템이 작동을 멈췄다. 멈춘 기능들 중에서 특히 경보 기능이 가장 큰 문제가 되었다. 경보 기능의 역할은 관제실에 근무하는 관제사들에게 현재 전력 네트워크 상에서 어떤 장비에 문제가 발생했는지를 시청각적으로 관제사에게 알려 주는 것이었다. 퍼스트에너지 관제실의 관제사들은 전력 네트워크에서 발생하는 장애 상황을 파악하기 위해 경보 기능에 크게 의존하고 있었다. 이러한 상황에서 경보 기능이 고장 난 오후 2시 14분 이후, 퍼스트에너지의 관제실은 어떠한 경보도 받지 못하게 된다. 무엇보다 퍼스트에너지 관제실이 경보 기능이 고장 난 사실을 전혀 모르고 있었다는 점이 가장 심각했다. 사람에 비유하면 눈이 멀고 귀가 먹었는데 정작 본인은 눈이 멀었는지, 귀가 먹었는지를 모르고 있는 것과 다르지 않은 상황이었다.

하지만 퍼스트에너지 관제실의 시스템에 장애가 발생했다고 해서 그것이 꼭 정전 사태로 이어지는 것은 아니었다. 미국의 전력 생산/송전 업체들은 전력의 품질 확보, 안정성 있는 배급 등을 위해 별도의 기관으로부터 전력 신뢰도 조정 서비스를 받게 된다. 참고로 우리나라도 '전력거래소'라고 하는 기관이 이와 동일한 역할을 하고 있다. 퍼스트에너지도 전력 신뢰도 조정 서비스를 받고 있었는데 퍼스

---

* **에너지 관리 시스템**: 전력 네트워크에 대한 정보를 수집하고, 감시 및 제어하는 시스템을 말한다. 에너지 관리 시스템을 생산하는 업체에는 GE 외에도 히타치, 지멘스 등이 있다.

그림 4-3 SCADA System (출처: ELECTRICAL ENGINEERING PORTAL)

트에너지의 전력 신뢰도 조정 서비스를 담당하는 기업은 MISO$^{\text{Midwest Independent System Operator}}$라는 회사였다.

이는 곧, 퍼스트에너지에서 시스템 장애로 인해 어떤 문제가 발생할 경우 MISO에서 그 문제를 바로 인지하여 사전에 경고하거나 조치를 취할 수 있도록 시스템이 갖춰져 있었던 것을 의미했다. 그러나 정전 발생 당시에 운이 나쁘게도, MISO의 시스템 또한 제대로 작동하고 있지 않았다. 이런 까닭에 MISO는 사전에 문제를 발견하지 못했고 퍼스트에너지에 문제 발생을 경고하지 못했다.

당시 상황을 좀더 자세히 살펴보기 위해 잠시 퍼스트에너지 관제실의 시스템이 장애를 일으키기 2시간 전으로 돌아가 보도록 한다. 오후 12시 15분, MISO의 상태 관측 소프트웨어$^{\text{state estimator/state observer}}$(전력 흐름을 감시하기 위한 소프트웨어)에서 갑작스레 장애가 발생했다. 이는 실제 측정값과 상태 관측기 값의 차이가 허용치를 크게 초과했기 때문에 발생한 장애였다. 값이 이렇게 크게 차이가 난 원인은 미국 전력 회사 중 하나인 시너지^{Cinergy}사가 관리하는 블루밍턴-디노이스 크릭$^{Bloomington-Denois\,Creek}$ 230kV 송전선이 오후 12시 12분 47초에 트립* 되었기 때문인 것으로 밝혀졌다.

이 송전선은 실제로 트립되었지만 상태 관측 소프트웨어는 해당 송전선이 트립되었다는 것을 전혀 몰랐기 때문에 실제 측정값과 상태 관측기 값이 크게 차이가 났던 것이다. 결국 얼마의 시간이 흐른 뒤에 그 사실을 알게 된 MISO의 관제사가 오후 1시에 이 값을 수동으로 수정했다. 수정 후 시스템을 정상적으로 복구했다고 생각한 관제사는 홀가분한 마음으로 점심을 먹으러 갔는데, 하필이면 이때 결정적인 실수 하나를 저질렀다. 상태 관측기를 5분에 한 번씩 자동으로 수행되도록 설정하는 것을 까맣게 잊어버렸던 것이다.

MISO의 상태 관측기가 작동하지 않는 동안 사건은 조용하게 진행되고 있었다. 오후 1시 31분. 북부 오하이오주 이리호$^{Lake\,Erie}$ 동남쪽에 있는 퍼스트에너지의 5,680MW(메가와트) 화력발전소인 이스트레이크 유닛 5$^{Eastlake\,Unit\,5}$가 트립되면서 정지했다. 이 발전소의 가동 중지는 대정전의 직접적인 원인은 아니었지만, 광역 정전의 시발점이 되었다. 당시 퍼스트에너지의 발전소 중 이스트레이크 유닛 4$^{Eastlake\,Unit\,4}$와 데이비스-베세$^{Davis-Besse}$는 이미 가동이 중단되어 있었기 때문에 전력 공급량이 전력 수요량에 비해서 매우 모자란 상태였다. 그 상태에서

---

* **트립:** 전력 수요가 송전선의 송전 용량이나 발전소의 발전 용량을 넘어서면 송전 및 발전 시설이 파괴될 수 있다. 송전 및 발전 시설이 파괴되면 복구도 어렵고 피해 또한 크기 때문에, 과부하나 단락으로 인한 피해를 막기 위해 자동으로 송전 및 발전을 차단하는 조치가 수행된다. 이것이 바로 트립(Trip)이다. 이 책에서는 그냥 '전기가 차단되는 행위'로 이해하면 된다.

이스트레이크 유닛 5의 가동이 중단됨에 따라 송전선에 부하가 점차 늘어나게 되었다.

오후 2시 2분. 퍼스트에너지의 남쪽 지역을 담당하고 있는 DP&L$^{Dayton\ Power\ \&\ Light}$ 관할의 스튜어드-아틀란타$^{Stuart\text{-}Atlanta}$ 345kV 송전선이 나무와 접촉되어 트립되었다. 이 사건 역시 대정전의 직접적인 원인은 아니었다. 하지만 이 트립 때문에 MISO의 상태 관측 소프트웨어가 또 다른 장애를 일으켰다.

MISO는 1시에 수정한 후 정상적으로 작동하고 있다고 여긴 상태 관측 소프트웨어가 제대로 작동하지 않는 사실을 대략 오후 2시 40

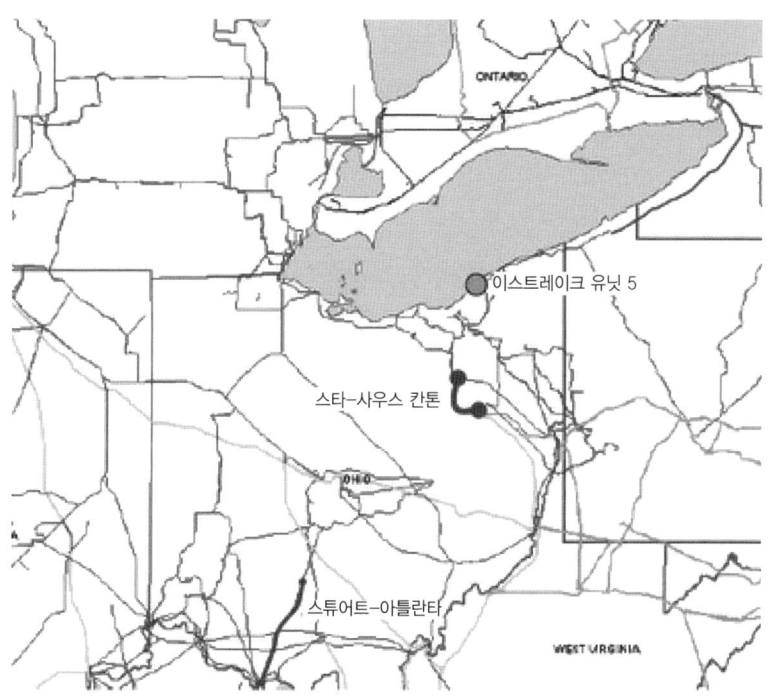

그림 4-4 이스트레이크 유닛 5, 스타-사우스 칸톤 송전선, 스튜어트-아틀란타 송전선 위치
(출처: NORTH AMERICAN ELECTRIC RELIABILITY COUNCIL Final Blackout Report)

분쯤 발견했다. 원래 상태 관측 소프트웨어를 5분마다 한 번씩 자동으로 실행하도록 설정해야 하는데 설정하지 않았던 것이다. 그 사실을 발견한 즉시 MISO의 관제사는 상태 관측기를 다시 5분에 한 번씩 자동으로 수행하게 만들었으나 상태 관측 소프트웨어는 다시 한 번 장애를 일으켰다. 이유는 12시 15분의 장애와 동일했다. 실제 측정값과 상태 관측기 값 사이에 차이가 컸기 때문이다. 다만 12시 15분의 장애는 블루밍스톤-디노이스 크릭 230kV 송전선의 트립으로 인한 실제 측정값과 상태 관측기 값의 차이가 그 원인이었으나, 이번에는 스튜어트-아틀란타 345kV 송전선이 트립되어 실제 측정값과 상태 관측기 값의 차이가 발생했던 것이다.

　오후 2시 37분, 스타-사우스 칸톤Star-South Canton 345kV 송전선이 나무에 접촉해서 잠시 트립된 후 다시 연결되었다. 하지만 퍼스트에너지 관제실의 시스템은 이미 오후 2시 14분부터 장애를 일으키고 있었기 때문에 퍼스트에너지 관제실에 이와 관련된 어떠한 경보도 발생하지 않았다.

연이은 트립

전기를 많이 송전할수록 전력선은 뜨거워져서 밑으로 처진다. 이때 처진 전력선이 나무와 닿으면 누전 현상이 발생하고, 해당 전력선은 트립된다. 한 곳의 전력선이 트립되면 다른 전력선의 송전량이 많아지는데, 다른 전력선도 한계를 넘어서면 이 또한 트립된다.

　2003년 8월 14일 오후 3시 5분 41초, 퍼스트에너지 관할의 챔벌린-하딩Chamberlin-Harding 345kV 송전선이 나무와의 접촉으로 트립되었다. 챔벌린-하딩 송전선의 트립은 클리블랜드로 향하는 3개의

345kV 송전선인 한나-주니퍼$^{Hanna-Juniper}$, 스타-사우스 칸톤, 샘미스-스타$^{Sammis-Star}$에 큰 부하를 안겨 주었다. 약 30분 뒤인 오후 3시 32분 3초, 한나-주니퍼 345kV 송전선이 부하를 견디지 못하고 트립되었다. 챔벌린-하딩 송전선처럼 과열로 인해 밑으로 처져서 나무와 접촉한 탓에 누전 현상이 발생한 것이었다.

챔벌린-하딩 송전선에 이어 한나-주니퍼 송전선이 트립되자, 부하는 스타-사우스 칸톤 송전선과 여러 개의 138kV 송전선으로 몰리기 시작했다.

송전 중단과 같은 현상이 발생하게 되면 전력시스템 통제센터에 있는 컴퓨터 시스템이 근무자들에게 신호를 보내서 그들이 필요한 조치를 취하도록 한다. 예를 들어 2011년 9월 15일 있었던 대한민국

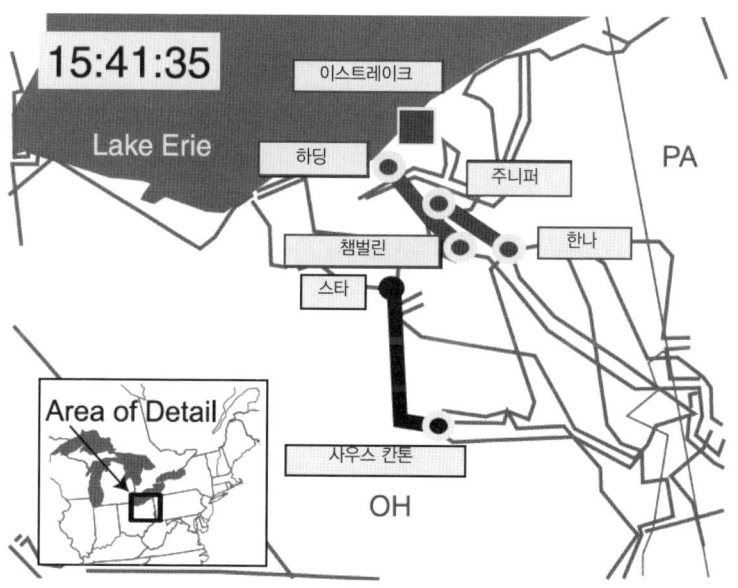

그림 4-5 15시 5분에서 15시 41분 사이에 트립된 345kV 고압 송전선 (출처: NORTH AMERICAN ELECTRIC RELIABILITY COUNCIL Final Blackout Report)

의 전국적인 부분 단전이 근무자들이 취하는 '조치' 중 한 가지다.

하지만 2003년 미국 북동부 대규모 정전 당시 해당 지역 전력시스템을 관할하던 퍼스트에너지와 MISO는 통제는 고사하고 상황 파악조차 못하고 있었다. 오후 3시 35분경, 부근 핵발전소, 공장, 다른 여러 전력 회사로부터 심각한 상황을 알리는 전화가 퍼스트에너지에 계속 걸려 왔다. 이때쯤 퍼스트에너지 관제실의 관제사들은 뭔가 상황이 잘못 돌아가고 있다고 느끼기 시작했지만, 자신들의 시스템에 문제가 있으리라고는 생각하지 못했다.

답답한 행보를 보인 것은 MISO도 마찬가지였다. 오후 3시 36분, MISO는 퍼스트에너지에 전화를 걸어 스타-주니퍼Star-Juniper 송전선의 부하 때문에 한나-주니퍼 345kV 송전선에 '만일의 사태'가 생길 수 있다고 연락했다. 그런데 MISO가 '만일의 사태'를 경고한 한나-주니퍼 라인은 이미 '만일의 사태'가 발생해서 전기가 차단되어 있었다. MISO나 퍼스트에너지 모두 상황을 제대로 파악하지 못하고 있었던 것이다.

상황은 계속 악화일로를 걸었다. 오후 3시 41분 35초, 한나-주니퍼 라인의 트립으로 인해 많은 부하를 감당하던 스타-사우스 칸톤 345kV 송전선이 트립되었다. 이제 모든 부하는 샘미스-스타 345kV 송전선과 여러 138kV 송전선으로 향했다.

최후의 보루, 샘미스-스타 345kV 라인

흔히 전력 흐름을 물에 비유하곤 한다. 엄청난 양의 물(전력)이 파이프(송전선)를 통해 흐르고 있다가, 파이프가 하나씩 막히게 되면 남은 파이프들이 모두 감당해야 한다. 이제 남은 파이프 중 대형 파이프

(345kV 송전선)는 딱 하나였고, 그 외 작은 파이프(138kV 송전선) 여러 개가 대형 파이프 3개 분량의 수압을 처리해야 했다.

345kV 송전선 트립의 여파는 이제 138kV 송전선을 덮치기 시작했다. 오하이오 북동부 지방의 138kV 송전선들이 부하를 견디지 못하고 연쇄적으로 트립되기 시작했다. 오후 3시 39분부터 3시 58분까지 7개의 138kV 송전선들이 트립되었다. 3시 59분에는 추가로 5개의 138kV 송전선들이 더 트립되었고, 4시부터 4시 9분까지 4개의 138kV 송전선들이 더 트립되었다. 138kV 라인이 트립될 때마다 샘미스-스타 라인의 부하 수위는 점점 높아졌다.

상황이 이렇게 급박해지는데 정작 전력 부하를 감시해야 할 MISO

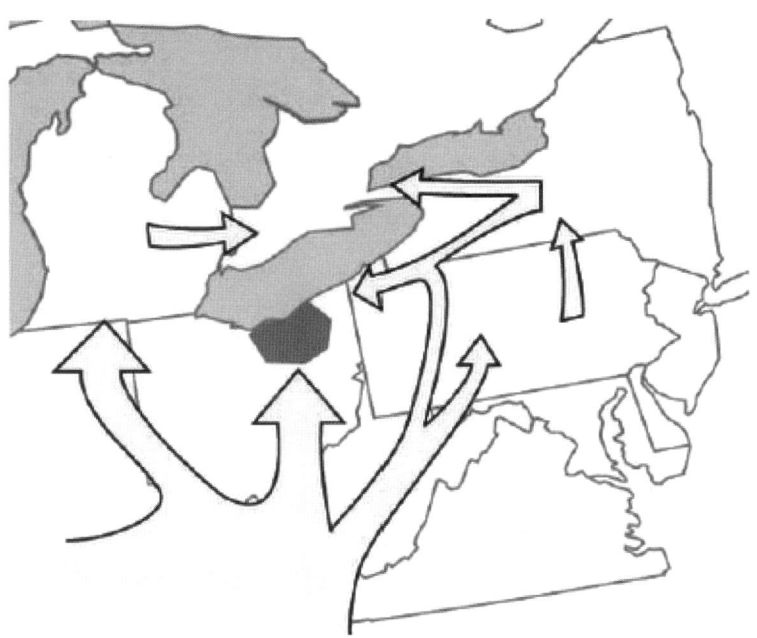

그림 4-6 샘미스-스타 라인이 트립되기 전 전력 흐름 (출처: NORTH AMERICAN ELECTRIC RELIABILITY COUNCIL Final Blackout Report)

와 퍼스트에너지의 시스템은 여전히 제 역할을 하고 있지 않았다. MISO의 상태 관측 소프트웨어는 오후 12시 15분부터 3시 41분까지 정상적으로 작동하지 않았다. MISO는 오후 3시 41분이 되어서야 상태 관측 소프트웨어가 수동으로 동작할 수 있도록 복구했고, 오후 4시 4분에 이르러서야 자동으로 동작할 수 있도록 복구했다.

오후 2시 41분 퍼스트에너지 관제실의 EMS 메인 서버가 장애를 일으켰다. 앞서 경보 기능에 장애를 일으킨 소프트웨어가 실행되는 서버였는데, 이 소프트웨어 때문에 서버에까지 장애가 발생한 것이다. 이에 EMS 서버들은 사전에 설정된 장애 조치$^{Fail-Over}$에 따라, 경보 소프트웨어를 포함한 모든 EMS의 소프트웨어를 백업 서버에서 실행하게 되었다. 하지만 장애를 일으킨 원인도 그대로 함께 넘어갔다. 경보 애플리케이션 시스템 또한 여전히 장애를 일으킨 상태에서 백업

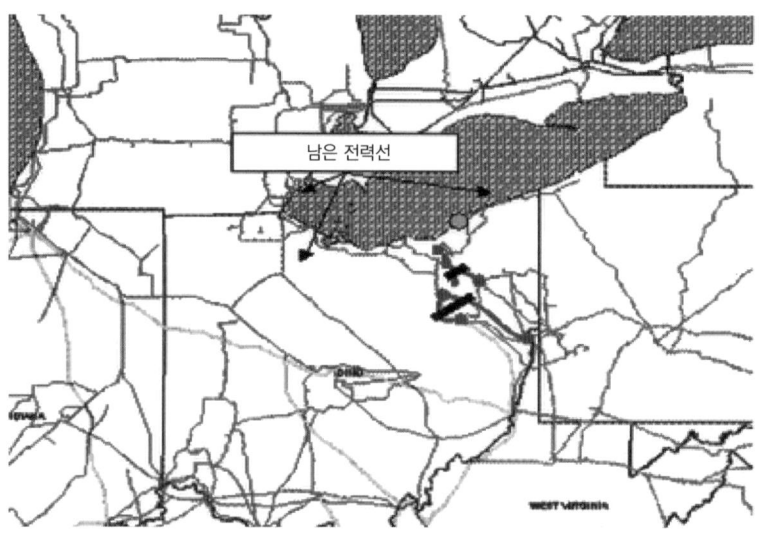

그림 4-7 북부 오하이오로 전력을 공급하는 남은 전력선 (출처: NORTH AMERICAN ELECTRIC RELIABILITY COUNCIL Final Blackout Report)

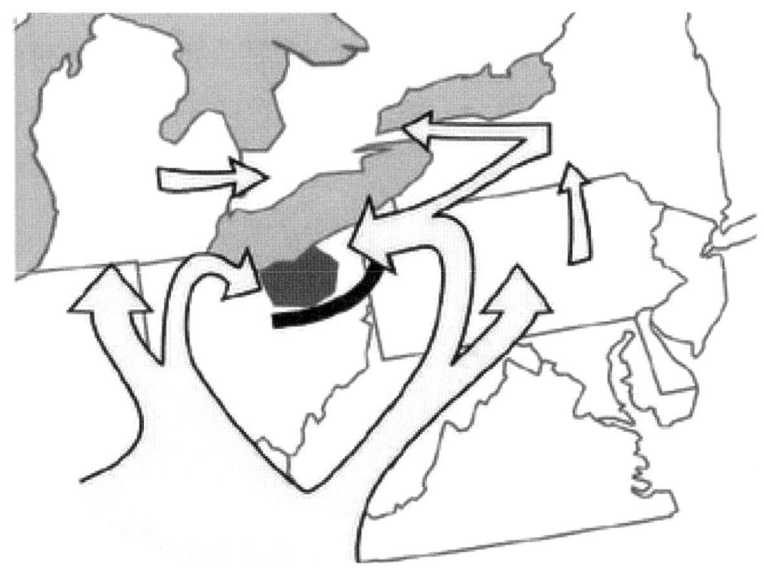

그림 4-8 샘미스-스타 송전선의 트립 이후 전력 흐름 (출처: NORTH AMERICAN ELECTRIC RELIABILITY COUNCIL Final Blackout Report)

서버로 넘어갔기 때문에, 백업 서버 역시 13분 후 멈춰버렸다. 이제 모든 메인 서버와 백업 서버상의 EMS가 동작을 멈추게 되었다.

오후 4시 5분 57초. MISO가 간신히 상태 관측 소프트웨어를 자동으로 동작하도록 복구한 지 약 2분 후, 최후의 보루였던 샘미스-스타 라인마저도 트립되었다. 이로써 오하이오 남동쪽에서 북부 오하이오 (클리블랜드 지방)로 전력을 공급하던 주요 345kV 송전선이 모두 끊겼고 부하는 다른 지역의 송전선으로 향했다(그림 4-7의 남은 전력선이 이에 해당된다.).

그러나 마지막에 발생한 샘미스-스타 라인의 트립은 2003년 미국 북동부 블랙아웃의 서막에 불과했다.

티핑 포인트

2003년 미국 대정전의 티핑 포인트*는 바로 퍼스트에너지의 샘미스-스타 송전선의 트립이었다. 샘미스-스타 송전선의 트립 이후 근처의 송전선이 빠른 속도로 트립되기 시작했다.

오후 4시 8분 59초, 갤리온-오하이오 센트랄-머스킹검 345kV 송전선이 트립되었다. 앞서 소개한 사례와 마찬가지로 이 부하는 근처 138kV 송전선과 다른 345kV 송전선에 큰 부하를 주었고, 이로 인해 불과 7초 후인 오후 4시 9분 6초에 이스트 리마-포스토리아 센트럴

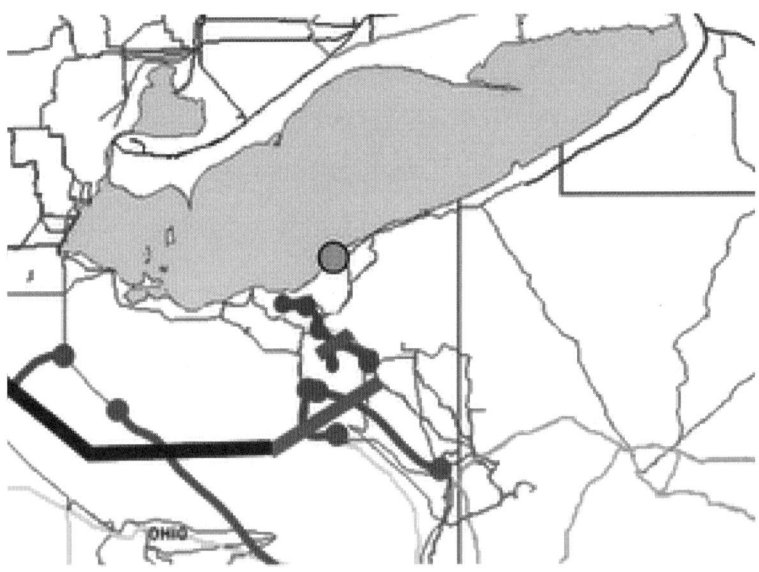

그림 4-9 맨 왼쪽 선이 이스트 리마-포스토리아 센트럴 송전선 (출처: NORTH AMERICAN ELECTRIC RELIABILITY COUNCIL Final Blackout Report)

---

* **티핑 포인트**: 어떠한 것이 균형을 깨고 한순간에 전파되는 극적인 순간을 말한다. 물을 넘치게 하는 '마지막 한 방울의 물'이라는 표현에서도 알 수 있듯, 어느 날 갑자기 나타난 작은 변화가 생각지도 못한 큰 변화를 초래하는 현상을 의미하는 것으로서 다시 되돌릴 수 없는 상황으로 변화되는 특징적인 전환점을 빗댄 단어다. 일반적으로 사람들은 눈 쌓인 산에 작은 눈발이 떨어질 때 그것을 우습게 여기지만 그 작은 눈발이 산등성이의 쌓인 눈들을 무너뜨려 큰 눈사태가 일어나기도 한다. 이때 하나의 눈이 떨어진 바로 그 어떠한 지점 혹은 시점이 티핑포인트(Tipping Point)다.

그림 4-10 이스트 리마-포스토리아 센트럴 송전선 트립 후 전력 흐름 (출처: NORTH AMERICAN ELECTRIC RELIABILITY COUNCIL Final Blackout Report)

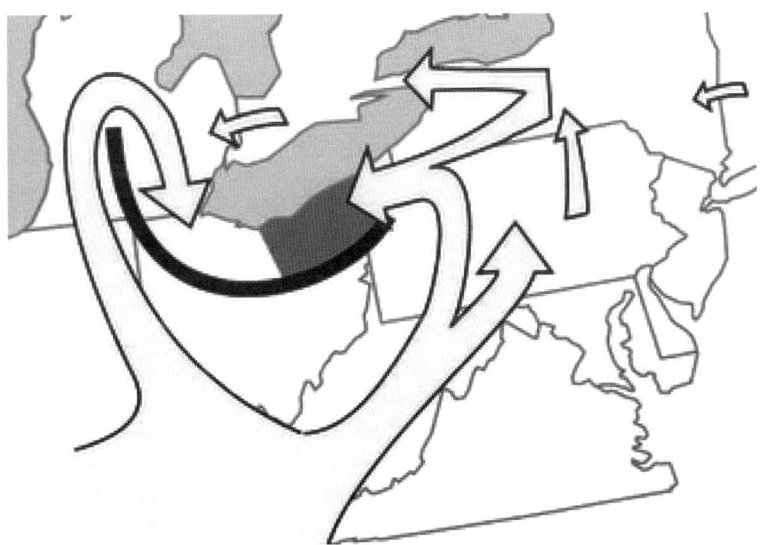

그림 4-11 남부 미시간-북부 오하이오를 연결하던 송전선이 트립된 후 전력의 흐름 (출처: NORTH AMERICAN ELECTRIC RELIABILITY COUNCIL Final Blackout Report)

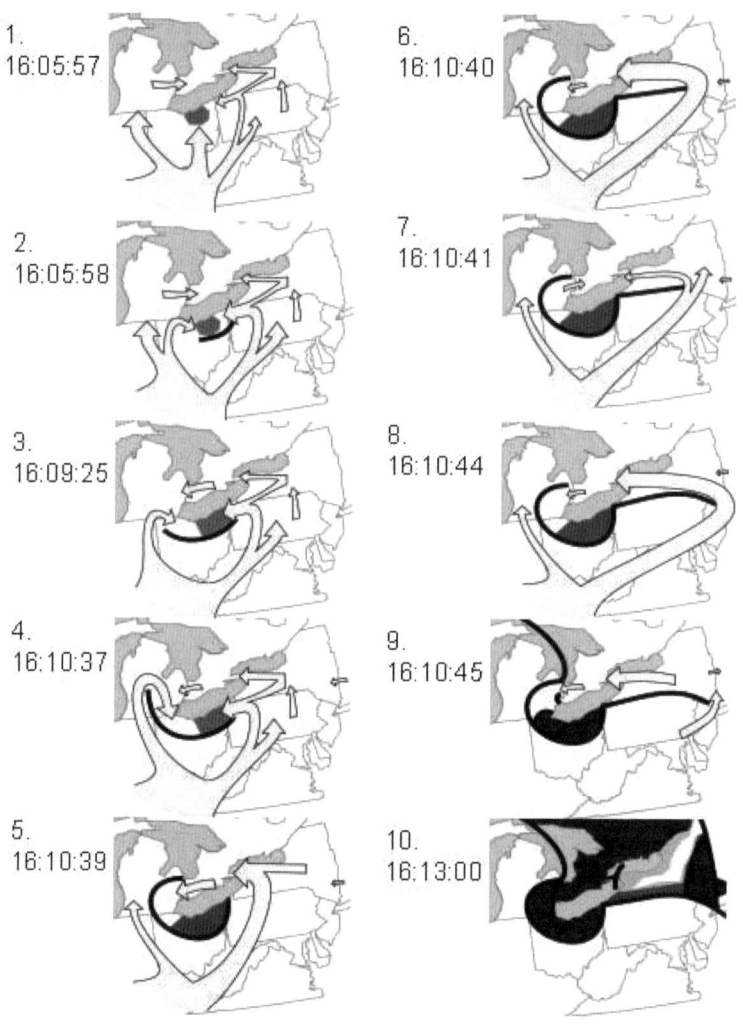

그림 4-12 시간대별 전력의 흐름과 정전 지역 (출처: NORTH AMERICAN ELECTRIC RELIABILITY COUNCIL Final Blackout Report)

345kV 송전선이 트립되었다. 이스트 리마-포스토리아 센트럴 송전선의 트립은 펜실베니아와 뉴욕부터 온타리오와 미시간에 이르는 광

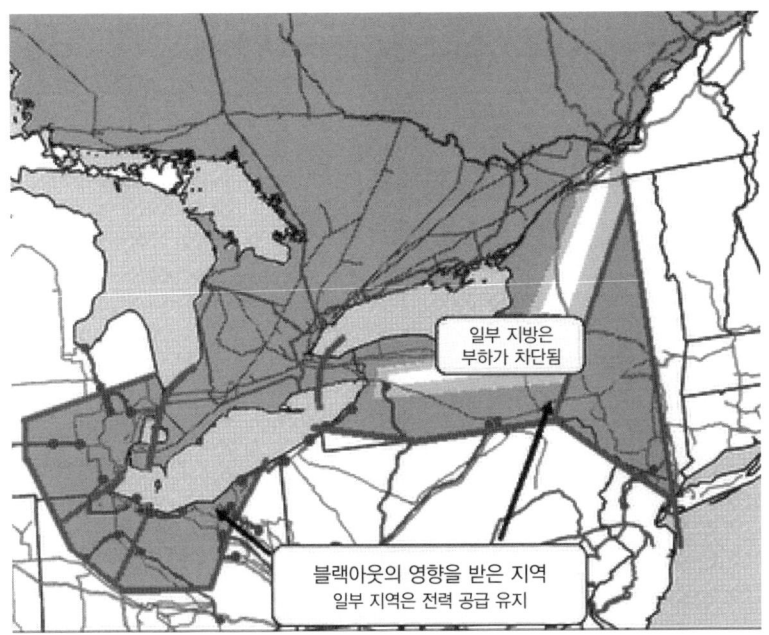

그림 4-13 2003년 8월 14일 당시 미국 정전 지역 (출처: NORTH AMERICAN ELECTRIC RELIABILITY COUNCIL Final Blackout Report)

범위한 지역에 큰 전력 동요[*]를 가져왔다.

부하는 남부 미시간에서 북부 오하이오를 잇는 송전선을 덮쳤다 (그림 4-10에서 왼쪽 부분 화살표). 상황은 점점 더 심각해졌다. 오후 4시 10분 36.2초부터 1초 사이에 무려 345kV 송전선 3개가 트립된 것이다. 게다가 발전소마저 연이어 가동을 멈추고 있었다.

이렇게 송전선에 부하가 걸려서 트립되고 그 부하는 다른 송전선으로 넘어가 또 다른 송전선이 트립되면서 오하이오, 미시간, 온타리오, 뉴욕, 펜실베니아 지방에 블랙아웃이 찾아온 것이 2003년 미국

---

[*] **전력 동요**: 지역 간을 연결하는 선로 중 일부가 정지되면 지역 간 발전기들에서 출력이나 전압 등이 불안정하게 동요되는 현상으로, 심화되면 발전기나 송전선로가 추가로 운전 정지되어 블랙아웃에 이르게 된다.

북동부 대정전의 이유이다.

아이패드 발매일의 긴 줄

2010년 4월 3일, 스티브 잡스의 야심작 아이패드^{iPad}가 북미 지역을 시작으로 전 세계에 발매되었다. 이 아이패드는 태블릿 PC라는 새로운 제품 영역을 만들어냈고, 전 세계적으로 수천만 대의 판매실적을 올렸다. 발매 첫 날 각국의 애플스토어는 늘 그랬듯이 신제품인 아이패드를 사려는 인파로 긴 줄을 이뤘다. 그럼 이 상황과 미국 북동부 대정전을 연결시켜 보자. 이어지는 설명에 앞서 세 가지 조건을 가정해 본다.

　첫 번째, 애플스토어는 쇼핑센터 건물 안에 있고, 발매일 당일 애플스토어에 아이패드 재고가 없다. 하지만 사람들은 그것을 모른다.

　두 번째, 줄을 선 사람들이 무한의 인내심과 철인과 같은 체력을 가지고 있어서 밥도 안 먹고 화장실도 안 가고 수십 년 동안 기다릴 수 있다고 한다.

　세 번째, 아이패드를 사려고 줄을 서는 사람들이 계속 늘어난다.

　쇼핑센터 안의 애플스토어는 아이패드가 1대도 없기에 줄을 선 사람들은 줄지 않는다. 아이패드를 사기 위한 사람은 점점 늘어나, 로비를 가득 채우고 쇼핑센터를 가득 채운다. 결국 쇼핑센터에는 아무도 들어갈 수 없고, 쇼핑도 할 수 없을 것이다.

　2003년 8월 14일, 퍼스트에너지 관제실의 EMS에서 나타난 오류도 이와 같았다.

　1. 메인 서버(쇼핑센터)의 소프트웨어(애플스토어)에서 알람(구매 희망자)을 더 이상 처리(아이패드 판매)하지 않았다.

2. 알람(구매 희망자)은 계속해서 큐^{Queue}(대기 줄)에 쌓여 갔다.
3. 큐(대기 줄)는 계속해서 길어졌다. 30분 만에 모든 시스템(쇼핑센터)의 가용 메모리(쇼핑센터 전체 공간)를 다 차지해버렸다.
4. 메인 서버(쇼핑센터1)가 이 때문에 셧다운되고, 결국 백업 서버(쇼핑센터2)로 모든 처리가 넘어갔다. 하지만 백업 서버라고 별 뾰족한 수가 있겠는가. 몰려드는 알람(구매 희망자)으로 셧다운되었다. 그 당시 쇼핑센터 직원(퍼스트에너지 관제사)들은 쇼핑센터(알람 서버) 1, 2가 셔터를 내린지도 모르고 있었다.

왜 알람이 처리되지 않았을까?

GE의 XA/21 시스템은 전 세계에서 수백만 시간 동안 운영했으나 그 이전까지 한 번도 이런 문제가 발생하지 않았다. GE에서는 즉각 6명의 전문가를 투입해서 문제의 원인을 추적하기 시작했다. 코드를 샅샅이 뒤지기 시작했으며, 결국 8주 후 GE의 전문가들은 시스템을 천천히 가동함으로써 문제를 다시 재현해낼 수 있었다. 문제의 원인은 '경쟁 상태$^{race\ condition}$'로 밝혀졌다.

대부분의 현대적인 운영체제에서 채택하는 멀티 프로세스 방식에서는 언제나 여러 개의 프로세스가 동시에 공유 자원에 접근하여 그 값을 변경할 수 있다. 이를 경쟁 상태라고 한다. 경쟁 상태는 자료의 일관성을 해치게 되며, 프로그램에 문제를 일으킬 수 있다. GE의 XA/21 시스템도 이와 같은 버그였다.

소프트웨어 개발자를 위한 섹션

앞서 본 사례는 클리블랜드 지방의 소규모 정전으로 끝날 수 있었던 일이 소프트웨어 버그로 인해 그 수십, 수백 배로 피해 규모가 커져 수많은 사람들의 실생활에 영향을 미친 대표적인 사례였다. 특히 전력 등 유틸리티 관련 소프트웨어 종사자들에게 이 사례가 다시 한 번 경각심을 일깨웠으면 좋겠다.

XA/21 시스템은 C/C++ 코드로 작성되었으며 400만 줄의 큰 프로그램이었다. 에러는 XA/21 시스템 내 어떤 두 프로그램이 같은 데이터 구조에 동시에 쓰기 접근을 해서 발생했다. 이로 인해 데이터 구조가 손상되었고 그 결과 알람 프로세서가 무한루프에 빠지게 되었다. 이로 인해 알람 프로세서는 더 이상 알람을 처리하지 못했고, 알람 처리가 실패했다는 사실을 알리지도 못하는 상태가 되고 말았다. 알람 대기열(Queue)은 무제한으로 늘어났고, 30분 후 모든 가용 메모리를 다 소비해버린 것이었다. 이 시점에 메인 서버가 죽었고, 장애 조치로 백업 서버가 메인 서버가 되었으나, 백업 서버 역시 무제한으로 늘어나는 큐를 감당하지 못한 탓에 장애가 발생했다.

5장

불멸의 요크타운

요크타운^{Yorktown}은 미국 버지니아주에 위치한 인구 200명 가량의 작은 마을에 불과하지만, 미국인에게 있어서는 아주 특별한 의미를 지니고 있는 곳이다. 독립전쟁 당시 요크타운에서 영국군 콘월리스^{Cornwallis} 장군을 항복시키며 미국 독립의 발판을 마련했기 때문이다.

요크타운

이 때문인지 미 해군 역사상 '요크타운'이라는 이름을 가진 함선은 5척이나 되었을 정도로, 미 해군도 요크타운이라는 이름을 특별하게 여겼다. 이 장에서 다루고자 하는 내용 역시 이 이름과 관련이 있다. 요크타운이라는 이름이 미 해군에게 어떤 존재로 여겨지는지 이해하기 위해 먼저 2차 세계 대전 당시의 미 해군 전투함인 '요크타운'에 대한 이야기를 시작해 본다.

태평양전쟁과 요크타운

앞서 언급했듯이, 미 해군 역사상 요크타운이란 이름을 가진 전투함은 총 5척이 있었다. 그중 세 번째 항공모함인 요크타운(CV-5)의 생애는 인간의 삶으로 친다면 불굴의 인생 그 자체일 것이다. 2차 세계대전의 태평양전쟁 초기에 일본은 그야말로 욱일승천의 기세로 세력을 넓혀 나갔다. 만주, 중국, 인도차이나, 인도네시아를 손아귀에 넣은 일본은 남태평양의 호주까지 넘볼 기세였다. 이에 미국은 파푸아뉴기니의 산호해Coral sea에서 일본군을 막고자 했고 산호해 해전이라 불리는, 본격적인 태평양전쟁의 서막을 알리는 해전이 벌어졌다.

그림 5-1 1937년의 요크타운(CV-5) (출처: U.S. Naval History and Heritage Command Photograph Photo #: NH 42341)

1941년 5월 4일 산호해 해전에 투입된 당시 일본 함대는 항공모함 전력으로만 비교해 볼 때 미 해군과 대등한 전력을 가지고 있었다. 미국과 일본 양측 모두 2척(주력 항공모함 기준. 일본은 경항공모함 1척이 더 참전했다.)의 항공모함이 참가했으며, 전반적인 전력은 비슷했다. 일본 함대의 항공모함 쇼카쿠翔鶴와 즈이카쿠瑞鶴에 맞선 미 함대는 항공모함 요크타운과 항공모함 렉싱턴Lexington이 주축이 된 제17기동부대였다.

이 해전에서 렉싱턴은 일본 함대의 어뢰 2개와 폭탄 2개를 연달아 맞아 침몰했고, 남은 1척의 항공모함인 요크타운도 일본 항공기의 공격을 받아서 3~4개월의 수리를 요하는 심각한 손상을 입었다. 특히 요크타운은 일본군의 급강하 폭격기가 투하한 폭탄 1개가 갑판을 뚫고 폭발하는 바람에 그 피해가 컸고, 진주만으로 돌아가 수리를 받을 수밖에 없었다.

요크타운을 전투 불능으로 만들어버린 일본이나 공격을 당한 미국이나 요크타운은 수리를 받는 수개월 동안 전투에 투입되지 못할 것이라 생각했다. 하지만 예상과 달리 요크타운은 기적적으로 3일 만

그림 5-2 일본 폭격기의 공격을 받고 폭발을 일으킨 렉싱턴 (출처: Official U.S. Navy Photograph 80-G-11916, U.S. National Archives)

에 다시 전투에 참가할 수 있을 정도로 수리되었다. 니미츠 제독의 엄명에 따라 진주만 항구에 대기하고 있던 약 2,000명의 기술진들이 요크타운의 입항과 동시에 3일 밤낮으로 달라붙어 신속하게 수리한 덕분이었다.

   3주 후, 태평양전쟁의 주도권을 두고 미국과 일본 양국이 태평양의 미드웨이 섬 근처에서 운명을 건 해전을 벌였다. 훗날 미드웨이 해전이라 불린 이 전투는 산호해 해전과 같이 항공모함 대 항공모함 위주의 결전이었다. 이 해전에 참가한 미국과 일본의 항공모함 비율은 3:4로, 항공모함 전력만 비교하면 미국이 다소 불리했다. 미국은 엔터프라이즈^{Enterprise}, 호넷^{Hornet}에 더해 진주만에서 미드웨이로 항해하면서도 계속 수리 중이었던 요크타운이 참전했고, 일본은 카가^{加賀}, 아카기^{赤城}, 소류^{蒼龍}, 히류^{飛龍}가 참전했다.

그림 5-3 불타고 있는 일본 항공모함 히류 (출처: U.S. Naval History and Heritage Command Photograph Photo # NH 73064)

이 전투 초반에 미국의 항공모함은 아무런 피해를 입지 않은 반면, 일본은 히류를 제외한 3척의 항공모함 카가, 아카기, 소류가 격침당하는 큰 피해를 입었다. 하지만 일본군은 산호해의 미 해군처럼 항공모함 전력을 보존하지 않고 최후의 승부를 가리고자 했다. 일본은 미드웨이 전투에 참가할 수 있는 미국의 항공모함은 엔터프라이즈와 호넷뿐이라고 생각했던 터라 1:2의 전투는 승산이 있다고 판단했다. 수개월 동안 수리해야 할 만큼 큰 손상을 입은 요크타운이 지옥 문 앞에서 돌아와 자신들 앞에 있을 줄은 일본군 어느 누구도 상상조차 하지 못했다.

분노에 찬 항공모함 히류의 반격이 시작되었다. 미군 공격대가 사

그림 5-4 응급 수리 중인 요크타운 (출처: Official U.S. Navy Photograph 80-G-312018, U.S. National Archives)

라진 방향으로 공격대를 보낸 일본군은 마침내 미국의 항공모함을 찾아냈다. 그런데 찾아내고 보니 그 항공모함은 전투 참가가 불가능하리라 생각했던 요크타운이었다. 이 공습으로 요크타운은 다시금 3개의 폭탄을 맞았다. 이 중 1개는 기관실에 들어가서 폭발했고, 이로 인해 엄청난 화재가 발생했다. 요크타운을 공격한 일본군 조종사들마저 이번만큼은 이 항공모함을 격침했다고 생각할 정도로 큰 화재였다. 그러나 요크타운은 일본군이 생각하는 것만큼 그리 호락호락하지 않았다. 승무원들이 필사적으로 화재를 진압하고, 기관실을 수리하고, 항공모함 갑판을 수리하여 불과 1시간 만에 다시 항공기 이착륙이 가능하게 만들었다. 그 사이 다시 히류에서 공격대가 출격했다. 일본군은 항공모함 2척 중 1척을 격침시켰으니 이제 미군에게 남은 항공모함은 오직 1척뿐일 것으로 생각했다. 일본군 공격대는 곧

그림 5-5 어뢰 피격 순간의 요크타운 (출처: Official U.S. Navy Photograph 80-G-414423, U.S. National Archives)

남은 항공모함을 발견했다. 또 다시 요크타운이었다.

적어도 겉모습만은 멀쩡했기 때문에 일본군 공격대는 1차 공격 때 자신들의 폭탄에 맞아 대폭발을 일으키던 바로 그 요크타운일 것이라고는 전혀 생각하지 못했다. 일본군은 다시금 요크타운을 공격했다. 이 2차 공격에서 요크타운은 뇌격기에서 발사된 2개의 어뢰를 옆구리에 맞았고 점차 함체가 기울어지기 시작했다. 요크타운은 다시 한 번 침몰의 위기를 맞았다. 상황이 좋지 않자, 함장인 플래쳐 제독이 퇴함을 명령했지만 요크타운은 끝끝내 침몰하지 않았다. 미 해군은 요크타운을 진주만으로 끌고 가 수리하기로 결정했다.

그러나 행운의 여신은 더 이상 요크타운을 향해 미소 짓지 않았다. 진주만으로 가는 도중에, 숨어 있던 일본군 잠수함이 발사한 어뢰 4개 중 2개가 요크타운의 옆구리를 다시 강타했다. 이미 옆으로 꽤 기

그림 5-6 함체가 기울어진 요크타운 (출처: Official U.S. Navy Photograph 80-G-17061, U.S. National Archives)

그림 5-7 침몰하는 요크타운의 마지막 모습 (출처: Official U.S. Navy Photograph 80-G-32320, U.S. National Archives)

운 채 운항하던 요크타운은 다시 더 기울었지만 당장 침몰하지는 않았다. 그러나 수면 위에서 몇 시간을 꿋꿋이 버티던 요크타운은 결국 다음 날 새벽 태평양으로 완전히 가라앉았다.

한편, 요크타운을 대파시킨 히류는 호넷, 엔터프라이즈에서 발진한 공격대의 폭격으로 태평양 심해에 가라앉는 운명을 맞이했다. 이로써 일본은 미드웨이 해전에 참가한 모든 항공모함을 잃었고 이후 미국은 태평양전쟁의 주도권을 잡게 되었다. 만약 이 전투에 요크타운이 참가하지 않았다면 미군은 일본군 절반의 전력으로 맞서는 불리한 상황 속에서 결코 승리를 장담할 수 없었을 것이다. 하지만 요크타운이 기적적으로 수리를 마치고 가세함으로써 대등한 전력으로 싸울 수 있었고 결국 미국은 미드웨이 해전을 승리로 이끌게 되었다.

비록 요크타운(CV-5)은 태평양 심연으로 가라앉았지만, 이 이름을 버릴 수 없었던 미 해군은 에섹스^{Essex}급 항공모함의 두 번째 함선에 다시 요크타운(CV-10)이라는 이름을 붙였다. 이 요크타운(CV-10)은 한국전과 베트남전에 참전했고, 옛 요크타운(CV-5)과 달리 수많은 전투를 치르고도 1973년 무사히 퇴역했다.

미드웨이 해전은 해전의 양상을 완전히 바꿔놓은 전투였다. 미드웨이 해전 이전에는 전함 간의 포격전을 염두에 두고 함대가 구성되었다면 미드웨이 해전 이후에는 항공모함과 항공모함을 방어하는 함선을 주축으로 함대가 구성되었다. 이 함대 방어의 핵심은 그리스어로 '신의 방패'라는 뜻을 가진 이지스^{Aegis}함이다. 이지스함은 과거 전함처럼 큰 덩치를 자랑하지 않지만 첨단 전자 장비와 각종 미사일로

그림 5-8 요크타운(USS Yorktown, CG-48) (출처: U.S. Naval History and Heritage Command Photograph Photo # NH 106517)

중무장하여 항공모함을 공격하는 적의 항공기와 미사일을 요격할 수 있는 능력을 갖추고 있다. 미 해군은 타이콘데로가^{Ticonderoga}(CG-47)함을 선두로 총 22척의 타이콘데로가급 이지스함을 건조建造했는데 그중 요크타운은 타이콘데로가급의 두 번째 함선이었다. 다시 한 번 화려했던 영광이 부활한 것이다.

유지비 절감 프로그램의 테스트 함선으로

1996년부터 요크타운은 미 해군 스마트 쉽$^{Smart\ ship}$ 프로그램의 시범 적용 함선으로 사용되었다. 스마트 쉽 프로그램은 IT 기술로 함선을 운영하는 데 드는 비용, 특히 많은 비중을 차지하는 인력 유지비를 절감하고자 계획되었다. 함선 1척을 운용하는 비용에서 배를 움직이기 위한 연료비의 비중이 가장 클 것 같지만, 사실은 그렇지 않았다. 실제로는 함선에 근무하는 승무원들의 인건비가 가장 큰 비중을 차지했다. 연료비는 그 다음이었다(그림 5-9 참조).

미 해군은 스마트 쉽 프로그램을 위해 요크타운에 최첨단 IT 시스

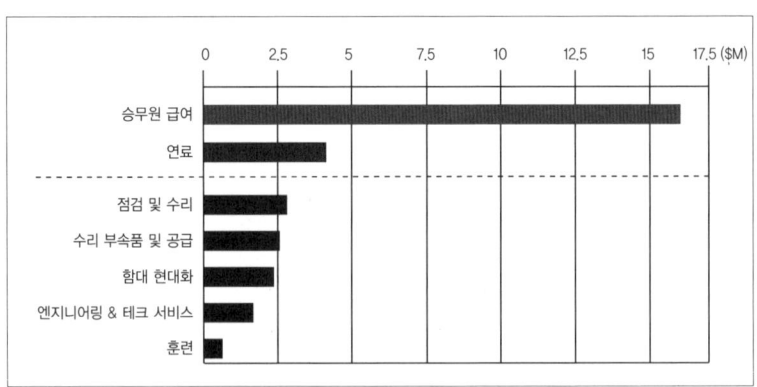

그림 5-9 함선 1척의 연간 운용비 (출처: marmach.org)

템을 탑재했다. 이 시스템은 200MHz 듀얼 펜티엄 프로 프로세서가 장착된 27대의 컴퓨터로 구성되어 있었다. 운영체제는 마이크로소프트Microsoft의 윈도우Windows NT 4.0을 사용했으며, 광섬유 케이블로 연결되어 네트워크를 구성하고 있었다.

이 네트워크를 통해 함선의 연료, 엔진, 기계를 함교의 통합 제어 센터에서 모니터링할 수 있었다. 실제 스마트 쉽 프로그램을 통해 한해 배 유지비의 10%인 280만 달러를 절감할 수 있었다.

영광의 하드웨어, 불명예의 소프트웨어

하드웨어는 '요크타운'이라는 명성을 계승했을지 모르나 소프트웨어는 그렇지 않았다. 1997년 9월 21일 버지니아 케이프 찰스 해안 근처에서 작전을 수행하던 요크타운이 멈춰 선 황당한 사고가 발생한 것이다.

수학에서는 어떤 수든지 0으로 나눌 수 없다. 컴퓨터에서도 마찬가지로 어떠한 수를 0으로 나누면 컴퓨터가 에러를 발생시키는데, 이 에러를 'Divided by Zero' 에러라 한다. 요크타운에서 발생한 에러도 이 에러였다. 승무원이 어떤 프로그램 입력값으로 0을 입력하자 일부 프로그램에서 Divided by Zero 에러가 발생했다.

장애는 이게 끝이 아니었다. 군사 장비는 고도의 안정성과 언제나 작동할 수 있는 신뢰성을 갖춰야 한다. 기기 1대가 고장 나도 용납하기 힘든데, 요크타운에 탑재된 시스템은 하나의 기기에서 에러가 발생하자 네트워크상의 모든 기기가 정지되었다. 심지어 배의 추진시스템도 가동을 멈춰서 요크타운은 망망대해에서 2시간 45분 동안 쇳덩이 신세로 떠다니는 굴욕을 겪었다.

이 사건은 '윈도우NT에 의해서 침몰한 배'라는 뉴스로 널리 알려졌다. 당시 최고의 운영체제 개발사 중 하나였던 마이크로소프트와 과거 요크타운의 화려했던 역사에 지워지지 않는 상처로 남을 사건이었다.

6장

인터넷 웜의 시초, 모리스 웜

1988년 11월 3일은 컴퓨터 산업계에서 암흑의 목요일$^{Black\ Thursday}$로 기억될 만한 날이다. 이날 아침 회사에 출근한 미국 전역의 시스템 관리자들은 금세 경악을 금치 못했다. 네트워크와 연결된 컴퓨터마다 수십 개에서 수백 개의 쉘^{Shell}(명령해석기) 프로그램이 수행되고 있었기 때문이다.

이 프로그램들은 컴퓨터에 엄청난 부하를 일으켰다. 시스템 관리자들이 달라붙어 이 프로그램들을 죽여도^{kill} 소용이 없었다. 마치 아메바가 증식하듯이 사람에 의해 소멸되는 숫자보다 더 빠른 속도로 실행 중인 프로그램이 늘어나고 있었기 때문이다. 재부팅도 소용이 없었다. 재부팅한 지 수분 만에 다시 그 미스터리한 프로그램이 컴퓨터 메모리를 덮어버렸다. 나중에 웜^{Worm}이라 불리웠던 이 프로그램은 당시 컴퓨터 산업계에 대재앙을 불러왔다.

인터넷의 특성

인터넷에는 얼마나 많은 컴퓨터가 연결되어 있을까? 어느 누구도 현재 인터넷에 몇 대의 기기가 연결되어 있는지 모른다. 그저 '추산'만

할 뿐이다. 인터넷은 모든 서비스를 하나의 서버에서 관리하는 중앙집중식 서비스가 아니라, 누구든지 자유롭게 연결하고 확장할 수 있는 분산 서비스이기 때문이다. 그럼 앞의 질문에 대한 답을 얻기란 불가능할까? 그렇지 않은 것 같다. 1980년대에 이 의문을 해결하기 위해 도전장을 내민 한 사람이 있었다. 당시 코넬^{Cornell} 대학교 박사과정 학생인 로버트 테판 모리스$^{Robert\ Tappan\ Morris}$가 그 도전자였다. 확장이 자유로운 인터넷의 특성 때문에 모리스는 '스스로 복제할 수 있는 소프트웨어'를 몰래 설치하여 '인터넷의 크기'를 알아보고자 했다. '적어도' 모리스의 말에 따르면 그렇다.

공격과 방어 기능을 갖춘 소프트웨어

모리스는 자신의 소박한 지적 유희를 달성하기 위해 이른바 '공격과 방어'의 개념으로 자신의 프로그램을 설계했다.*

    모리스 프로그램의 '공격' 방법은 유닉스 운영체제와 유닉스 애플리케이션의 보안 취약점으로부터 출발한다. 공격 대상의 취약점을 이용해서 해당 컴퓨터에 접근할 수 있게 되면, C 언어로 작성된 단 99줄의 소스코드를 해당 컴퓨터에 보낸다. 물론 이것은 모리스가 만든 프로그램의 전부는 아니고 일종의 첨병과 같은 역할을 했다. 공격 대상 컴퓨터에서 99줄의 소스코드를 실행 파일로 만드는 컴파일 과정을 거치고 이를 실행한다. 첨병이 본대를 불러오듯이 99줄의 소스코드로 만들어진 이 프로그램은 모리스 프로그램의 나머지 부분을 가져오도록 설계했다.

---

* 모리스가 이용한 취약점은 유닉스 운영체제의 패스워드 취약점과 센드메일(sendmail)의 원격 디버그 기능, 핑거 데몬(finger daemon)의 버퍼 오버플로우 취약점이었다. 다만 공격 대상은 4BSD와 SUN3 시스템이 설치된 VAX 머신으로 한정했다.

모리스의 프로그램은 '방어'도 철저했다. 시스템 관리자의 눈을 피하기 위해 주기적으로 자신의 이름을 변경하고, 전송이 차단되었을 경우 모든 코드를 삭제했다. 코드는 다운로드될 때 암호화되었고, 이렇게 다운로드된 코드는 복호화를 거쳐 컴파일 후 삭제되는 등 어떠한 흔적도 남기지 않기 위해 용의주도하게 설계했다.

소프트웨어의 결함: 웜의 등장

모리스는 1988년 10월에 프로그램을 만든 후 그해 11월 2일 저녁 6시경에 처음 인터넷에 배포했다. 첫 번째 목표물은 MIT 인공지능 연구실의 VAX 11/750 서버였다. 이는 모리스가 이 프로그램을 코넬 대학교에서 만들었다는 사실을 숨기기 위해서였다. 당시 모리스는 코넬 대학교 컴퓨터과학부의 박사과정 1년차 학생이었다.

그림 6-1 VAX 11/750 (출처: Kees's VAX page)

모리스의 프로그램은 잘 작동했다. 아니, 너무 과도하게 잘 작동해서 삽시간에 인터넷에 연결된 수천 대의 컴퓨터에 퍼졌다. 게다가 끊임없이 자기를 복제하여 서버에 부하를 일으키고 인터넷을 마비시켜 버렸다. 그렇다. 모리스의 프로그램에 한 가지 치명적인 결함이 있었다.

모리스는 다른 컴퓨터에 침입하기 전, 이미 모리스의 프로그램이 실행되고 있는지를 물어보도록 프로그램을 설계했다. 따라서 'yes'란 응답이 오는 시스템은 건너뛰도록 되어 있었다. 이 이론대로라면 모리스의 프로그램이 스스로를 끊임없이 복제하는 것과 인터넷을 마비시키는 것을 방지할 수 있었다. 하지만 모리스는 시스템 운영자가 컴퓨터에 거짓으로 'yes'라고 응답할 수 있도록 프로그래밍함으로써 모리스의 프로그램을 차단할지 모른다는 점을 우려하고 있었다. 이러한 가능성에 대한 대비책으로 모리스는 'yes'라고 응답하더라도 1/7의 확률로 무조건 복제시키도록 만들었다.

그러나 이는 모리스의 결정적인 실수였다. 1/7이란 확률은 모리스의 의도와는 달리 1대의 컴퓨터에서 수많은 모리스의 프로그램을 동작시켜 서버에 부하를 일으켰다. 모리스의 프로그램은 이 치명적인 결함으로 인해 '인류 최초의 대규모 인터넷 웜', 일명 모리스 웜[Morris Worm]으로 불리며 컴퓨터 산업계의 한 페이지에 이름을 올렸다.

나중에 모리스가 자신의 실수에 대해 알았을 때, "시뮬레이션을 먼저 해야 했는데…."라고 말했다고 한다.

웜과의 사투

한편, 모리스가 웜을 퍼트린 지 얼마 지나지 않아 모리스는 자신의 웜이 자신의 예상보다 더 빠른 속도로 스스로를 재생산한다는 사실을 깨달았다. 즉시 하버드 대학에 재학 중이던 친구 앤디 서더쓰[Andy Sudduth]에게 연락을 취했다. 법원 기록은 두 사람이 이 웜을 수정하기 위해 서로 의논한 것으로 적고 있다. 서더쓰는 서둘러 급속히 재생산되고 있는 이 웜에 대한 경고와 치료 방법을 적은 익명의 메시지를 인터넷에 띄웠다.

하지만 서더쓰의 메시지는 이미 다운되어 있던 인터넷 게이트웨이 때문에 전달되지 못했다. 아이러니하게도 운영자가 웜의 확산을 차단하기 위해 막아 놓은 게이트웨이 때문에 웜의 치료 방법이 적혀 있는 메시지가 전달되지 못했던 것이다. 서더쓰의 경고 메시지는 이틀 동안 게이트웨이를 빠져나가지 못했다. 하지만 전 세계의 수많은

그림 6-2 모리스 웜의 소스코드가 담긴 디스켓 (출처: Flickr / Smart Destinations)

시스템 운영자들은 이 프로그램이 유포되고 불과 몇 시간도 채 되지 않아 문제를 감지하기 시작했다.

시스템 관리자와 보안업계 관계자들은 마른 들판의 들불처럼 급속히 퍼지는 웜으로부터 시스템을 지키고자 안간힘을 쓰고 있었다. 유타 대학(cs.utah.edu) 역시 같은 날 저녁 8시 49분에 웜에 감염되었다. 감염된 지 30분이 지난 9시 21분에는 유타 대학 서버의 평균 부하$^{Load\ average}$가 5까지 올라갔다.

평균 부하는 시스템이 생성하는 값으로, 1분 동안 실행 대기열$^{Run\ queue}$에 있는 작업 수의 평균을 의미한다. 만약 1분간 평균 부하가 1이라면 1분 동안 평균 1개의 작업이 대기하고 있음을 의미한다. 평균 부하가 높으면 시스템에 부하가 많이 걸려서 응답속도가 느려질 수 있다. 당시 유타 대학 서버인 VAX8600은 평균 부하가 5이면 눈에 띄게 응답속도가 느려졌고, 평균 부하가 20이 넘으면 응답시간은 심각하게 길어졌다. 보통 저녁 9시의 평균 부하는 0.5~2 정도였지만 웜의 공격을 받은 11월 2일 저녁 9시는 평균 부하 수치가 5에 달해 평소의 2.5~10배나 되는 부하를 받고 있었다.

시간이 지나도 서버의 부하가 떨어지기는커녕, 저녁 9시 41분에는 7, 10시 1분에는 16까지 부하가 올라갔다. 10시 6분에는 실행 제한 프로그램 수인 100개에 이르러서 더 이상 시스템을 사용할 수 없었다. 10시 20분에는 유타 대학의 시스템 관리자가 웜 프로세스를 강제로 종료시키기 시작했다. 하지만 부질없는 일이었다. 10시 41분에는 웜에 감염되어서 평균 부하가 27까지 올라갔다. 결국 10시 49분에 유타 대학의 시스템 관리자는 서버를 재시작했다. 하지만 30분 뒤인 11시 21분, 유타 대학 서버는 다시 웜의 천국이 되어 있었다. 웜에 다시 감염된 서버는 평균 부하가 37까지 치솟았다.

비단 유타 대학의 시스템 관리자뿐만 아니라, 다른 곳의 시스템 관리자들도 유타 대학의 관리자처럼 웜과 사투를 벌이고 있었다. 당시 UC 버클리 학생으로 NASA[북미 우주항공국]에서 계약직으로 근무하던 이[Yee] 역시 이 문제의 초기 발견자 중 하나다. 이는 "모리스 웜을 치료하기 위해 밤을 꼬박 새웠다. 다음날 아침 7시까지도 집에 돌아가지 못했다."고 회상했다.

이는 프로그램이 유포된 지 몇 시간 후에 TCP-IP 메일링 리스트에 관련 메시지를 게시했다. 서더쓰의 메시지는 여전히 막혀 있었다. 이의 메시지가 모리스 웜에 관한 최초의 메시지 중 하나였다. 메시지는 텔넷, ftp, 핑거, rsh, SMTP 등 모리스 웜이 이용하고 있는 몇몇 서비스를 중지하라고 적고 있다.

"이런 서비스의 중지는 단기적인 해결책이었다. 연구팀이 프로그램을 해독하는 동안 이런 서비스를 중지시켜야만 한다고 생각했다."라고 이는 설명한다.

프로그램을 해독하는 과정은 아슬아슬한 단계였다. 당시 모리스 프로그램이 이용하던 보안 허점을 발견한 연구원들에 따르면 이 과정을 통해 모리스 웜의 소스코드를 분해할 수 있었다고 한다. 이는 "프로그램의 작동법을 알게 되면 패치의 보안 허점을 파악할 수 있다."고 덧붙였다.

UC 버클리, MIT 및 기타 학교의 시스템 운영자들은 모리스 웜을 분석하기 위해 거의 이틀 밤을 꼬박 새웠다. MIT와 버클리는 11월 4일 무렵 즈음 모리스의 프로그램을 완벽하게 분석해냈다. 감염된 시스템 대부분은 이 사건이 발생하고 며칠 내에 복구되었다.

위대한 웜, 그 후

모리스 웜의 후폭풍은 대단했다. 인터넷 호스트 6만 개 중 10%인 6,000대의 주요 유닉스 머신이 모리스 웜에 감염되었던 것으로 집계되었고, 미국 연방회계감사원은 피해액을 1,000만 달러에서 1억 달러로 추산했다.

모리스 웜은 보안에 대한 경각심을 일깨우는 데도 일조했다. 방위고등연구계획국^{DARPA}은 카네기 멜론 대학의 정보 침해 대응팀^{CERT}을 설립하는 데 자금을 지원했다.

한편, 모리스 웜의 주인인 로버트 모리스는 1986년 제정된 '컴퓨터 사기와 남용법 위반'으로 기소되었다. 결국 한 청년의 호기심은 프로그램의 버그로 인해 큰 피해를 낳았고, 그 대가로 로버트 모리스는 3년의 집행유예와 400시간의 봉사활동, 그리고 1만 달러의 벌금형을 선고받았다.

모리스 웜은 종종 '위대한 웜$^{Great\ Worms}$'이라고 불린다. 당시 인터넷 환경에서 전체적인 시스템 정지에 대한 위험을 인식시켜 보안 관념을 강화하고 인터넷 의존에 따른 정신적 충격을 겪게 하는 등 모두에게 미친 영향이 컸기 때문이었다.

모리스의 두 가지 아이러니

모리스 웜 사건에는 두 가지 재미있는 이야기가 있다. 로버트 모리스는 코넬 대학교에서 만든 것을 감추기 위해 MIT의 서버에서 자신이 만든 웜을 퍼트렸지만, 1999년에 그는 MIT의 교수가 되었다.

또 하나 흥미로운 것은, 로버트 모리스$^{Robert\ Tappan\ Morris}$의 아버지 로버트 모리스$^{Robert\ Bob\ H.\ Morris}$는 이 당시 암호학 전문가로 미국 국가안전보

장국$^{National\ Security\ Agency}$에 근무하고 있었다는 사실이다. 아버지는 보안 전문가인데 아들은 컴퓨터 역사에 길이 남을 최초의 대규모 인터넷 웜 제작자가 된 것이다. 이 사례로 볼 때, 역시 세상엔 예측할 수 없는 일들이 많은 듯하다. 사람들 사이의 일이든 컴퓨터 세상에서든 마찬가지다.

7장

소프트웨어는 날아가는 전투기도 떨어뜨린다

이 세상에 현존하는 전투기로 미국의 'F' 시리즈(F-14, 15, 16, 18 등), 유럽연합의 유로파이터$^{Euro\ Fighter}$, 러시아의 수호이^{Sukhoi} 및 미그^{Mig}, 영국의 해리어^{Harrier}만 있는 것은 아니다. 최근에 수호이 전투기의 복사판을 내어 놓은 중국을 제외하고 지난 수십 년 동안 전투기 생산국으로

그림 7-1 체코 공군 JAS 39 그리펜 (출처: 위키피디아)

서 당당히 명성을 떨친 나라가 있다. 일반인들에게 잘 알려지지 않았지만, 우리나라 차세대 FX 사업에도 참여한 스웨덴이 바로 그 주인공이다.

스웨덴 JAS 39 그리펜 전투기 추락사고

스웨덴은 세계적인 항공 강국으로서 자체적으로 전투기를 개발해 사용하고 있는 몇 안 되는 국가 중 하나다. 스웨덴은 기존에 운용 중이던 비겐 전투기와 드라켄 전투기를 대체할 목적으로 1979년 사브^{Saab}사를 통해 JAS 39 그리펜^{Gripen} 전투기를 개발하기 시작했다. 모델명인 'JAS'는 스웨덴어로 전투기^{Jakt}, 공격^{Attack}, 정찰^{Spaning}의 앞 글자를 조합한 것으로, 말 그대로 공중 전투, 공격, 정찰이 가능한 다목적 전투기를 의미한다. 그리펜은 1996년 처음으로 스웨덴 공군에 인도되기 시작했고 현재 스웨덴에 204대, 남아프리카공화국에 26대, 태국에 12대 등 전 세계 곳곳에서 수백 대의 기체가 활약하고 있다.

그리펜 시제기의 추락

그리펜의 개발 과정은 그다지 순탄치 않았다. 1988년 12월 9일, 최초의 시제기(테스트 용도로 제작한 비행기)가 조종사 스티그 홀름스트룀$^{Stig\ Holmström}$의 조종하에 역사적인 첫 비행을 마쳤다. 그 후 계속해서 시험 비행이 실시되었는데, 시험 비행 도중에 시제기의 몇 가지 구조적인 문제를 발견하게 되었다. 바로 플라이 바이 와이어$^{Fly-by-Wire*}$ 비행 조종

---

* **플라이 바이 와이어:** 항공기 제어 방식 중 하나다. 최초의 항공기는 조종사의 팔 힘과 기계장치로 비행기를 조종했으나, 항공기가 더 크고 빨라짐에 따라 더 이상 사람의 힘으로 조종이 힘들어졌다. 이에 자동차의 파워핸들처럼 유압으로 항공기를 조종하는 기술이 발전했다. 하지만 유압장치는 크고 무거운 단점이 있었는데, 이러한 단점을 없앤 것이 바로 플라이 바이 와이어 제어방식이다. 이 플라이 바이 와이어 제어 방식은 기체의 안정성을 위해 바람의 방향이나 속도, 고도 등을 컴퓨터가 종합적으로 판단해서 자동으로 기체를 제어한다.

시스템$^{Flight\ Control\ System}$(이하 FCS)의 문제였다. 이 문제는 여섯 번째 시험 비행에서 기어이 사고로 이어졌다.

무릇 전투기뿐만 아니라 모든 종류의 비행기는 그것의 개발 과정에서 크고 작은 사고가 발생하기 마련이다. 본격적인 스텔스 전투기인 미국 F-22의 경우에도 2004년 12월 20일 야간 시험 비행 중 문제가 발생하여 조종사는 비상탈출하고 기체는 그대로 추락하여 폭발한 일이 있었다. 차세대 헬리콥터인 오스프리^{Osprey} 역시, 시험 비행 중 2대를 잃었다. 그리펜 역시 예외일 순 없었다.

1989년 2월 2일 스웨덴 남부 도시 링쾨핑^{Linköping}. '39-1'이란 일련번호를 가진 시제기가 시험 비행을 마치고 착륙하기 위해 천천히 고도를 낮추고 있었다. 지상과의 거리가 얼마 남지 않았을 그 시점, 갑자기 시제기가 심하게 요동치기 시작했다. 앞뒤로 한 번씩 크게 요동친 시제기는 왼쪽 날개부터 비행장에 충돌했다. 충돌 후 시제기는 비행장 밖을 벗어나 지면에 수차례 구르면서 크게 파손되고 말았다. 시험 비행 조종사(라쉬 로데스트룀$^{Lars\ Rådeström}$)가 한쪽 팔만 부러지는 비교적 경미한 부상을 입은 것이 불행 중 다행이었다.

거센 돌풍도 약간의 영향을 미쳤지만 사고의 주 원인은 FCS의 소프트웨어 문제로 밝혀졌다. 이 사고로 그리펜의 소프트웨어를 대대적으로 수정 및 보완하는 바람에 당초 계획했던 개발 일정은 크게 지연되었다. 결국 그리펜은 15개월이 지난 후에야 다시 시험 비행을 재개할 수 있었다.

또 한 번의 추락

15개월간의 노력 끝에 시험 비행에 성공한 그리펜은 앞서 설명한 착

그림 7-2 JAS 39 시제기 착륙 사고 (출처: Youtube, JAS 39 Gripen crash)

류 사고 후 약 3년 반이 지난 무렵에 다시 한 번 사고를 당했다. 1993년 8월 8일, 당시 스웨덴의 수도 스톡홀롬에서는 'Water Festival'이라는 축제가 열리고 있었다. 그리고 이 축제에는 그리펜의 에어쇼가 예정되어 있었디. 같은 날 13시 51분, 사브 비행장에서 이륙한 그리펜 양산기체(일련번호 39.102)는 곧 에어쇼 장소인 리다르피야르텐Riddarfjärden 상공에 도착했다. 그런데 불길한 조짐이 나타났다. 사고가 발생할 것을 암시라도 하듯 에어쇼 장소로 비행하던 중에 전자 지도 기능에 이상이 생긴 것이다. 하지만 비행은 계속되었다. 아마도 전술을 수행하는 것이 아니라 단순히 에어쇼 기동만 보여줄 계획이었기에 계속 비행한 것으로 추측된다.

에어쇼 장소에 도착한 그리펜은 상공을 몇 분간 저속으로 회전하는 기동을 펼쳤다. 회전 기동을 마치고 비행기를 수평으로 맞춘 직후 그리펜은 두 번째 고장을 일으킨다. 조종장치가 반응을 하지 않은 것이다. 2.5초 후 기체는 제어 불능 상태에 빠져버렸다. 그리펜은 항공기가 충분한 추진력을 받지 못할 때 발생하는 실속Stall에 들어갔고, 기체 추락 직전 조종사는 간신히 탈출에 성공했다.

오후 2시 9분, 기체는 스톡홀롬 중앙부의 롱홀멘Långholmen 섬에 추락했다. 별다른 인명 피해는 없었다. 추락장소 근처에 있던 한 여성만이 얼굴과 팔, 손에 화상을 입고 3주간 병원에 입원한 것이 전부였다. 축제에 수많은 사람들이 모인 것을 감안하면 불행 중 다행이었다. 낙하산으로 탈출했던 조종사는 공교롭게도 1988년 시제기 추락 사고 당시의 그 조종사(라쉬 로데스트룀)였다.

추락 원인은 이번에도 역시 FCS의 소프트웨어에 있었다.

그림 7-3 조종사 비상탈출 장면 (출처: Youtube, Saab JAS39 Gripen Crash 1993)

원인은 소프트웨어 문제

전투기 개발 시, 소프트웨어 버그로 인해 낭패를 겪은 것은 비단 스웨덴만이 아니었다. 항공우주 분야에서 최고의 기술을 가진 미국 역시 같은 문제를 경험했다.

1992년 4월 캘리포니아의 에드워드 공군 기지에 착륙하고자 활주로에 접근한 스텔스 전투기 F-22가 갑자기 앞뒤로 크게 요동치기 시작했다. 1988년도의 그리펜과 거의 동일한 증상이었다. 원인도 그리펜과 같은 FCS의 소프트웨어 문제였다. 다행히 기체도 크게 파손되지 않았고 조종사도 무사했지만, 미군은 사고 이후 F-22의 시험 비행을 잠시 중단할 수밖에 없었다.

그리펜의 두 사고와 F-22의 사례는 소프트웨어를 잘못 만들면 얼마나 큰 시간적, 물질적 피해가 발생할 수 있는지 다시 한 번 확인시켜 주는 계기가 되었다. 1993년의 에어쇼 추락 사고로 그리펜의 정식

그림 7-4 YF-22 착륙 실패 장면 (출처: Youtube, F22 Raptor Crash Landing)

비행은 중단되었고 그해 12월 29일이 되어서야 다시 시작할 수 있었다. 결과적으로 그리펜은 두 번의 사고 탓에 모두 20개월 가까이 개발이 지연되었으며, 1대의 기체는 크게 파손되었고 다른 1대의 기체는 추락해 폭발했다. 그리고 두 번이나 사고를 당한 불운의 조종사(라쉬 로데스트룀)는 가족들의 반대로 시험 비행을 위한 조종 임무를 그만두었다.

항공기에서 점점 더 중요해지는 소프트웨어

이제 소프트웨어는 항공기 개발, 특히 전투기 개발에 있어서 필수 불가결한 존재가 되었다. 앞서 사례로 든 JAS 39 그리펜과 F-22 외에도 최근에 개발되고 있는 많은 군용 항공기에서 다양한 소프트웨어가 두루 사용되고 있다.

실제로 미국 회계감사원GAO, Government Accountability Office이 2012년 6월에 보고한 자료에 따르면 F/A-18 E/F에 들어가는 소프트웨어 코드의 길이는 약 150만 줄이며, F-22는 약 300만 줄에 달한다.

요즘은 이 소프트웨어 문제 때문에 대당 수천억 원이 넘는 최첨단 전투기의 전체 개발 일정이 지연되는 일이 벌어지고 있다. 미군이 개발하고 있는 F-35가 그 대표적인 경우다. 우리나라 3차 차기 전투기 사업에 참가하기도 했던 F-35는 역대 전투기 중 최대 크기의 소프트웨어를 자랑한다.

F-35의 지상/항공기 내장 소프트웨어의 총 소스코드는 2,400만 줄이며, 이 중 950만 줄이 항공기 내장 소프트웨어라고 한다. 항공기 내장 소프트웨어의 크기만으로 따지면, F-22A의 세 배이며 F/A-18 E/F의 여섯 배다.

소프트웨어는 이제 PC에서 벗어나 자동차, 비행기, 발전소에 이르기까지 그 활용 영역이 확장되고 있다. 하지만 이런 민감한 영역에서 사용하는 소프트웨어를 잘못 구현해서 작동 중에 오류가 발생하면 바로 사람의 목숨이 위험해지거나 커다란 재산상의 손해가 발생한다. 이 장에서 살펴본 것처럼 소프트웨어 에러로 3대의 비싼 전투기가 속절없이 추락한 사실을 떠올리며, 에러를 최소화하는 데 중점을 두고 소프트웨어를 개발해야 한다.

8장

70억 달러짜리 불꽃놀이 쇼: 아리안5 501편

2013년 1월 30일 전라남도 고흥 나로도에서 발사된 나로호가 나로과학위성을 지구 저궤도에 진입시키는 데 성공했다. 이로써 우리나라는 세계에서 11번째로 우주에 로켓을 쏘아 올린 나라가 되었다. 하지만 나로호는 100% 우리나라의 기술로 발사한 것이 아니다. 애석하게도 우리나라가 자력으로 로켓을 쏘아 올리려면 앞으로도 상당한 시간이 흘러야 할 것 같다.

성장하는 상업용 우주산업

인공위성을 쏘아 올리려면 인공위성을 지구 궤도에 올릴 수 있는 로켓 발사체가 필요하다. 1, 2단으로 구성되어 있는 로켓 발사체 중 특히 1단 로켓이 중요한데, 우리나라는 이 1단 로켓에 대한 기술이 아직 걸음마 단계이다. 그래서 나로호를 발사할 때, 우리나라는 러시아의 앙카라 로켓을 사용해야만 했다. 이 1단 로켓 기술은 미국과 러시아, 유럽이 선도하고 있으며 그 밖에 중국, 일본, 인도도 기술 보유국에 속한다. 2012년 12월 12일에 인공위성 광명성 3호를 쏘아 올린 북한 역시 1단 로켓 기술만 놓고 비교할 때 대한민국보다 10년 정도 앞서 있는 것으로 평가된다.*

계속해서 1단 로켓 기술을 언급하는 이유는 이 1단 로켓 기술을 이용한 상업용 로켓 발사로 많은 경제적 이익을 얻을 수 있기 때문이다. 초창기 인공위성은 군사용, 과학용으로 사용되었지만, 현재는 많은 수의 인공위성이 상업용으로 쓰인다. 이 상업용 위성은 그 쓰임새가 다양하다. 우리가 일상생활에서 흔히 접하는 GPS와 위성DMB 등을 비롯해 통신, 방송, 기상 등 다양한 분야에서 위성이 사용되고 있다. 인공위성의 수요가 날로 늘어감에 따라 세계 우주산업의 시장 규모는 매년 10% 이상의 성장세를 보였으며, 2009년에는 약 1,444억 달러(약 160조 원)에 이르렀다는 통계자료도 있다.

이 우주산업의 상업용 인공위성 발사 서비스 분야에서는 단연 아리안스페이스Arianespace사가 가장 돋보인다. 아리안스페이스는 유럽우주국ESA, European Space Agency이 개발하고 자사가 제작, 발사하는 아리안Ariane 5 로켓을 앞세워서, 전체 시장 점유율의 약 절반을 차지하고 있다. 아리안 로켓은 다른 국가의 위성 발사체보다 가격은 비싸지만 실패 확률이 적어서 안정성이 뛰어난 것이 장점이다. 하지만 빛이 있으면 그림자가 있듯이 이 아리안5 로켓에도 어두운 역사가 있었다.

---

* 경제난에 시달리고 있는 북한이 기를 쓰고 인공위성을 개발하는 이유는 바로 1단 로켓 기술을 개발하기 위해서다. 이 1단 로켓 기술로 만든 위성 발사체를 조금만 개조하면 대륙간탄도미사일(ICBM)로 사용할 수 있기 때문이다. 전문가들은 북한이 사거리 1만 km의 장거리 대륙간탄도미사일 제작 기술을 보유하고 있는 것으로 보고 있다. 1만 km면 북한에서 로스엔젤레스까지의 거리다. 미국은 이 1단 로켓 기술에 대해서는 적대국 우방국 구분 없이 굉장히 민감하게 반응한다. 우리나라가 나로호 개발을 위해 러시아와 협약을 맺을 당시에도 미국의 간섭이 심했다.

아리안5의 개발

아리안 로켓 시리즈 중 아리안4는 아리안 로켓의 성공신화를 쓰는 데 크게 기여한 로켓이다. 첫 발사인 1988년 6월 15일부터 마지막 발사인 2003년 2월 15일까지 총 116번 발사해 113번 성공했고 이를 통해 수백여 개의 위성을 지구 궤도에 올렸다.

아리안4는 최대 4.8톤 무게의 위성을 실어 나를 수 있었는데, 이는 이전 버전인 아리안3 대비 2.8배나 많은 수준이었다(아리안3는 최대 1.7톤). 아리안4의 우수한 성능과 신뢰성을 바탕으로 아리안스페이스는 위성 발사체 시장에서 미국과 러시아를 제치고 60%에 가까운 점유율을 차지할 수 있었다.

아리안4의 성공에 고무된 유럽은 아리안4의 후속모델인 아리안5를 개발하기 시작했다. 아리안5는 원래 헤르메스^{Hermes} 우주 왕복선을 발사할 목적으로 설계되었다. 하지만 이후 헤르메스 계획은 취소되었고 아리안5는 아리안4를 대체할 발사체로 개발 목적이 변경되었다. 기존의 아리안 로켓(1~4)은 이전 모델을 단계적으로 개량한 것인 데 반해, 아리안5는 거의 모든 부분이 새로이 설계, 개발되었다. 또한 아리안4에 비해 덩치가 커진 덕분에 최대 적재 중량이 6.2톤으로 늘어났다.

아리안5 501편

현지 시간 1996년 6월 4일 오전 9시 33분 59초, 남미 프랑스령 기아나 쿠루 발사기지에서 1기의 로켓이 불을 뿜었다. 아리안5 시리즈의 첫 로켓인 아리안5 501편$^{Ariane\ 5\ Flight\ 501}$이었다. 유럽우주국에서 10년 동안 공들인 그 로켓이 이제 막 날아오르려 하고 있었다.

"5, 4, 3, 2, 1, 0." 카운트다운이 진행되었고 그 직후 엔진에서 작은 불꽃이 일었다. 그로부터 7.5초 후 굉음과 함께 화염을 뒤로하고 로켓은 서서히 하늘을 향해 날아올랐다. 사람들은 환호했다.

그러나 그 환호는 곧 탄식으로 바뀌었다. 발사 37초 후, 로켓이 살짝 기우뚱하더니 순식간에 로켓 전체가 화염에 휩싸였다. 이어, 발사한 지 1분도 지나지 않아 로켓은 큰 폭발음과 함께 산산조각이 났다. 결국 아리안5 501편의 발사는 유럽 10여 개국이 10년 동안 70억 달러(약 7조 7,000억 원, 환율 1,100원 기준)를 들여 만든 가장 비싼 불꽃놀이 쇼가 되고 말았다.

유럽우주국은 곧바로 조사에 착수했고, 약 한 달 뒤인 1996년 7월 19일, 조사 보고서를 발표했다. 발사 실패의 원인은 바로 소프트웨어 버그였다.

사건의 재구성

때는 유럽우주국이 아리안5를 설계할 당시로 거슬러 올라간다. 로켓을 우주로 쏘아 올리기 위해서는 수많은 전자기기가 필요한데, 이 중 로켓의 현재 고도와 속도를 측정하는 SRI^{Inertial Reference System}라는 모듈이 있었다. 아리안5 개발팀은 아리안5용 SRI를 새롭게 만들지 않고 아리안4의 SRI를 그대로 사용했다. 아리안4는 113번이나 발사에 성공한 그야말로 '검증된' 로켓이었기 때문에, 이 모듈을 그대로 사용하는 것이 안정성과 개발시간 단축을 위해 유리하다고 판단한 결과였다.

아리안5 501편의 발사 실패에 대해 설명할 때 내장형 전자기기인 SRI를 빼놓을 수는 없으므로 좀 더 자세히 설명해 본다. 아리안5의 SRI는 만일의 사태를 대비해 2대가 이중으로 구성되어 있었다. 평

그림 8-1 프랑스 툴루즈에 전시된 아리안5 모형 (출처: 위키피디아)

상시에는 1대만 동작하며 예비용인 다른 1대는 실제 가동하는 SRI가 동작을 멈출 경우 언제든지 대신할 수 있도록 즉각적인 전환이 가능한 대기 상태$^{Hot\ Standby}$에 있었다. 문제가 발생하면 즉시 전환해야 하기 때문에 모든 데이터는 두 SRI에 동일하게 입력되고 있었다. SRI는 OBC$^{On\ Board\ Computer}$가 제어하고 있었고 이 OBC 역시 만일의 사태를 대비해서 2대가 이중으로 구성되어 있었다.

그림 8-2 브레멘 우주센터의 아리안4 모형 (출처: 위키피디아)

이렇게 만일의 사태를 대비하여 설계된 신형 아리안5 로켓은 절대 실패하지 않을, 그야말로 완벽한 로켓이었다. 유럽우주국이 야심 차게 준비한 이 신형 로켓은 1996년 6월 5일 현지시각 9시 33분 49초부터 역사적인 발사 카운트다운에 들어갔다. 동시에 수십 억 달러짜리 아리안5 로켓을 산산조각 낼 소프트웨어 버그 폭탄도 카운트다운이 시작되었다. 발사 카운트다운 3초 전, SRI의 일부 소프트웨어가 이

미 잘못 작동하기 시작했다.

9시 33분 56초, SRI가 조정^{Alignment} 모드에서 비행^{Flight} 모드로 전환되었다. 아리안4와 아리안5 501편에 사용한 SRI는 조정 모드와 비행 모드로 작동하는데, 조정 모드는 발사 전 로켓의 궤도, 속도 등을 조정하기 위해 사용하는 모드였고 비행 모드는 비행 중 사용되는 모드였다. 그런데 비행 모드로 전환되었을 때 실행되지 말아야 할 조정 모드의 기능이 계속해서 실행되고 있었다.

당장 눈에 보이는 영향은 없었다. 발사도 순조롭게 진행되었다. 9시 33분 59초, 마지막 카운트다운과 동시에 로켓의 엔진이 점화되었고 수초 후 기아나 쿠루 우주센터는 아리안5 로켓이 내뿜는 화염에 휩싸였다. 로켓은 서서히 하늘을 향해 날아오르기 시작했다.

아리안5 로켓의 속도는 점점 빨라졌고, 발사 성공을 기원하는 관

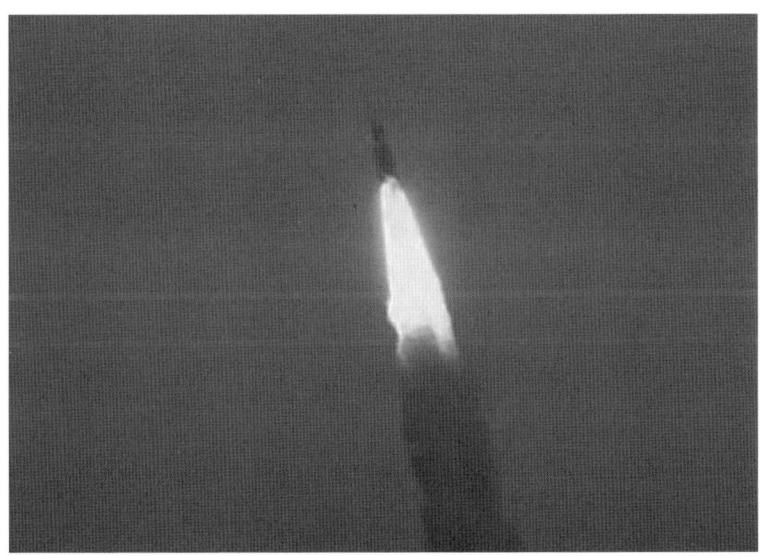

그림 8-3 발사 37초 후의 아리안5 비행 모습 (출처: Ariane 5 Explosion, Youtube)

계자들의 안도감도 점점 커지고 있었다. 더불어 SRI에 내장된 소프트웨어 버그 폭탄이 동작할 시간도 가까워지고 있었다. 로켓 발사 후 36.672초, 작동 중이던 SRI 1대가(SRI-2)가 동작을 멈췄다. 당시 아리안5 로켓은 마하 0.7(807km/h)의 속도로 고도 3,500m 지점을 통과하고 있었다.

문제는 SRI-2에 입력된 데이터의 크기였다. 그 순간 SRI-2가 입력받은 데이터는 64비트 실수형 데이터였다. 실수형 데이터는 컴퓨터에서 소수점과 같은 정밀한 수를 표현하거나 일반 정수형이 표현할 수 없는 큰 수를 연산할 때 쓰인다. 그런데 당시 입력된 데이터는 SRI-2 소프트웨어가 사용하는 16비트 정수형이 표현할 수 없는 수치였다. 이 값을 SRI가 사용하는 16비트 정수형으로 변환하는 과정에서 오류(오버플로우 에러)*가 발생한 것이었다.

문제는 비행 모드의 소프트웨어에서 발생한 것이 아니라, 비행 모드에서는 실행되지 말아야 할 조정 모드의 소프트웨어에서 발생했다. 게다가 하필 이 코드에는 어떠한 소프트웨어 예외 처리(에러가 발생할 경우를 예상해서 그에 대한 처리를 구현하는 것)도 없었기 때문에 SRI-2에는 속절없이 장애가 발생했다. 이제 SRI-2는 더 이상 OBC에 로켓의 고도, 속도 정보를 보내지 못하게 되었다.

---

* **오버플로우 에러(overflow error)**: 소프트웨어 내부에서 사용하는 자료형이 표현할 수 없는 큰 수가 입력되었을 때 발생하는 에러. 소프트웨어 내부에서는 각종 연산을 위해 자료형을 사용하고 이에 따라 메모리를 할당한다. 이 할당 메모리 크기에 따라 자료형이 표현할 수 있는 수의 크기가 달라진다. 컴퓨터 구조에 따라 다르지만, 일반적으로 나타낼 수 있는 수의 크기는 다음과 같다.

8비트 정수형: $-2^7 \sim 2^7-1$
16비트 정수형: $-2^{15} \sim 2^{15}-1$
32비트 정수형: $-2^{31} \sim 2^{31}-1$
32비트 실수형: $1.17 \times 10^{-38} \sim 3.4 \times 10^{38}$
64비트 실수형: $2.22 \times 10^{-308} \sim 1.79 \times 10^{308}$

아리안5 501편의 SRI는 64비트 실수형 값을 16비트 정수형 값에 넣으려고 했기 때문에 에러가 발생했던 것이다.

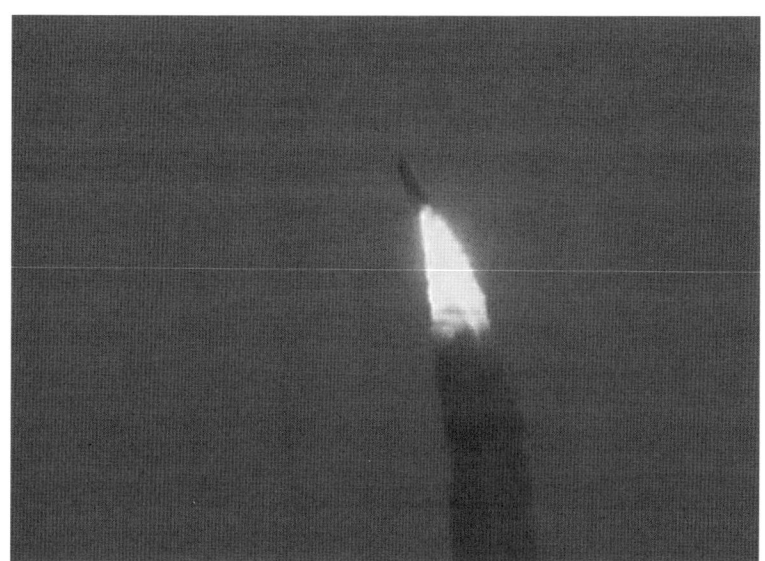

그림 8-4 기체가 기울기 시작함 (출처: Ariane 5 Explosion, Youtube)

그림 8-5 완전히 궤도를 빗나감. 로켓이 급격히 기울었음 (출처: Ariane 5 Explosion, Youtube)

아리안5 개발진은 이런 사태를 대비해 SRI를 이중으로 구성해 놓았다. 이제 그 진가를 발휘할 찰나였다. SRI-2가 장애를 일으키자 OBC는 사전에 프로그래밍되어 있는 대로 SRI-2 대신 즉시 사용할 수 있도록 대기 중인 SRI-1으로 전환을 시도했다. 이때가 SRI-2가 멈추고 나서 0.07초가 지난 시점이었고, 발사 후 36.744초였다.

하지만 상황은 생각했던 것보다 더 절망적이었다. OBC가 장애가 발생한 SRI-2를 대신하여 SRI-1을 활성화^{Active}시키려고 했으나, SRI-1 역시 SRI-2와 마찬가지로 먹통이 되어 있었다. 그렇다. SRI는 하드웨어만 같은 것이 아니라 소프트웨어와 입력값도 모두 같았기 때문에 SRI-1과 SRI-2 모두에 장애가 발생했던 것이다.

여파는 곧 OBC로 향했다. OBC는 SRI가 넘겨주는 데이터를 바탕

그림 8-6 공기역학적인 부하를 견디지 못하고 기체가 부서지기 시작함 (출처: Ariane 5 Explosion, Youtube)

그림 8-7 아리안5 501편의 폭파 잔해 (출처: http://www.jzepcevski.com/mundane-explosions/)

으로 엔진 노즐의 각도와 추진력을 조절하여 적절한 비행 궤도를 계산했다. 하지만 SRI에서 비정상적인 고도 데이터와 가속 데이터가 넘어오고 있었고 이 비정상적인 데이터를 바탕으로 올바른 비행 궤도를 계산할 수 없었다. 결국 OBC는 엔진 노즐을 정상적으로 컨트롤할 수 없었고 기체는 점점 기울어져 갔다.

발사 후 39.3초에는 이중으로 구성되어 있던 OBC 중 1대(OBC-1)가 제 기능을 상실했다. 시스템은 즉각 OBC-2로 전환했다. 그 사이에도 잘못된 노즐 방향으로 말미암아 로켓은 더욱더 기울고 있었다. 이는 로켓에 심한 공기역학적 부하를 주었다. 이 부하를 견디다 못한 로켓은 산산조각 나기 시작했다. 발사 후 40.4초 후 큰 부하를 못 이기고 로켓에서 부스터 1개가 떨어져 나왔다. 이를 시작으로 또 다른 부스터와 주 기체가 부서지기 시작했다. 결국 발사 후 40.55초부터 로켓이 화염에 휩싸이기 시작했다.

이제 로켓이 정상궤도로 날아가지 못하는 것은 명백했다. 관제소에서는 로켓이 거주 지역에 떨어지는 등의 2차 피해를 막기 위해 아리안5 로켓에 자폭 명령을 보냈다. 곧 큰 소리와 함께 아리안5 로켓의 잔해는 마치 불꽃놀이를 하듯 사방으로 흩어졌다.

결론

아리안5 501편의 발사 실패 후, 유럽우주국은 즉시 조사위원회를 구성했고, 약 한 달 반 뒤인 1996년 7월 19일 조사 결과를 발표했다. 이 발표에서 조사위원회는 '아리안5 501편의 실패에 관한 보고서'라는 문서를 통해 크게 두 가지 문제점을 지적했다. 바로 테스트 부족과 요구사항 정의의 실패였다. 특히 요구사항 정의와 관련해서는 아리안4에서 사용했던 SRI를 아리안5에서도 그대로 사용한 행위에 대한 지적이 있었다.

"SRI의 시스템 명세서에는 아리안4 외의 사용에 대한 어떠한 제약사항이 없었다. 그러한 제약사항을 명시하는 것은 모든 '임무 성공이 최우선시되는 Mission Critical' 기기에서 필수적으로 있어야 하며, SRI 역시 아리안4 외에는 호환되지 않는다고 명시했어야 했다."

유럽우주국은 조사위원회의 권고사항을 충실히 이행하고 문제점을 수정하여 1년 4개월 뒤인 1997년 10월 30일에 아리안5 502편의 발사에 성공했다. 이후 지금까지 총 66기를 발사하면서 세계 위성 발사 시장의 절반 가까이를 차지하고 있다. 아리안5 501편의 실패가 약이 된 셈이다.

소프트웨어 개발자를 위한 섹션

실제로 아리안5의 실패 원인이 된 코드를 살펴보자. 소스코드를 검사하는 조사팀의 일원이 밝혀낸 사실로, 일반적으로는 잘 사용하지 않는 Ada 언어로 작성되어 있다.

```
L_M_BV_32 := TBD.T_ENTIER_32S ((1.0/C_M_LSB_BV) * G_M_INFO_
DERIVE(T_ALG.E_BV));

if L_M_BV_32 > 32767 then
    P_M_DERIVE(T_ALG.E_BV) := 16#7FFF#;
elsif L_M_BV_32 < -32768 then
    P_M_DERIVE(T_ALG.E_BV) := 16#8000#;
else
P_M_DERIVE(T_ALG.E_BV) := UC_16S_EN_16NS(TDB.T_ENTIER_16S(L_
M_BV_32));
end if;

P_M_DERIVE(T_ALG.E_BH) := UC_16S_EN_16NS (TDB.T_ENTIER_16S
((1.0/C_M_LSB_BH) * G_M_INFO_DERIVE(T_ALG.E_BH)));
```

 마지막 줄의 코드에서 문제가 발생했다. 바로 앞의 코드처럼 if~else로 오버플로우가 발생하지 않도록 예외 처리를 해야 했기 때문이다. 조사위원회는 이 에러를 포함하여 모두 7개의 변수가 연산자 오류의 위험에 노출되어 있는 것을 발견했다. 이 7개 중 4개는 예외 처리로 보호되고 있었지만, 앞의 코드를 포함한 나머지 3개는 보호되어 있지 않았다.

 왜 모든 구문을 예외 처리하지 않았을까? 그것은 바로 SRI 컴퓨터에 맞춰져 있는 최대 부하 목표치가 80%였기 때문이었다. 예외 처리를 하면 그만큼 컴퓨터의 CPU가 처리해야 하는 코드가 많아지기 때문에 이 최대 부하 목표치 80%를 달성하기 위해 7개 중 3개는 예외 처리하지 않았다. SRI의 오류는 이 3개 중 하나에서 발생했다.

 발사 실패에 대한 책임을 프로그래머에게 전적으로 지울 수 없는 것은 최대 부하 80%는 요구사항 중 하나였고, 이 소프트웨어는 아리안4에서 성공적으로 사용되면서 큰 문제를 일으킨 적이 없었기 때문이다. 다만, 어떤 기준으로 4개는 예외 처리하고 3개는 하지 않았는지에 대한 참고자료가 없는 것은 코드 구현에서의 문제점으로 지적되었다.

한편 아리안5의 테스트 과정에도 문제가 있었다. 발사 실패의 주 원인인 SRI의 경우 카운트다운 시, 비행 시, 궤도 진입 시 상황에 대한 테스트를 하지 않았다. 이 상황에 대해 테스트하려면 많은 데이터(가속도 등)가 필요한데 SRI를 테스트할 때마다 로켓을 발사할 수는 없으므로, 시뮬레이션 등을 통해서라도 테스트는 반드시 수행했어야 했다. 데이터 값을 시뮬레이션으로 만들어내어 테스트했다면 폭발을 사전에 막을 수 있었다.

SRI에 대해서는 특별히 제작된 소프트웨어 모듈로 OBC와의 호환성 검증 부분만 테스트했다. SRI 테스트를 그저 전자적으로 잘 연결되고 버스 신호가 잘 가는지 여부만 확인하는 테스트로 이해하고 있었던 것이다. 왜 다른 기기와 같이 통합적으로 테스트하지 않고 이런 결정을 내렸을까? 여러 가지 이유가 있지만 크게 다음 두 가지로 요약된다.

1. SRI는 장비 레벨에서 충분히 검증되었을 것으로 생각한다.
2. 지상 테스팅 환경이 미비하다.

이는 기술적으로는 맞는 말이지만, 시스템 시뮬레이션 테스트의 목적을 고려했을 때는 인터페이스뿐만 아니라 시스템까지 검증해야 한다. 아리안4에 사용되었기 때문에 잘 동작할 것이라고 생각한 것은 명백한 리스크가 아닐 수 없었다. 그렇다고 테스팅팀의 책임은 아니다. 테스팅은 에러가 있음을 보여주는 것이지, 에러가 없다는 것을 보여주는 행위가 아니다. 결론적으로 잘못 정의한 스펙과 무조건적인 소프트웨어 모듈 재사용이 문제였다.

9장
잘못 설계한 소프트웨어 사용성: 빈센트호 사건

예나 지금이나 서남아시아(흔히 '중동'으로 불린다)는 언제 전쟁이 터질지 모르는 세계의 화약고와 같은 지역이다. 서남아시아는 지정학적으로 유럽, 아시아, 아프리카를 서로 연결하는 교두보였기 때문에 수많은 민족들의 각축장이 될 수밖에 없었다. 게다가 이슬람교, 유대교,

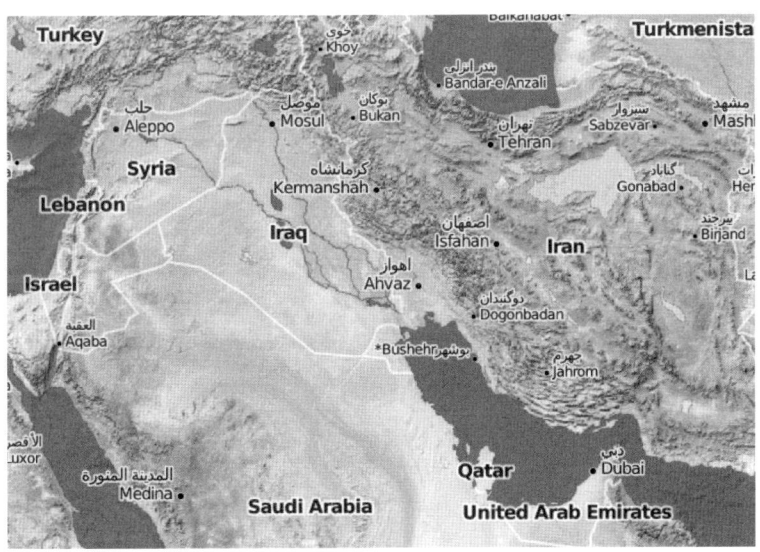

그림 9-1 서남아시아 지도 (출처: OpenStreetMap)

기독교(가톨릭, 개신교, 동방정교회 등)의 발원지가 모두 서남아시아 지역인 만큼 종교적인 문제도 겹쳐서 언제 어디서 전쟁이 터져도 이상하지 않은 곳이 되었다. 실제로 2차 세계 대전 이후 다수의 전쟁들이 이 서남아시아에서 발발했으며, 전쟁사에 한 페이지를 장식할 만한 굵직한 전쟁도 숱하게 많았다.

그중 이란과 이라크 간의 전쟁은 이 지역의 강대국끼리 벌인 20세기 최후의 총력전으로 무려 8년 동안이나 지속되었다. 1975년 이전의 이란과 이라크는 국경 문제로 충돌이 잦았으나 1975년 양국이 국경 조약을 맺은 이후에는 별 문제 없이 조용한 나날이 지속되었다. 하지만 평화는 오래가지 않았다. 1979년 호메이니의 이슬람 혁명으로 중동에서 가장 강력한 친미 국가였던 이란의 '샤 팔레비' 왕조가 붕괴하고, 호메이니의 반서방 이슬람 원리주의 정권이 들어선 것이다.

그림 9-2 이슬람 혁명 당시 행진하는 테헤란의 군중들 모습 (출처: Islamic Revolution Document Center, Public Domain)

이란의 이슬람 혁명 이후 평온하던 이란과 이라크 두 국가 간의 관계는 급속히 냉각되었다. 원래부터 이란과 이라크는 민족적, 종교적으로 사이가 좋지 않았다. 이라크 국민은 셈족 계통의 아랍인이며 이란은 인도-유럽어족 페르시아인이 대부분이었다. 언어 또한 달랐으며, 종교적으로도 이란은 시아파가 다수를 차지하고 이라크는 수니파가 권력을 장악하고 있었다. 이슬람 혁명 이후 이란은 이라크 내부의 시아파를 자극했고, 이라크에 이슬람 혁명 이데올로기를 수출하고자 했다.

그렇지 않아도 1975년 국경조약에 대해 불만이 많았던 이라크와 이란 사이에 전운이 감돌기 시작했다. 이슬람 혁명이 중동 전역으로 파급될까 우려하는 서방 국가와 중동 왕조 국가들이 전폭적으로 이라크의 지도자였던 사담 후세인을 지원했다. 이에 자신감을 얻은 사담 후세인은 이스라엘이 아랍 국가들에게 그러했듯이 단기전으로 이란과 승부를 내어 유리한 위치에서 이란을 협상 테이블로 끌어내고자 했다. 1980년 9월 22일, 이라크의 선제 공격으로 8년간에 걸친 이란-이라크 전쟁이 막을 올렸다.

바다로 번진 전쟁의 불길

단기전으로 이란과의 전쟁을 끝내려 했던 사담 후세인의 의도와는 달리 전쟁은 장기전으로 흘러가고 있었다. 전쟁 초기에는 상대국의 석유 시설에만 공격을 가했으나 1984년을 기점으로 석유 수출을 방해하기 위해 항구를 출입하는 상선까지 공격 범위가 확대되었다. 이로 인해 많은 수의 애꿎은 상선들만 피해를 입었다. 이란-이라크 전쟁 기간 동안 양국의 무차별 공격 때문에 총 546척의 상선이 피해를

그림 9-3 공격을 받고 불타는 상선 (출처: http://new.sajed.ir/menu1/Description.aspx?id=77056, GFDL)

입었으며, 430명의 민간인 선원이 목숨을 잃었다.

우리나라 상선도 피해를 입었다. 1984년 9월 16일, 우리나라 해우선박 소속 7만 1,000톤급 유조선 '로열 콜롬보' 호가 정체불명의 공군기로부터 미사일 공격을 받았다. 이 공격으로 한국인 선원 2명이 부상당하고 선체가 파손되어 목적지인 스리랑카 콜롬보항 대신에 수리를 위해 아랍에미리트의 두바이항으로 발길을 돌려야만 했던 일도 있었다.

한편 이란, 이라크 양국의 무차별적인 유조선 공격으로 인해 인접국인 쿠웨이트도 큰 피해를 입고 있었다. 산유국이었던 데다가, 페르시아만의 가장 깊숙한 곳에 위치한 지형도 한몫 거들었다. 결국 1986년 12월 쿠웨이트는 미국에 자국 유조선에 대한 보호를 요청했다. 미

그림 9-4 미 해군 프리깃 USS HAWES(FFG-53)의 호위를 받고 있는 유조선 GAS KING (출처: 미 해군)

국은 이에 함대를 파견했고, 1987년 7월 24일부터 어니스트 윌^{Earnest} ^{Will}이라 불린 작전을 통해 공해상을 순찰하면서 쿠웨이트의 유조선을 호위했다.

그림 9-5 기뢰에 피격된 새뮤얼 B. 로버츠의 바닥 (출처: 미 국방부)

9장 잘못 설계한 소프트웨어 사용성: 빈센트호 사건 141

미국은 이란-이라크 전쟁 당시 이슬람 원리주의를 내세운 이란을 견제하기 위해 이라크를 지원하고 있었지만, 직접적으로 전쟁에 개입하지는 않고 있었다. 하지만 어니스트 윌 작전 중이던 1988년 4월 14일에 호위 임무를 수행하던 4,100톤급 프리깃함 새뮤얼 B. 로버츠Samuel B. Roberts가 기뢰에 접촉해서 큰 피해를 입은 사건이 발생했다.

기뢰에 피격된 새뮤얼 B. 로버츠의 바닥에는 5m나 되는 커다란 구멍이 생겼다. 엔진실이 침수되고 2대의 가스 터빈이 날아갔지만 장장 5시간 동안 화재를 진압하고 침수를 막는 승무원들의 필사적인 노력으로 간신히 침몰만은 면했다. 하지만 이 함은 인간의 척추와 같은 배의 용골이 손상되는 등 가동이 불가능할 정도의 큰 피해를 입었기에 전력에서 이탈하고 말았다.

그 사고 직후 미군은 잠수부를 동원하여 아직 폭발하지 않은 기뢰

그림 9-6 미군 항공기의 공격을 받고 화염에 휩싸인 이란 프리깃함 IS Sahand (출처: 미 국방부)

를 찾아냈는데, 이 기뢰의 일련번호를 조사한 결과 이란의 것임을 확인했다. 미국은 곧 이란을 향해 복수의 칼을 휘둘렀다. 새뮤얼 B. 로버츠가 피격된 지 4일 뒤인 1988년 4월 18일, 미군은 프레잉 맨티스 작전^{Operation Praying Mantis}을 통해 이란에 보복 공격을 감행했다. 하루 동안 진행된 이 작전은 제2차 세계대전 이후 미 해군이 경험한 최대 규모의 해상 교전이었다. 미군은 이 작전을 통해 이란 해군의 군함 2척과 6척의 무장 고속정을 격침시켰다.

긴장이 높아져 가는 미국과 이란

프레잉 맨티스 작전을 통해 미국이 이란에 직접적인 군사적 행동을 취함으로써, 이란과 미국 간의 긴장은 나날이 높아져만 갔다. 이 와중에 이라크는 1988년 6월 30일부터 7월 2일까지 이란의 석유시설을 공중 폭격했고, 이에 이란은 이라크 항구에 출입하는 선박을 공격하는 것으로 대응했다. 이때 이란은 이란 공군의 F-14 전투기 2~3대를 호르무즈 해협의 항구 도시 반다르 압바스^{Bandar Abbas}로 전진 배치했고, 이를 탐지한 미군의 위기감은 한층 증폭되었다. 당시 F-14는 전 세계에서 미국 외에 오직 이란만이 운용하고 있었다. 이슬람 혁명 전의 이란과 미국의 관계는 매우 좋았기 때문이었다.

한편 7월 2일 저녁부터 이란의 포함^{Gunboat}이 상선을 공격하기 위해 호르무즈 해협에 출몰하기 시작했다. 7월 3일 이른 아침에는 해상 순찰 활동을 하고 있던 미 해군의 프리깃함 엘머 몽고메리^{USS Elmer Montgomery}(FF-1082)로부터 총 13척의 이란 포함이 파키스탄 국적의 상선에 대한 공격을 준비하고 있다는 보고가 올라왔다. 이에 미 해군의 타이콘데로가급 이지스 순양함 가운데 3번함인 빈센스^{USS}

그림 9-7 이란의 포함 (출처: "Persian Gulf lessons learend Report: April 1987 (1988)", 미 국방부, Public Domain)

Vincennes(CG-49)가 급파되었다. 빈센스에 앞서 이 함의 탑재 헬리콥터가 먼저 정찰을 위해 해당 지역으로 급파되었으나 이란의 포함 공격을 받고 귀함했고, 이에 뒤이어 도착한 빈센스와 이미 해당 해역에 대기 중이었던 엘머 몽고메리가 5인치 함포로 응전하면서 양측 사이에 교전이 벌어졌다(현지시각 10시 13분).

이때 이란의 반다르 압바스 공항에서 발진하여 빈센스를 향해 접근 중이던 이란 공군의 F-14가 빈센스의 레이더에 포착되었다. 빈센스는 접근 중인 F-14에 더 이상 접근하지 말라고 경고 방송을 했으나 이란의 F-14는 아무런 응답도 하지 않았다. 빈센스와 F-14 간의 거리는 점점 좁혀지고 있었다. 게다가 F-14가 공격을 위해 속도를 높이면서 고도를 낮추고 있는 것이 포착되자 빈센스는 대공 미사일 2기를 발사해서 F-14를 격추시켰다.

하지만 곧 밝혀진 사실에 빈센스호 승무원들은 경악했다. 빈센스호가 격추시킨 것은 이란 공군의 F-14가 아니라 290명의 탑승객을 태운 민간 항공기인 이란항공 655편이었다!

실수와 오판, 운명의 교향곡

항공 사고는 오직 한 가지 원인으로 발생하는 경우가 거의 없다. 인간의 실수든, 시스템적으로 잘못된 일이든, 그렇게 될 수밖에 없었던 운명적인 일이 겹쳐서 발생한다. 사건 당일 이란항공 655편도 마찬가지였다. 특히 이란항공 655편의 격추에는 잘못된 소프트웨어 설계가 직접적인 원인 중 하나로 작용했다.

이란항공 655편은 원래 이란 반다르 압바스 공항에서 오전 9시 50분에 출발한 후 28분 동안 비행해서 두바이로 가는 항공편이었다. 하지만 한 승객의 입출국 문제로 27분이 지연되어 오전 10시 17분이

그림 9-8 피격 당시 미 해군 프리깃 스타크(USS Stark) (출처: 미 국방부)

되어서야 이란항공 655편이 반다르 압바스 공항에서 이륙할 수 있었다. 만약 이란항공 655편이 지연되지 않고 제 시간에 출발했다면 참화를 피할 수도 있었지만, 운명은 얄궂었다. 한편 같은 시간, 빈센스호의 레이더도 이륙하는 이란항공 655편을 발견했다.

이란항공 655편이 이륙했던 오전 10시 17분 당시, 미국 구축함 빈센스는 이란의 포함과 한창 교전 중이었다. 레이더에 잡힌 이란항공 655편을 본 빈센스의 승무원들은 크게 긴장했다. 미 해군은 얼마 전 이란 공군의 F-14가 반다르 압바스 공항에 배치된 사실을 알고 있었다. 따라서 이란의 포함을 지원하기 위해 F-14가 출격한 것으로 의심되는 상황이었다. 게다가 미 해군은 당시 항공기의 공습에 아주 민감했다. 이란 항공기 격추 사건으로부터 약 1년 전인 1987년 5월 17일 미 해군 프리깃함 스타크$^{\text{USS Stark}}$(FFG-31)가 이라크 공군기의 오인폭격으로 인해 37명이 사망하고 21명이 부상당하는 피해를 입었기 때문이다. 당시 빈센스의 승무원들 뇌리 속에는 스타크의 악몽이 생생하게 떠올랐다.

상황은 빈센스의 승무원들이 생각하는 방향으로 흘러갔다. 이란항공 655편은 빈센스를 향해 곧바로 날아오고 있었다. 나중에 밝혀진 사실이지만 빈센스는 이란의 포함과 교전하던 도중 이란 영해를 침범해서 반다르 압바스 공항과 두바이 공항을 잇는 민항기 항로에 들어와 있었다. 이란항공 655편이 이륙한 지 2분 뒤인 10시 19분, 빈센스는 점점 다가오는 이란항공 655편을 향해 더 이상 접근하지 말라고 경고 방송을 보내기 시작했다.

여기서 빈센스가 한 가지 실수를 하고 만다. 처음에는 이란항공 655편이 수신할 수 없는 군용 조난 주파수로 경고 방송을 한 것이다.

당연한 이야기지만 민간 항공기인 에어버스는 군용 조난 주파수를 수신할 수 있는 무전 장비가 없었다. 따라서 빈센스가 군용 조난 주파수로 일곱 번 경고 방송을 했음에도 이란항공 655편은 그 방송을 들을 수 없었다. 10시 20분에는 민간 항공기용 국제 조난 주파수로도 세 번의 경고 방송을 했는데, 여기서도 빈센스가 다시 실수를 했다. 누구에게 이 경고를 보내는지 확실히 알려 주지 않았던 것이다. 이란항공 655편의 블랙박스를 찾지 못해 정확한 사실을 알 수 없으나, 이란항공 655편은 교신을 듣지 못했거나 들었더라도 국제 조난 주파수에서 흘러나오는 경고가 자신들을 향한 것임을 몰랐던 것으로 추정된다. 어떤 이유였든지 간에, 당시 상황에서 이란항공 655편은 응답하지 않았고 이러한 반응에 미군의 의심은 점차 깊어져만 갔다.

혹시라도 민항기일지 모른다는 생각에 빈센스의 승무원들은 해당

그림 9-9 이란 공군의 F-14 (출처: 위키디피아)

시간에 운항하는 민항기가 있는지 찾아보았다. 하지만 이란항공 655편이 예정시각보다 27분 늦게 출발한 데다가, 승무원 자신들의 실수까지 더해져 다가오는 비행체는 민항기가 아니라고 확신하게 되었다. 빈센스호 내부의 시간은 바레인 표준시로 맞춰져 있었는데 이는

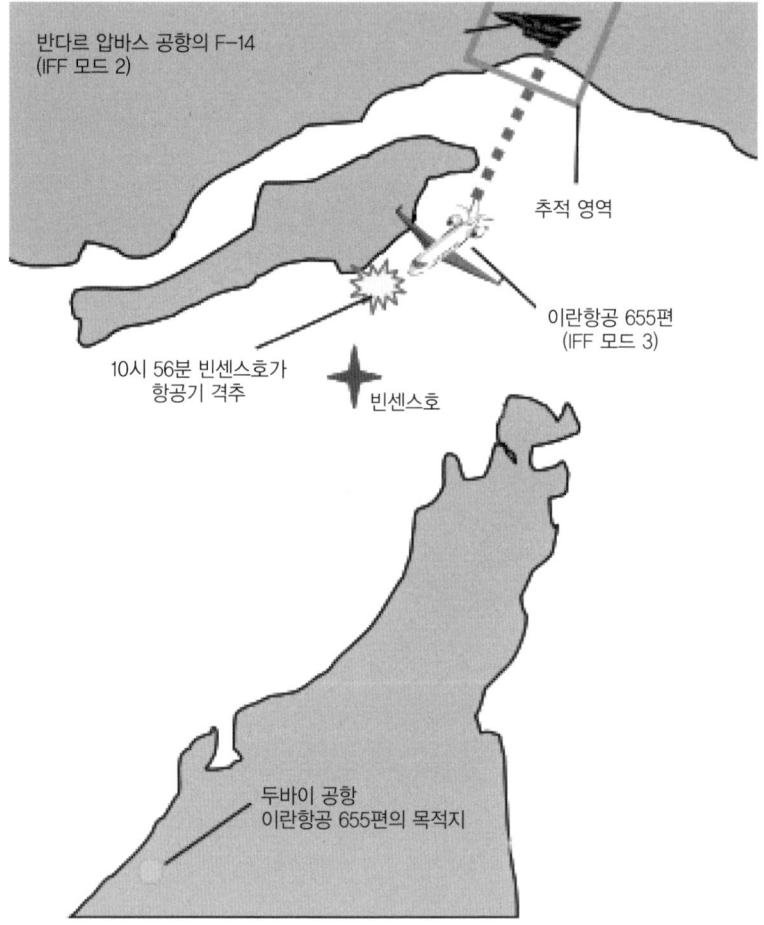

그림 9-10 빈센스 레이더의 추적 영역과 이란항공 655편 (출처: "Overwhelmed by Technology: How did user interface failures on board the USS Vincennes lead to 290 dead?", Luke Swartz)

GMT+4였다(우리나라는 GMT+9). 하지만 운항 시간표는 반다르 압바스 현지 시간(GMT+3.5)으로 작성되어 있었다. 정확한 시간을 계산하려면 30분을 빼고 생각해야 했으나, 빈센스의 승무원들은 이걸 생각하지 못했다. 그 시각에 운항 예정인 민항기가 없으니, 날아오는 비행기가 실제로 이란항공 655편이었음에도 불구하고 민항기가 아니라고 판단했다.

여기에 빈센스호의 좋지 않은 소프트웨어 UI[User Interface] 때문에 일이 더 꼬이고 말았다. 항공기는 피아식별코드[IFF, Identification Friend or Foe]를 사용하여 자신이 민항기인지 군용 항공기인지를 알린다. 빈센스 또한 레이더에서 탐지된 항공기를 피아식별코드로 판별하고 있었다. 이란항공 655편이 다가오던 당시에도 빈센스는 먼저 다가오는 항공기가 아

그림 9-11 전투 정보 센터(Combat Information Center) (출처: 미 국방부)

9장 잘못 설계한 소프트웨어 사용성: 빈센트호 사건 149

군인지 적군인지 민항기인지 여부를 먼저 파악했다. 빈센스의 레이더 담당 장교는 트랙볼 커서를 움직여서 레이더에 포착된 항공기(이란항공 655편)의 정체를 파악하고자 했다. 하지만 레이더 담당 장교는 이란항공 655편의 피아식별코드가 아니라 반다르 압바스 공항에 있던 이란 공군의 F-14에 대한 피아식별코드를 파악하는 실수를 저지르고 말았다.

　빈센스의 시스템은 레이더상의 추적 영역Tracking Gate이라고 불리는 부분에서 피아식별코드를 읽어 들이게 되는데, 트랙볼 커서는 이 추적 영역 밖의 항공기에 대해 피아식별코드를 읽어 들이려고 했던 것이다. 비유하자면, 친구 A가 어디 있는지 궁금한데 친구 B에게 전화해서 위치를 묻는 격이었다. 당시 이란항공 655편(에어버스 A300)은 정상적으로 IFF 모드 3(민간 항공기임을 알리는 신호)를 내고 있었지만, 정작 빈센스의 레이더가 읽어 들인 신호는 반다르 압바스 공항에 있는 이란 공군 소속 F-14의 IFF 모드 2(군용 항공기임을 알리는 신호)였다. 만약 추적 영역을 이동하기 용이하게 설계했거나 추적 영역 밖의 항공기를 선택했을 때 경고 메시지를 보여주도록 설계했더라면 이런 참사는 일어나지 않았을 지도 모른다.

　빈센스에서 이란항공 655편에 대한 경계심이 커지고 있을 때, 빈센스는 다시 한 번 결정적인 실수를 하고 만다. 이란항공 655편이 지속적으로 고도를 상승시키고 있음에도 불구하고 빈센스는 이란항공 655편이 자신을 공격하기 위해 고도를 낮추고 있다고 파악한 것이다. 이 과정에는 소프트웨어 UI의 잘못된 설계가 일조했.

　이지스함의 두뇌라 할 수 있는 전투 정보 센터에서는 레이더상에 포착된 모든 항공기의 정보를 3대의 큰 화면을 통해 보여준다. 하지

그림 9-12 미국 이지스 순양함 빈센스 (출처: 미 국방부)

만 특정 항공기의 속도, 거리, 고도를 알아내기 위해서는 절차가 다소 복잡했다. 레이더 조작병 앞에 있는 조그마한 12인치 모니터에서 해당 항공기를 선택하면 큰 화면에 해당 항공기의 정보가 투사되는 식이었다. 하지만 해당 항공기의 속도, 거리, 고도의 변화가 표시되지 않는다는 점이 문제였다. 따라서 시간대별로 데이터를 비교해서 암산하거나 종이에 적거나 계산기로 속도, 거리, 고도의 변화를 계산할 수밖에 없었다. 그것도 전투 중에 말이다!

당시 빈센스의 승무원들은 무엇에 홀린 듯, 이란항공 655편이 자신들을 공격하기 위해 고도를 낮추면서(실제로는 고도를 올리고 있었음에도 불구하고) 다가오고 있다고 믿고 있었다. 이른바 '시나리오 수행Scenario Fulfillment'이라는 현상이 나타난 것으로, 이 현상은 어떤 일이 발생할 것이라고 믿으면 실제 결과가 그렇지 않더라도 그 일이 발생했다고 믿게 되는 것을 말한다. 역사에 '만약'이란 없지만, 만약 소프트

9장 잘못 설계한 소프트웨어 사용성: 빈센트호 사건

웨어 UI를 통해 명확하게 고도가 상승 중이라고 표시되었더라면 참사를 막을 수 있었을지도 모른다.

이란항공 655편을 향해 발사된 미사일

이 모든 정보를 취합한 빈센스의 함장 윌리엄 C. 로저스는 10시 24분, 이란항공 655편이 빈센스에 약 15km까지 접근했을 때 격추 명령을 내렸다. 이란항공 655편이 반다르 압바스 공항에서 이륙한 지 7분째, 빈센스가 이란의 포함과 교전을 벌인 지 8분째 되는 시간이었다. 빈센스에서 2기의 함대공 미사일(SM-2)이 발사되어 목표물을 향해 날아갔다. 몇 초 뒤, 이란항공 655편은 미사일에 맞아 페르시아만으로 추락했다. 6개국 290명의 탑승객들이 사망했으며 단 1명의 생존자도 없었다.

격추, 그 후

빈센스의 이란항공 655편 격추는 기존의 비행기 사고와 관련해서 몇 가지 기록들을 갈아치웠다. 첫 번째, 비행 사고 역사상 당시로는 6위, 현재는 7위에 기록될 만큼 많은 사망자가 발생했다. 두 번째, 에어버스 A300 기종 단일 사고로는 가장 큰 사고였다. 세 번째, 역사상 최초로 군함이 민항기를 격추시킨 사고였다.

특히 아무런 무장도 하지 않은 민항기를 격추시킨 것은 이란은 물론 미국 내에서도 큰 이슈가 되었다. 즉각 미군은 위원회를 구성하여 격추 과정을 조사했다. 하지만 어느 누구도 처벌 받지 않았고, 심지어 빈센스의 윌리엄 C. 로저스 함장은 근무 태도가 훌륭했다는 이유로 훈장까지 받았다. 이 사건은 국제사법재판소까지 올라갔으며 결국 미국이 유가족들에게 6,180만 달러의 보상금을 지불하는 것으로 마무리되었다. 하지만 미국은 현재까지도 사건에 대한 책임을 인정하거나 사과하지 않고 있으며, 에어버스 A300 기체를 잃은 이란항공의 손실에 대해 어떤 보상도 하지 않고 있다.

최근에는 소프트웨어 설계 시 사용성에 대한 이슈도 많이 고려하는 편이다. 기능적으로는 정상이지만 정작 사용성이 떨어져서 잘못 사용하거나, 제대로 사용하지 못하는 것은 소프트웨어 에러나 다름없다고 보는 것이다. 빈센스의 소프트웨어 역시 마찬가지였다. 모든 기능이 정상적으로 작동했지만 실제 사용성에 대한 고려가 없었다. 이는 결과적으로 해당 소프트웨어를 사용하는 사람에게 잘못된 정보를 주게 되었고, 불행하게도 290명의 무고한 목숨을 앗아가는 참사로 이어졌다.

10장

컴퓨터는 이해하기 힘든 인간의 시간 계산

20세기 후반은 전 세계가 21세기를 맞이한다는 희망에 부풀어 있던 시기였다. 그러나 컴퓨터에 관심 있는 사람들은 다가올 어떠한 문제 때문에 골머리를 썩고 있었다. 바로 컴퓨터가 2000년을 1900년으로 인식하는 'Y2K 버그'에 대한 고민이었다. 일부 종말론자들은 모든 컴퓨터가 일제히 멈춰버리는 일이 발생해서 인류가 멸망할지도 모른다는 두려움으로 떨었지만, 다행히 문제를 사전에 인지하고 대비한 만큼 큰 문제 없이 새 천년을 맞이할 수 있었다.

태양빛이 강한 낮에는 별빛이 보이지 않는 것처럼, 시간과 관련된 버그 중 Y2K 버그가 워낙 유명해서 다른 사례들은 상대적으로 사람들 사이에 크게 회자되지 않는 편이다. 하지만 사실 시간과 관련된 버그는 소프트웨어 태생 이래 가장 꾸준히 발생하는 버그 유형 중 한 가지로, 소프트웨어 태동 시기부터 현재까지 계속 발생하고 있다. 시간과 관련된 버그의 종류로는 보통 윤년 처리를 잘못해서 발생한 버그, Y2K 버그, 컴퓨터 구조상에 기인한 태생적 버그 등이 있다.

윤년이란

1년은 365일이지만 지구가 태양을 한 바퀴 도는 데 걸리는 시간은 정확하게 365일이 아니다. 지구가 태양 둘레를 한 바퀴 도는 데 정확하게 365일 5시간 48분 46초가 걸린다. 365일을 제외하고 남은 시간들을 모아 태양력에서는 4년마다 한 번 2월 29일을 두어 1년을 366일로 하는데, 이렇게 1년이 366일인 해를 윤년이라고 한다.

하지만 4년마다 한 번씩 무조건 윤년을 두는 달력은 '브루투스 너마저…'라는 말로 널리 알려진 로마의 율리우스 카이사르가 제정한 율리우스력이다. 하지만 율리우스력은 시간이 지남에 따라 편차가 약간씩 생기는데, 이를 보완한 것이 현재 대부분의 국가에서 사용하는 그레고리력이다. 이 달력은 교황 그레고리오 13세가 제정해서 그레고리력으로 불린다.

율리우스력은 4년에 한 번씩 윤년이었다. 따라서 400년 중 100년이 윤년이었고 400년 동안 총 100일을 추가함으로써 지구가 태양을 한 바퀴 돌 때마다 생기는 편차를 줄일 수 있었지만, 아주 정교하진 않았다. 이를 보완한 그레고리력은 400년 중 윤년이 97번으로 율리우스력에 비해 세 번 줄었다. 이 그레고리력 덕분에 시간은 정확해졌지만 4년마다 무조건 윤년이 찾아오는 율리우스력에 비해 윤년 계산이 복잡해졌다. 다음은 윤년을 구하는 공식이다.

- 4로 나누어 떨어지는 해는 윤년으로 한다(2008년, 2012년, 2016년…).
- 이 중에서 100으로 나누어 떨어지는 해는 평년으로 한다(2100년, 2200년, 2300년…).
- 또 이 중에서 400으로 나누어 떨어지는 해는 윤년으로 한다(1600년,

2000년, 2400년…).

길거리에 지나가는 사람을 붙잡고 윤년이 무엇이고 윤년을 어떻게 계산할 수 있는지를 물어본다면, 열에 아홉은 제대로 대답하지 못할 것이다. 식이 복잡하기도 하고, 이것을 몰라도 일상생활에 큰 지장이 없기 때문이다. 컴퓨터 프로그래머들도 이처럼 사소하게 생각해서 그런지 몰라도, 윤년과 연관된 소프트웨어 버그는 잊을 만하면 한 번씩 터지는 소프트웨어 버그계의 단골 손님이다.

마이크로소프트의 야심작과 윤년 버그

지금은 세상을 떠났지만 '혁신의 아이콘', '괴팍한 천재' 등으로 불리던 스티브 잡스$^{Steve\ Jobs}$가 애플^{Apple}로 복귀한 후 처음으로 크게 성공을 거둔 아이템이 바로 휴대용 미디어 플레이어(흔히 MP3플레이어라 불린다.)인 아이팟^{iPod}이었다. 세계적으로 돌풍을 일으키며 날개 돋친 듯 팔리는 아이팟을 보고 전 세계의 가전 업체들이 휴대용 MP3 플레이어 시장으로 뛰어들었다. 과거 휴대용 미디어 플레이어 분야에서 큰 재미를 보지 못한 탓에 휴대용 MP3 플레이어 분야를 별도의 자회사로 분사시켰던 삼성전자는 아이팟 쇼크를 계기로 기존에 분사시켰던 회사를 다시 합병하고 이 분야에 도전장을 내밀었다.

소프트웨어 업체인 마이크로소프트 또한 이 노다지 시장을 놓치지 않기 위해 '준^{Zune}'이라는 대항마를 내세웠다.

하지만 윈도우^{Windows}를 앞세워 개인용 컴퓨터 운영체제 시장을 석권하던 마이크로소프트도 아이팟 앞에서는 크게 힘을 쓰지 못했다. 엎친 데 덮친 격으로 악재가 터졌다. 미국 시간으로 2008년 12월 31

일 0시를 기해 마이크로소프트의 준 30GB 모델이 동시다발적으로 동작을 멈췄다. 마이크로소프트는 "문제 해결을 위해 노력 중이며 준 플레이어 공식 홈페이지를 통해 빠른 해결책을 제시하겠다."며 부랴부랴 사태 수습에 나서는 등 한바탕 홍역을 치러야 했다.

원인은 윤년 버그였다. 준에 내장되어 있던 날짜 계산 소프트웨어가 현재의 날짜를 구하는 중에 윤년 계산을 잘못해서 동작을 멈췄던 것이다. 원인이 명확하니 해결도 명확했다. 장애가 발생한 지 24시간이 지난 2009년 1월 1일, 날이 바뀌고 해가 바뀌자 준 플레이어는 다시 정상적으로 작동했다.

이후 마이크로소프트는 2011년까지 계속 제품을 출시했으나 끝내 아이팟의 아성을 넘지 못했다. 결국 마이크로소프트는 2011년 3월에 더 이상 준 플레이어 제품을 출시하지 않겠다고 발표했다.

그림 10-1 마이크로소프트의 준 MP3 플레이어 (출처: 마이크로소프트 준 공식홈페이지)

전 세계 게이머를 골탕먹인 PS3 윤년 버그

2010년 3월 1일 하루 동안 일본 소니Sony의 비디오 게임기인 플레이스테이션3(이하 PS3)가 동작을 멈췄다. 당시 기준으로 최신 모델이었던 PS3 슬림 모델이 아닌 구형 PS3에서 발생한 문제였는데, 이로 인해 전 세계의 수많은 게이머들이 하루 동안 게임을 즐기지 못했다. 게다가 2010년 3월 1일은 게임을 마음껏 즐기기 좋은 공휴일(삼일절)이었기 때문에 한국 게이머들이 상대적으로 피해가 컸다. 많은 한국 게이머들은 그저 하루 종일 에러 화면만 바라보면서 울화통을 터트려야만 했다.

2010년 3월 1일에 소니 PS3를 실행하면 한국을 비롯한 아시아 국가는 2000년 1월 1일로 변경되고, 미국 등의 북미 국가는 1999년 12월 31일로 변경되는 현상이 발생했다. 게다가 게이머가 일정 레벨 이상을 달성하면 네트워크를 통해 게이머의 기록이 등록되는 '트로피'

그림 10-2 2010년 3월 1일 당시의 PS3 오류 화면 (출처: http://bitchen.egloos.com/v/5260860)

시스템과 연동된 게임은 모두 '트로피 정보 등록에 실패했습니다. 게임을 종료합니다. (8001050F)'라는 메시지와 함께 실행할 수 없었다. 이 결함 역시 윤년과 관련된 버그 때문에 발생했다. 실제로 그 다음 날인 3월 2일이 되자 문제가 저절로 해결되어 정상적으로 작동했다.

컴퓨터가 아닌 펜과 종이로, 병원 시스템 오류

1989년 9월 19일 이른 오전, 펜실베니아^Pennsylvania주에 위치한 쉐어드 메디컬 시스템스^Shared Medical Systems(이하 SMS)사의 전화기들이 일제히 벨을 울렸다. 전화를 건 사람은 모두 달랐지만 하는 말은 모두 같았다.

"병원 시스템이 동작하지 않아요."

이날 미국 전역의 100여 개 병원에서 기존에 사용하던 컴퓨터 시스템을 버리고 펜과 종이 장부에 적는 진풍경이 벌어졌다. 이 장애는 SMS가 공급한 소프트웨어와 이 서비스를 사용한 병원에서 발생했다. SMS 기술자는 이 문제가 긴급한 상황이라고 판단하고, 미봉책으로 모든 컴퓨터를 끌 것을 각 병원에 권고하면서 문제의 원인을 파악하기 시작했다.

몇 시간 뒤, 원인이 밝혀졌다. SMS가 개발한 소프트웨어에서 발생한 에러 때문에 컴퓨터가 1989년 9월 19일이라는 날짜를 받아들이지 못했고, 그에 따라 장애가 발생했다. 왜 하필 9월 19일일까? 원인은 16비트 자료구조에 있었다. 해당 컴퓨터는 1900년 1월 1일을 기준으로 날짜를 계산했다. 사고가 일어난 날인 1989년 9월 19일은 기준일로부터 3만 2,768(즉 2^{15})일이 경과한 날이었고, 16비트 자료구조가 담을 수 있는 숫자의 범위인 0~32,767을 넘어서는 날이었다. 이 때문에 컴퓨터가 이 숫자를 받아들이지 못해서 시스템 장애가 발생한 것이다.

　이번 사고의 결과로 데이터가 소실되거나 의료장비가 멈추는 등 환자의 안전에 직결되는 큰 문제는 발생하지 않았다. 그러나 이번 사고와는 별개로 앞으로 이런 문제가 또 발생할 여지는 남아 있다. 특히 현재 서버용 운영체제로 많이 사용되는 유닉스^{UNIX} 운영체제의 시간 계산이 다음 문제로 대기 중이다. SMS의 컴퓨터 기준 시간이 1900년 1월 1일이었던 것과 달리, 유닉스는 1970년 1월 1일을 기준으로 날짜를 계산한다. 유닉스는 이 날짜를 기준으로 시스템 시간(초)을 더해서 날짜를 계산하는데, 문제는 이 시스템 시간을 저장하는 자료형이 '32비트 부호 있는 정수형$^{signed\ integer}$'이라는 것이다.

　32비트 부호 있는 정수형은 $-2^{31} \sim +2^{31}-1$까지, 즉 $-2,147,483,648 \sim 2,147,483,647$의 숫자를 저장할 수 있다. 1970년 1월 1일 0시 00분 UTC로부터 2,147,483,647초가 지나면 정확히 2038년 1월 19일 3시 14분 7초 UTC가 된다. 이 순간으로부터 1초가 지난 2038년 1월 19일 3시 14분 8초부터는 시스템이 저장하고 있는 시간값이 2,147,483,647에서 2,147,483,648로 변하는 것이 아니라 -2,147,483,648로 변한다. 시간값을 저장하는 공간이 32비트에 불과해서 2,147,483,648이라는 숫자를 저장할 수 없기 때문이다. 따라서 2038년 1월 19일 3시 14분 8초 UTC부터 유닉스 시스템은 현재 시간을 1901년 12월 13일 20시 45분 53초 UTC로 계산하기 시작한다. 이에 대비하지 않으면 1989년 SMS가 경험한 병원 사태와 같은 혼란을 다시 맞이하게 될 것이다.

　해결책은 간단하다. 시스템 시간을 기존의 부호 있는 32비트에서 64비트나 128비트로 늘리면 된다. 하지만 무작정 늘릴 수도 없다. 기존에 시간 관련 기능을 사용하는 코드와의 호환성 문제가 발생하기 때문이다. 최근에 설계된 64비트 운영체제에서는 시스템 시간을 저장하는 자료형을 부호 있는 64비트형으로 사용한다. 부호 있는 64비트형을 사용하면 292,277,026,596년 12월 4일(약 2,920억 년)의 날짜까지 표현할 수 있다. 하지만 기존 코드의 호환성까지 아우르는 보편적인 해결책은 아직 나오지 않은 상태다.

멈춰버린 내비게이션

미국과 호주, 영국 등지에서 사용되는 탐탐^{TOMTOM} 내비게이션 중 일부 기기가 2012년 3월 31일부터 갑자기 동작을 멈췄다. 화면에는 'GPS 위성과 연결되지 않았습니다.'라는 메시지만 나타날 뿐 아무것도 보이지 않았다. 탐탐 제조사는 며칠 뒤 서둘러 문제를 수정한 패치를 내놓았다. 범인은 다름 아닌 GPS 수신기의 소프트웨어였다. 이 소프

그림 10-3 탐탐 내비게이션 (출처: 탐탐 공식 홈페이지)

트웨어에서 윤년 버그가 발생해서 내비게이션 전체가 먹통이 되었던 것이다. 안 그래도 스마트폰 내장 내비게이션(구글 지도 등)과의 경쟁에서 밀려 울고 싶은 마당에 제대로 뺨을 맞은 사건이었다.

일상의 Y2K 버그

1992년 어느 날, 미국에 사는 메리 밴다$^{Mary\ Bandar}$ 씨는 미네소타주 와이노나^{Winona}에 있는 유치원에 통학하라는 통보를 받았다. 그런데 메리 밴다 씨는 1888년생으로, 1992년 당시 나이가 104세였다. 이는 전형적인 Y2K 버그로, 컴퓨터가 출생연도 네 자리 숫자 중 뒤의 두 자리만으로 유치원 취학 아동을 찾았기 때문에 발생했다.

블로젯^{Blodgett} 씨는 101세 되던 해 갑자기 자동차 보험료가 세 배

그림 10-4 Y2K 버그로 인한 해프닝을 소개한 신문 기사 (출처: Google Books)

나 인상되었다. 어찌된 영문인지 알아보니, 역시 Y2K 문제였다. 컴퓨터 프로그램이 블로젯 씨의 나이를 한 살로 인식했기 때문이었다. 이 Y2K 문제 때문에 여태까지 드러나지 않던 한 가지 정책적 오류도 발견되었다. 20살 이하는 무조건 청소년으로 처리해서 자동차 보험료를 세 배 인상하는데… 가만, 한 살도 청소년에 포함되었던가?

소프트웨어 개발자를 위한 섹션

준 미디어 플레이어 사용자 모임인 ZuneBoard 포럼에서는 2008년 12월 31일 발생한 기기 오류가 준의 클럭 드라이버(Clock Driver)에서 비롯한 문제라는 주장이 제기되었다. 'isnotabigtruck'이라는 아이디를 가진 한 사용자가 웹상에 공개된 프리스케일(FreeScale) 프로세서의 클럭 드라이버 소스코드를 제시하면서 "준은 부팅 과정의 마지막 단계쯤에 처음으로 클럭 드라이버에 접근하면서 클럭을 날짜와 시간으로 변경한다."고 설명했다. 그가 제시한 다음 코드는 날짜 중에서 연도를 구하는 부분이다.

```
1   BOOL ConvertDays(UINT32 days, SYSTEMTIME* lpTime)
2   {
3     .....
4     year = ORIGINYEAR; /* = 1980 */
5     while (days > 365)
6     {
7       if (IsLeapYear(year))
8       {
9         if (days > 366)
10        {
11          days -= 366;
12          year += 1;
13        }
14      }
```

```
15      else
16      {
17        days -= 365;
18        year += 1;
19      } // end of if-else
20    } // end of while
21    ......
22  } // end of Function ConvertDays
```

소스코드의 9행을 유심히 살펴보자. 2008년은 1년이 366일인 윤년이다. 2008년 12월 31일은 2008년의 366일째 날인데, days 변수값에 366이 들어오면 9행의 if문에서는 false로 판단하게 된다. 결국 20번째 줄로 이동하고 days 값은 여전히 366이기 때문에 while 루프에서 탈출하지 못한다.

이 코드는 프리스케일 MC13783 PMIC 프로세서의 드라이버 코드였다. 당시 같은 프로세서를 사용한 도시바(Toshiba)의 기가비트(Gigabeat) S 미디어 플레이어도 동일한 현상을 겪었다.

11장

게임 버그

앞 장에서 다룬 비행기, 우주 탐사선, 미사일과 같은 소재와 이 장에서 다루고자 하는 '게임'은 그 성격이 완전히 다르다. 평범한 일상을 살아가는 사람들이 앞서 다룬 주제인 군함이나 화성 탐사선과 같은 것들을 실제로 체험할 기회는 평생 동안 거의 없을 테고 이와 관련된 일을 하는 사람 또한 극소수일 것이다. 그러나 이런 이야기 소재와 달리 게임은 지금 이 순간에도 전 세계에 걸쳐 적게는 수십만 명에서 많게는 수천만 명의 게이머들이 즐기고 있다.

일상 속의 게임

게다가 그 게이머 중에는 자신의 친구, 남편, 아버지, 동생, 형 중 적어도 1명이 속해 있을 가능성이 매우 높다. 따라서 군함이 멈추든 말든, 화성 탐사선이 폭발하든 말든 우리의 실제적인 일상생활에는 손톱만큼의 지장도 없지만, 게임 접속이 안 된다거나, 소프트웨어 버그 때문에 재미있게 즐기던 게임이 갑작스럽게 종료되는 사태(특히 2~3시간 동안 저장도 안 했는데 갑자기 종료되는 사태)가 벌어지면 당사자는 물론이거니와 그가 내뿜는 분노로 인해 주변 사람들의 일상에 매우 큰 지장이 올 것이다.

각종 게임 버그들

게임은 소프트웨어 기술의 결정체라고 할 수 있을 만큼 많은 기술이 사용되며, 프로그램을 이루는 소스코드도 매우 커서 버그의 발생은 필연적이다. 버그는 단순히 외관이 이상하지만 게임 진행에는 아무 지장이 없는 UI 버그부터, 게임 흐름에 지장을 주거나 심지어는 진행 중인 게임이 예상치 못하게 종료되는 버그까지 그 종류가 다양하다. 단순한 UI 버그는 게임의 몰입도를 떨어뜨리지만 게임을 즐기는 데 큰 문제를 일으키지 않으므로, 게임의 또 다른 재미가 되기도 한다.

하지만 게임이 더 이상 진행되지 않거나, 게임이 종료되는 경우는 정말 심각한 버그로서 게임 회사의 존폐에까지 영향을 주기도 한다. 온라인 게임이 득세하기 전, 한국에는 많은 패키지 게임 업체들이 있

그림 11-1 왼쪽 다리가 꺾인 채로 달리는 FIFA 온라인 캐릭터 (출처: dailymail.co.uk)

그림 11-2 폴아웃: 뉴 베가스(Fallout: New Vegas)의 UI 버그 (출처: kotaku.com.au)

었다. 국산 패키지 게임은 고질적인 병폐를 하나 가지고 있었는데, 그것은 바로 게임을 진행하지 못할 만큼 심각한 버그의 발생이었다. 이런 버그는 빈도의 차이만 있을 뿐 거의 모든 한국 패키지 게임에서 발생했는데, 그중 소프트맥스가 개발한 패키지 게임이 가장 악명 높았다.

소프트맥스는 1990년대 후반에 '창세기전'이라는 패키지 게임을 출시하면서 큰 성공을 거두었다. 그러나 이 게임은 수많은 버그로 게이머를 괴롭혀 '버그 게임'이라는 오명도 함께 얻었다.

이후 소프트맥스는 2001년 12월 29일 '마그나카르타'라는 패키지 게임을 출시했으나, 이 게임 역시 출시 일정에 쫓긴 나머지 알파 버전 수준의 완성도밖에 보여주지 못하며 수많은 버그를 쏟아냈다. 결국 빗발치는 항의에 당시 패키지 게임으로는 '악튜러스'(그라비티와 손

그림 11-3 소프트맥스가 2001년 출시한 마그나카르타 (출처: 디스이즈게임스)

노리가 제작한 PC용 패키지 롤플레잉 게임)에 이어 두 번째로 리콜되는 운명을 맞이하게 된다. 이 사태는 소프트맥스라는 회사 자체의 손실을 넘어서서 안 그래도 취약한 국내 PC용 패키지 게임 시장을 조기 붕괴시키는 결과를 가져왔다.

이브 온라인

아이슬란드 CCP가 제작, 운영하는 이브 온라인$^{Eve\ Online}$은 우주를 배경으로 하는 MMORPG$^{Massively\ Multiplayer\ Online\ Role\ Playing\ Game}$(대규모 다중 사용자 온라인 역할 분담 게임)이다. 이 게임은 해마다 한두 차례 업데이트를 실시하는데, 업데이트마다 새로운 콘텐츠가 추가되고 그래픽이 향상된다. 그러던 중 2007년에 배포한 '트리니티^{Trinity}'라는 이름의 게임 업데이트에 문제가 발생했다. 업데이트를 설치하고 재부팅하면 윈도우 XP가 부팅되지 않았다.

원인은 간단했다. 업데이트를 설치하면 윈도우 XP 운영체제가 부팅 시 필요한 boot.ini 파일을 삭제해버리기 때문이었다. 원래는 이브 온라인이 설치된 폴더 내의 boot.ini를 삭제해야 하는데, 실수로 C 드라이브의 boot.ini를 삭제하도록 구현한 것이었다. 다행히 이브 온라인의 개발사인 CCP 측에서는 수시간 내에 문제를 발견했고, 그 즉시 재부팅하지 말 것을 공지한 후 신속하게 해당 문제점을 수정했다. 하지만 일부 유저들은 해당 공지를 보지 못하고 이미 컴퓨터를 재부팅하거나 종료해버리는 바람에 컴퓨터가 부팅되지 않는 불편을 겪어야만 했다.

그림 11-4 이브 온라인 (출처: 이브 온라인 홈페이지)

월드 오브 워크래프트

월드 오브 워크래프트World of Warcraft(이하 WOW)는 스타크래프트로 유명한 블리자드Blizzard가 2004년 발표한 MMORPG다. WOW 개발 이전까지 그다지 크지 않은 중견 게임 개발사였던 블리자드는 이 게임의 전 세계적인 성공으로 인해 비로소 일약 메이저 게임사의 반열에 올랐다. WOW가 1,000만 명이 넘는 게이머들이 즐기는 게임이다 보니 버그로 인한 사건 사고 또한 많았다.

그중 유독 주목을 받은 사건이 2005년 9월에 발생한 '오염된 피Corrupted Blood' 사건이다. 이 사건이 세간의 주목을 받은 이유는 MMORPG 속에서 발생한 사상 최초의 대규모 전염병이었고 전염 경로나 전염병에 대한 게이머들의 대응이 실제 대규모 전염병 발생 시 나타나는 인류의 행동과 흡사했기 때문이었다.

그림 11-5 월드 오브 워크래프트 (출처: 월드 오브 워크래프트 공식 홈페이지)

사건의 내막은 이렇다. 게임상의 몬스터인 '학카르'는 '오염된 피'라는 전염성 기술을 사용했는데, 이 기술에 당한 플레이어는 지속적으로 체력이 250~300 정도 감소했고, 이 기술을 주변의 플레이어에게 전염시켰다. 이 기술은 플레이어가 스스로 해제할 수 없었지만, '학카르'가 있는 지역을 벗어나면 자동으로 해제되었다. 하지만 당시 '학카르'와 싸웠던 플레이어들이 대도시에서 병에 걸린 펫Pet(플레이어에 종속적인 보조 캐릭터. 언제든지 호출하고 호출 해제할 수 있다.)을 소환하면서 사태가 걷잡을 수 없이 커지기 시작했다.

먼저 NPC Non Player Character (사용자가 아닌 캐릭터)가 '오염된 피' 기술에 전염되었다. 하지만 NPC는 죽지 않는 캐릭터이기 때문에 죽지 않고 계속 이 기술에 전염되어 있는 상태를 유지했다. 의학적으로 말하면 보균자(병원균을 가지고 있는 사람) 상태가 된 것이다. 이를 모르고 그 NPC 옆을 지나던 체력이 낮은 초보 플레이어들이 이 기술에 걸려서 영문

그림 11-6 전염병에 희생된 플레이어들 (출처: kotaku.com)

도 모른 채 죽어 나갔다. 보통 레벨이 낮아서 체력이 떨어지는 초보 플레이어가 먼저 죽는 상황은 실제 세계에서 전염병이 돌면 가장 먼저 노약자, 어린이가 희생되는 모습과 흡사했다.

게다가 전염된지 모르고 다른 도시로 이동한 플레이어들 때문에 이 전염병은 빠르게 전역으로 퍼져 나갔고, 대도시마다 죽은 플레이어를 상징하는 해골이 산처럼 쌓여 있을 정도였다. 블리자드는 사태의 확산을 막으려고 했지만 통제할 수 없었다. 결국 블리자드는 서버를 껐다 켜서 이 문제를 해결해야 했다.

이후 이 사건은 블리자드 측이 단순한 게임상의 버그로 치부하고 해당 버그를 수정한 패치를 서둘러 공개했기 때문에 더 이상 발생하지 않았다. 또한 국내로는 처음부터 수정된 버전이 들어왔기 때문에 다행히도 버그가 발생하지 않아, 국내 유저들은 대부분 이 사건을 잘 알지 못한다. 하지만 이 사건은 당시 전 세계적으로 큰 이슈가 되었다. 실제 전염병의 전파 경로와 흡사하기 때문에 의학계에서도 큰 관심을 보였고, 심지어 이 사건을 연구한 논문이 나오기도 했다.

12장

금단의 열매: 핵무기

과학의 발전이 인류에게 반드시 축복인 것은 아니다. 역설적으로 보면 과학의 발전으로 쉽게 그리고 대규모로 사람을 죽일 수 있는 시대가 열렸기 때문이다. 특히 2차 세계 대전 중 개발된 핵무기는 성서의 '금단의 열매'에 비할 만한 큰 충격을 인류에게 안겨 주었다. 미국이 히로시마와 나가사키에 투하한 핵무기의 강력함을 보고 놀란 강대국들은 앞다투어 핵무기를 개발하고 배치하기 시작했다.

그림 12-1 히로시마에 투하된 원자폭탄의 폭발 (출처: 위키피디아)

핵무기 개발은 미국과 소련이 가장 적극적이었다. 1960년대 미국이 보유했던 핵탄두는 약 3만 개였고 1970년대 소련이 보유했던 핵탄두는 약 4만 5,000개에 이르렀다. 핵무기가 너무 강력한 탓에 오히려 미국과 소련 사이에 직접적인 전쟁은 일어나지 않았다. 누구라도 핵무기 발사 스위치를 누르는 순간 공멸한다는 사실을 잘 알고 있었기 때문이다. 이렇게 두 나라는 '핵무기'라는 패를 쥐고 서로를 노려보기만 하는 냉전에 들어섰다.

인류는 이제 3차 세계 대전을 걱정하기 시작했다. 만에 하나 미국과 소련이 전면전을 벌여서 서로를 향해 보유하고 있는 핵무기를 쏘아 댄다면 이는 곧 인류의 멸망을 뜻하기 때문이었다. 다행히 양국 사이에 전면전은 끝내 일어나지 않았지만, 소프트웨어 오류로 자칫하다 3차 세계 대전이 일어날 뻔한 사건이 두 차례 있었다. 한 번은 러시아에서, 한 번은 미국에서 발생했다.

소련을 향해 다가오는 핵 미사일

1983년 9월 26일 밤, 모스크바 외곽에 있는 소련의 핵전쟁 관제센터. 이곳은 미국에서 날아오는 핵 미사일을 인공위성으로 조기에 탐지하여 사령부에 보고하는 임무를 맡고 있다. 지상의 레이더는 탐지 거리도 짧은 데다가 수평선 너머의 물체를 탐지하지 못했기 때문에 미사일 조기경보는 인공위성이 담당하고 있었다. 그날, 자정이 지나서 관제센터에 경보가 울렸다. 인공위성이 미국으로부터 소련을 향해 날아오는 1기의 미사일을 식별했다는 경보였다(이는 나중에 5기로 늘어난다.). 순간 관제센터 내 병사들의 시선은 모두 한 사람을 향했다. 스타니슬라프 페트로프Stanislav Yevgrafovich Petrov 중령, 그날의 당직 장교였다.

1983년은 핵전쟁이 벌어져도 이상하지 않을 만큼 미국과 소련 사이에 계속해서 전운이 감돌고 있었다. 미국의 로널드 레이건Ronald Reagan 대통령은 1983년 3월 8일 플로리다에서 열린 기독교 협회의 전국 대회에서 소련을 '악의 제국The Evil Empire'이라고 비난했고, 실제로 재임기간 내내 소련을 향해 강경한 정책을 펼침으로써 양국 관계는 급속히 냉각되고 있었다. 또한 같은 해 9월 1일 사할린 상공에서 대한항공 007편이 소련 전투기가 발사한 미사일에 격추되어, 다수의 미국인과 미국 하원의원인 래리 맥도널드가 사망하는 대형 악재도 양국 사이에 발생했다.

NATO(북대서양조약기구)는 대규모 핵전쟁에 대비해서 '에이블 아처 83Able Archer 83'이라는 군사 훈련을 그해 11월 2일부터 실시할 계획이었다. 정보기관 KGB로부터 사전에 NATO의 핵전쟁 대비 훈련에 대한 정보를 입수한 소련은 이 훈련이 소련을 겨냥한 핵 선제공격이 될지 모른다는 생각에 내심 두려워하고 있었다. 게다가 이 난관을 헤쳐 나가야 할 소련의 국가원수인 유리 안드로포프Yuri Andropov 총기서장은 공식석상에 나오지도 못할 정도로 건강이 악화되어 소련으로서는 이래저래 신경이 날카로운 상태였다.

페트로프의 결단

이런 민감한 시기에 핵 미사일이 날아오고 있다는 경보를 받은 페트로프 중령은 본능적으로 뭔가 이상하다는 느낌이 들었다. 인공위성이 보내온 정보에 의하면 탐지된 미사일은 오직 5기뿐이었다. 미국이 실제로 핵 공격을 시작한다면 고작 5기의 미사일이 아닌 수십, 수백, 수천 기의 미사일을 소련을 향해 우박처럼 쏟아 부어서 초반에 소련군을 무력화시켰을 것으로 생각했다. 당시 미국은 수만 개의 핵탄두를 보유하고 있었기에, 페트로프 중령은 5기만 탐지된 것을 의심하고 이 경보가 거짓이라 판단했다. 페트로프는 이를 자신의 상관에게 보고했다.

그러나 사실 당시 페트로프의 결정은 도박이었다. 만일 날아오던 그 5기의 미사일이 실제로 핵 미사일이었다면 소련은 큰 피해를 입었을 테고 페트로프는 숙청 1순위에 올랐을 것이다. 게다가 미사일을 막기 위한 조치를 취하지 않아 소련이 핵무기에 의해 실제 피해를 입었을 경우 바로 자국의 핵무기로 보복에 나섰을 것이므로 인류는 전면적인 핵전쟁으로 치달았을 것이다.

이러한 위험을 감수하고도 페트로프가 그렇게 판단한 데는 앞서 설명했듯이 소련을 향해 날아오는 미사일 수가 적다는 점과 더불어

그림 12-2 소련군의 대륙간탄도미사일 SS-20 (출처: 위키피디아)

소련의 조기경보 시스템에 대한 불신이 크게 작용했다. 결과적으로 페트로프의 판단이 옳았다. 시간이 지나도 지상의 레이더에서는 소련을 향하는 미사일이 발견되지 않았고, 결국 아무 일도 없었다. 추후 밝혀진 사실에 의하면 이 사건은 소프트웨어 오류가 일으킨 사건이었다. 구름에서 반사되는 햇볕을 인공위성이 미사일로 오인하는 상황을 막아 주는 소프트웨어가 있는데, 그 소프트웨어가 오동작한 것이었다.

그림 12-3 스타니슬라프 페트로프 중령의 최근 사진 (출처: sprocketlink.com)

페트로프의 결단, 그 후

소련 당국은 처음에는 페트로프 중령의 냉철하고 이성적인 판단을 높이 평가했다. 하지만 점차 이를 소련 체제에 대한 도전으로 생각한 소련 당국은 나중에는 페트로프 중령을 비판하기 시작했으며, 이후

그림 12-4 북미 항공우주 방위사령부 마크 (출처: NORAD 홈페이지)

그는 한직으로 좌천되었다. 결국 사건이 발생한 지 7개월 뒤에 그는 조기 퇴역하게 된다. 이 사실은 15년 동안 세상에 알려지지 않았으나 소련 방공군 미사일 부대 사령관 유리 보친체프가 1998년 발행한 회고록을 통해 세상에 알려졌다. 냉철한 판단으로 인류를 핵전쟁에서 구한 공로로 2006년 UN은 페트로프에게 세계 시민의 상을 수여했다.

북미 항공우주 방위사령부: NORAD

소련이 미국의 미사일을 조기에 발견하기 위해 조기경보 시스템을 만들었듯이 미국 역시 소련의 미사일을 조기에 발견하기 위해 조기경보 시스템을 가동하고 있었다. 이른바 북미 항공우주 방위사령부

North American Aerospace Defense Command(이하 NORAD)라 불리는 이곳은 미국과 캐나다가 공동으로 북미 지역의 영공을 감시하기 위해 1958년 창설되었다. 여담으로 NORAD의 임무를 보면 굉장히 비밀스럽고 근엄한 조직처럼 여겨지지만, NORAD는 매년 크리스마스 시즌이 되면 산타 클로스의 현재 위치를 알려 주는 것으로 일반인들에게 유명한 조직이기도 하다.

초창기 이 사령부의 주 임무는 핵무기를 탑재한 전략 폭격기가 미국/캐나다에 침공하는 것을 사전에 탐지하고 요격하는 것이었다. 하지만 대륙간탄도미사일이 등장한 후, 주 임무는 대륙간탄도미사일에 대한 조기경보로 변경되었다. 1980년대 당시에는 미국을 포함하여 전 세계 어떤 나라도 대륙간탄도미사일을 요격할 기술이 없었으므로 주로 감시 위주의 임무를 수행했다. 그리고 NORAD 역시 소련의 조기경보 시스템처럼 거짓 경보가 발생한 적이 있었다.

그림 12-5 북미 항공우주 방위사령부 내부 사진 (출처: National Archives, Still Pictures Branch)

새벽 3시에 걸려온 전화

"소련이 미국을 향해 250기의 미사일을 발사했습니다."

1979년 11월 9일 새벽 3시, 당시 카터 행정부의 백악관 국가안보담당관이던 즈비그뉴 브레진스키^{Zbigniew Kazimierz Brzezinski}의 집 전화기가 울렸다. 전화를 건 사람은 브레진스키의 보좌관인 윌리엄 오덤^{William Odom}이었다. 깜짝 놀란 브레진스키는 대통령에게 연락하기 전에 소련이 발사했는지 여부와 미사일의 목표물이 무엇인지 확인한 후 다시 전화하라고 오덤에게 지시했다. 잠시 후 오덤이 다시 브레진스키에게 전화를 걸었다. 이번에는 소련이 2,200기나 되는 미사일을 발사했다는 보고였다. 소련의 총공격인 셈이었다. 그리고 이어 브레진스키가 카터 대통령에게 전화하기 1분 전, 다시 오덤으로부터 전화가 걸려왔다.

이 통화에서 오덤은 다른 경보 시스템은 소련의 미사일 발사를 감지하지 않았다고 보고했다. 결국 NORAD 컴퓨터 시스템의 거짓 경보였다. 알고 보니 기술자 한 사람이 컴퓨터에 훈련 상황 시나리오가 입력된 테이프를 넣고 시스템 상태를 훈련 상태로 바꾸지 않았던 것이다. 이 거짓 경보는 발생과 동시에 전략 공군 사령부와 미국 국방부 지휘센터에도 동일하게 전달되었다. 그 즉시 10대의 전투기가 출격했고, 핵전쟁에 대비해서 대통령이 비행기 내에서 미군을 지휘할 수 있도록 설계된 비상 비행 지휘소가 대통령을 태우지 않은 채로 이륙하기도 했다. 이 일은 해프닝으로 끝났지만 하마터면 미국과 소련 간에 핵전쟁을 유발할 수 있었던 아찔한 순간이었다.

이후에도 NORAD의 조기경보 시스템은 총 세 번의 거짓 경보를 냈다. 1980년 5월 28일에 사소한 거짓 경보가 한 번 발생했고, 1980

그림 12-6 북미 항공우주 방위사령부 내부 사진 (출처: National Archives, Still Pictures Branch)

년 6월 3일과 6일에 각각 한 번씩 거짓 경보가 발생했다. 이 거짓 경보로 인해 폭격기가 핵무기를 탑재하고 출격하기도 했지만, 다행히 미국과 소련 사이에 전쟁은 일어나지 않았다.

13장

의료기기의 소프트웨어가 사람을 죽였다: 테락25 사건

이 장에서는 앞서의 사례들과는 달리 소프트웨어가 직접적으로 인명을 살상한 사례를 소개한다. 여기서 잠시 앞의 사례를 간단히 정리하면 아리안5, 화성 기후 탐사선과 같이 잘못된 소프트웨어로 막대한 금전적 손실을 입었거나 주어진 임무를 수행하지 못한 경우, 그리고 AT&T, 모리스 웜 사건과 같이 일시적인 시스템 마비로 불편을 준 사례들이 주를 이룬다. 인명 손실이 있었던 2003년 미국 북동부 대정전(3명 사망)이나 패트리어트 미사일 요격 실패(28명 사망), 이란항공 655편 격추 사건(290명 사망) 또한 엄밀히 말해 전적으로 소프트웨어 때문에 발생한 일은 아니었다. 하지만 이 장에서 다룰 사례는 우리가 접하기 쉬운 의료기기에서 발생한 치명적인 인명사고였다.

늘어가는 암 환자와 암 치료법

암은 우리나라 국민의 사망 원인 1위이며, 관련 통계를 작성한 이래 암으로 인한 총 사망자 수는 빠른 속도로 증가하고 있다. 1983년 암으로 인한 사망자 수는 총 2만 9,237명이었고, 10만 명당 암 사망자 수는 72.4명이었다. 하지만 2011년에는 7만 1,579명과 142.8명으로 각각 약 2.5배와 두 배 증가했다(그림 13-1 참조).

암 환자의 증가는 비단 우리나라에서만 볼 수 있는 현상이 아니라 전 세계에서 공통적으로 나타나는 현상이다. 세계보건기구[WHO] 산하 국제암연구소[IARC]는 보고서를 통해 전 세계 184개 국가의 신규 암 발생 건수가 2008년 1,270만 건에서 2030년 2,220만 건으로 늘어날 것이라고 전망했다.

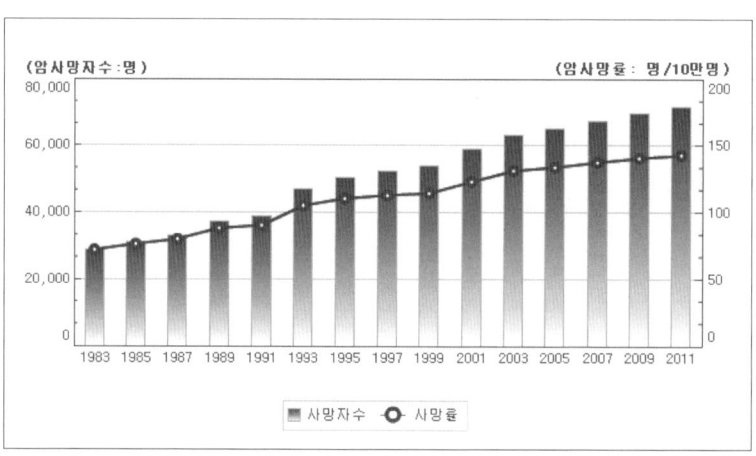

그림 13-1 우리나라의 암 사망자 수 및 10만 명당 암 사망률 (출처: 대한민국 통계청)

하지만 창이 있으면 방패가 있고, 공격이 있으면 수비가 있는 법. 암 환자가 증가 추세에 있지만, 암을 치료할 수 있는 의학 기술 역시 많이 발전했다. 현대의학에서 암을 치료하는 방법은 수술, 방사선, 화학, 면역요법 등이 있는데 이 장에서는 방사선 치료법에 얽힌 사례에 주목해서 이야기를 풀어 본다.

방사선 치료

암 치료법 중 하나인 방사선 치료는 고^{高}에너지 방사선을 암세포에 조사^{照射}(광선이나 방사선을 쬐는 행위)하여 암세포를 죽이는 치료법이다. 원래 우리 몸의 정상적인 조직 세포에 일정량의 방사선을 조사하면, 세포의 DNA와 세포막에서 화학적 변성이 일어나 그 세포는 사멸하거나 분화 과정 중 사멸하게 된다. 하지만 정상세포는 암세포에 비해 방사선 조사 후 회복 능력이 뛰어나므로 결과적으로 정상세포는 회복하고 암세포는 죽게 된다. 방사선 치료는 이러한 암세포와 정상세포 간의 특성 차이를 이용한 치료법이다.

방사선 치료를 위해서는 고에너지 전자선을 만들어내야 하므로 '선형가속기$^{Linear\ Accelerator}$'라는 장비가 이용된다. 의료용 선형가속기는 1953년 처음으로 런던에서 환자를 치료할 때 사용되었고, 1956년 북

그림 13-2 스탠포드 대학병원의 선형가속기 (출처: 스탠포드 대학 홈페이지)

미지역에는 미국 스탠포드 대학병원Stanford Hospital에 첫 설치되었다. 그후 선형가속기는 발전에 발전을 거듭하여 현재 방사선 치료의 표준 장비로 활용되고 있다.

테락25의 개발

1970년대 초반 캐나다의 AECL Atomic Energy of Canada Limited은 프랑스의 CGR이라는 회사와 함께 선형가속기를 개발하기 시작했다. 이 결과로 탄생한 선형가속기가 엑스선X-Ray 전용 기기 테락6Therac-6였다. 그 후 AECL과 GCR은 테락20Therac-20을 출시했는데, 이 테락20은 엑스선만 가능했던 전작 테락6와 달리 엑스선과 전자선Electron을 모두 지원하는 모델이었다.*

테락6와 테락20 모두에 소프트웨어가 사용되었지만 이 두 가지 기기에서 소프트웨어의 역할은 매우 제한적이었다. 기기의 모든 기능을 하드웨어로 제어할 수 있었고, 소프트웨어는 그저 기기에 약간의 편의성을 가미하는 수준이었다. 이후 AECL과 GCR은 테락20을 끝으로 결별했다.

이후 AECL은 단독으로 테락20의 후속 모델인 테락25를 개발했다. 이 테락25는 이전 모델인 테락20보다 한 단계 진일보한 모델이었다. 이전 모델보다 크기가 훨씬 작아졌고, 다용도로 활용할 수 있었다. 1대의 기기로 두 종류(전자선, 엑스선)의 치료를 모두 할 수 있으니 방사선 치료기를 사용하는 병원 입장에서도 훨씬 경제적이었다.

더불어 테락25는 하드웨어로 기기를 조작하던 테락6나 테락20과는 달리 소프트웨어로 기기를 제어하는 첫 테락 시리즈였다. 테락25

---

* 전자선은 얕은 부위를 치료할 때 이용하고 엑스선은 깊은 부위를 치료할 때 이용한다.

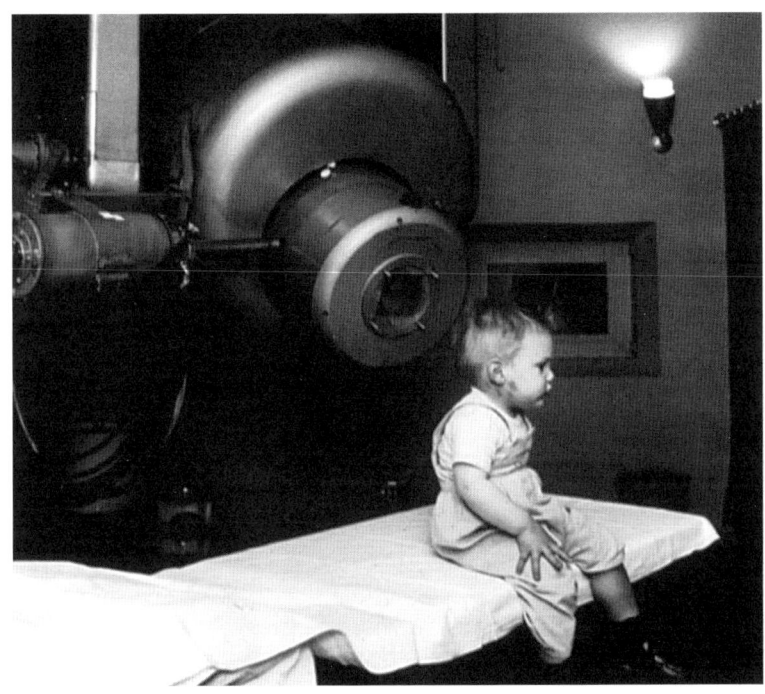

그림 13-3 미국에서 최초로 방사선 치료를 받은 환자 (출처: 미국 National Cancer Institute via Stanford University, Public Domain)

의 제어가 소프트웨어로 바뀌면서 AECL은 구형 모델에서 안전장치로 사용하던 하드웨어를 제거했다. 테락25의 소프트웨어는 테락6의 소프트웨어를 기반으로 하여 일부 소프트웨어를 신규로 개발한 수준이었다. AECL은 테락6에서 해당 소프트웨어가 잘 동작했기 때문에 테락25에서도 잘 동작하리라 생각했다. 하지만 이런 생각은 단지 희망사항에 불과했고, 그 사실을 AECL이 알아차리기까지는 그리 오랜 시간이 걸리지 않았다.

테락25의 첫 번째 희생자 발생, 1985년 6월

1985년, 미국 조지아주 마리에타^{Marietta}에 위치한 켄스톤 지방 종양센터$^{Kennestone\ Regional\ Oncology\ Center}$는 암 치료를 위해 방사선 치료 장비인 테락25를 여러 대 운영하고 있었다. 1983년부터 운영해 오던 테락25는 그 당시까지 무사고 경력을 자랑하고 있었다.

그해 6월 3일, 61세의 여성 환자가 가슴을 절제하는 유방암 수술을 받은 후 테락25로 방사선 치료를 받기 위해 내원했다. 그 환자를 치료할 테락25는 약 6개월 전부터 운영하기 시작한 신형 기기였다. 환자는 쇄골 부분에 10MeV의 전자선 치료를 받을 예정이었다.

방사선사(병원에서 방사선 장비를 운영하는 전문 요원. 테락25 등의 선형 가속기는 의사가 아닌 전문적인 교육을 받은 방사선사가 운용한다.)가 의사의 처방에 따라 데이터를 입력하고 테락25를 가동하는 순간, 환자는 마치 오븐에서 달궈지는 듯한 엄청난 열기를 느꼈다. 하지만 치료 직후에 환자의 외관에는 어떠한 증상도 나타나지 않았다. 그저 치료받은 부위를 만졌을 때 따뜻하게 느껴질 뿐이었다.

하지만 시간이 지나면서 환자의 몸에 하나 둘씩 이상 신호가 나타나기 시작했다. 환자가 귀가한 후부터 테락25로 치료받은 부위의 일부 피부 표면이 빨갛게 변하고 점점 부어오르기 시작했다. 게다가 어깨에는 마비와 경련이 동반되고 있었다. 환자는 아틀란타에 있는 인근 병원에서 검진을 받았으나 그곳의 의사는 이 환자를 다시 켄스톤의 종양센터로 보내어 테락25로 치료를 받도록 했다.

그 사이에 환자의 증세는 더 악화되고 있었다. 이제 환자는 어깨를 움직일 수 없게 되었고 극심한 고통까지 호소했다. 과다한 방사선에 피폭된 것이 명백했다. 하지만 켄스톤 종양센터는 환자에게 이 증상

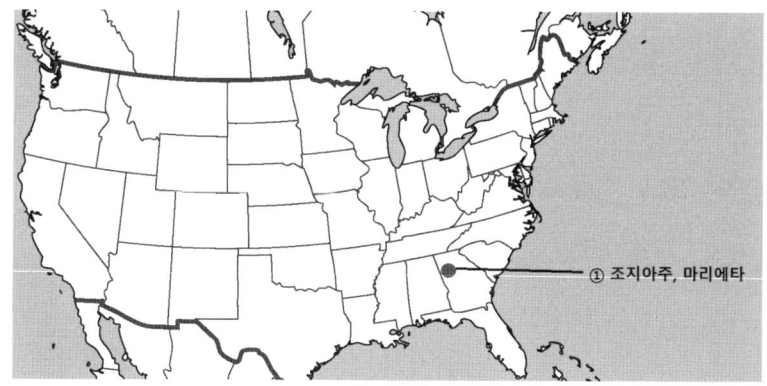

그림 13-4 미국 조지아주 마리에타

의 원인에 대해 납득할 만한 설명을 내놓지 못했다. 곧 그 환자는 자신을 치료한 켄스톤 종양센터와 테락25의 제조사인 AECL에 치료 결과로 발생한 장애에 대해 배상을 청구하는 소송을 걸었다.

하지만 소송 당사자인 AECL과 병원 측은 환자의 장애가 테락25 때문에 발생한 것이라고 믿지 않았다. 게다가 당시 테락25의 치료 처방전을 프린터로 인쇄하는 기능이 꺼져 있어서 처방 데이터의 하드카피도 없었으므로, 결국 환자와 병원, AECL 측은 재판까지 가지 않고 상호 합의하기로 결정했다. 이 사고가 테락25에 의해 발생했다는 사실은 추후 다른 사고를 계기로 밝혀지게 된다.

켄스톤 종양센터의 의사가 나중에 그 환자의 방사능 피폭량을 추정한 결과, 1~2회의 방사선 치료가 진행되는 동안 1만 5,000에서 2만 라드rad(1kg당 흡수된 방사선 에너지)의 방사선에 피폭되었던 것으로 확인되었다. 참고로, 보통 치료를 위해 1회에 사용하는 방사선은 200라드 정도이다. 500라드의 방사선이 전신에 피폭되면 치사율이 50%나 되며, 1,000라드의 방사선이 전신에 피폭되면 100% 사망에 이르게 된다. 당시 피해를 입었던 여성 환자는 피폭 면적이 국소 부위에 한정되어 있었기에 다행히 목숨은 건질 수 있었다.

테락25의 두 번째 희생자 발생, 1985년 7월

켄스톤 종양센터에서 발생한 테락25의 첫 사고 이후 여기저기서 사고가 터지기 시작했다. 약 7주 후, 테락25의 두 번째 사고가 발생했다. 1985년 7월 26일, 캐나다 온타리오주 해밀턴에 있는 온타리오 암재단에 40세의 여성 환자가 테락25로 항암 치료를 받기 위해 내원했다. 자궁경부암이 있는 그 환자는 이번 치료가 테락25를 사용한 24번째 치료였다.

평소와 같이 방사선사가 테락25의 콘솔(모니터와 키보드로 구성된 처방 데이터를 입력하는 기기, 일종의 컴퓨터라고 생각하면 된다.)에 처방전 데이터를 입력한 후 기기를 작동시켰다. 하지만 테락25는 5초 만에 'H-TILT'라는 에러 메시지를 내뱉고 정지해버렸다. 테락25의 콘솔 모니터(각종 정보를 알려 주는 기기의 모니터)에서는 '방사선 조사 안 됨[NO]

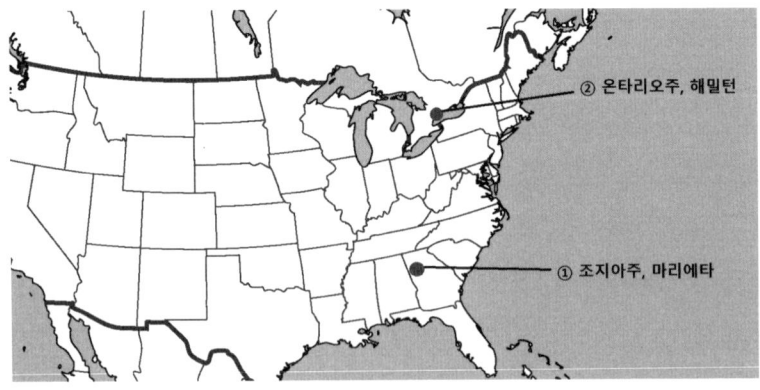

그림 13-5 캐나다 온타리오주 해밀턴

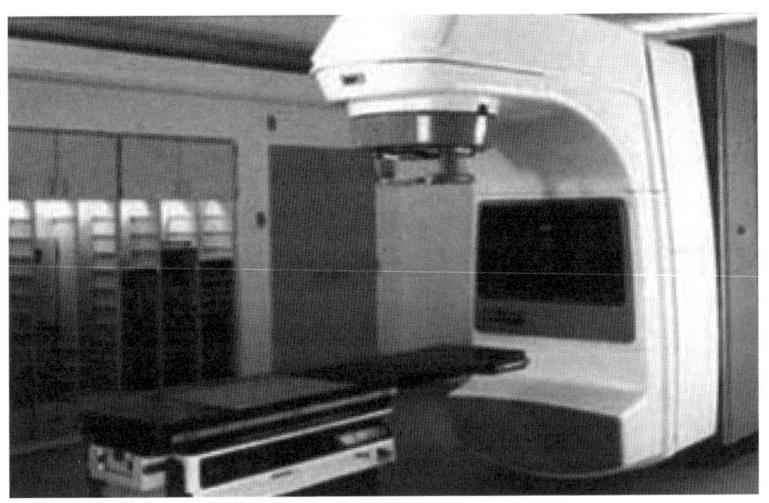

그림 13-6 테락25 (출처: Southern Illinois University)

DOSE'이란 메시지와 함께 '치료 일시 중지TREATMENT PAUSE' 메시지가 나타났다.

방사선사는 메시지를 보고 당연히 테락25가 방사선을 조사하지 않았다고 생각했다. 이번엔 제대로 방사선이 조사되길 바라면서 두 번째 방사선 조사 버튼을 눌렀다. 이상할 것이 없는 지극히 정상적인 운영 절차였다. 그러나 두 번째 조사 시도에도 첫 번째와 같이 기기가 멈췄다. 방사선사는 처음 조사 시도 후 네 번이나 같은 방식으로 테락25를 가동시켰지만 모두 다 똑같은 에러 메시지를 내면서 기기가 정지했다. 다섯 번째 정지 후 참다 못한 방사선사는 병원 서비스 기사를 불렀다. 하지만 서비스 기사는 테락25의 고장 원인을 찾지 못했다.

한편 여러 번의 치료 시도가 모두 실패한 후, 방사선이 조사되지 않았다면 아무 증상이 없어야 할 환자가 조사 부위에서 타는 듯한 느낌이 든다고 항의하기 시작했다. 치료받은 엉덩이 부위가 마치 전기 충격을 받은 것처럼 얼얼하다는 것이었다. 이 환자는 3일 뒤인 7월 29일에 다음 치료를 위해 내원했다. 그런데 환자의 치료 부위가 치료 당시보다 훨씬 더 악화되어 있었다. 치료 부위가 화상을 입었고 통증이 있었으며 과도하게 부어 있었다.

결국 그해 11월 3일 환자가 사망했다. 부검으로 확인한 사인은 암이었다. 하지만 가령 환자가 죽지 않았다 할지라도 당시 환자의 몸은 방사선 과다 피폭으로 엉덩이 관절 전체를 교체해야 할 정도로 망가져 있었다. 얼마 후 AECL의 한 기술자가 이 환자의 피폭량을 추정했는데, 대략 1만 3,000에서 1만 7,000라드 정도였다.

세 번째 희생자, 1985년 12월 야키마밸리 메모리얼 병원

세 번째 사고는 미국 워싱턴주의 야키마밸리 메모리얼 병원$^{Yakima\ Valley\ Memorial\ Hospital}$에서 발생했다. 1985년 12월 테락25로 치료받은 한 환자는 이후 오른쪽 엉덩이에 줄무늬 모양의 피부 홍반이 발생하는 것을 알게 되었다. 하지만 그럼에도 불구하고 이 환자는 계속 테락25로 치료를 받았고 1986년 1월에 치료가 끝났다.

이 피부 홍반의 원인을 찾을 수 없었던 의료진은 제조사인 AECL에 편지와 전화로 이 증상의 원인이 무엇인지, 테락25와 관련이 있는지 문의했다. 이에 AECL은 편지로 자신들의 기기에는 아무런 문제가 없다고 답했고, 결국 의료진은 이 증상에 대해 '원인 불명'이라는 결론을 내렸다. 하지만 이후 발생한 사건에서 이 장비의 결함으로 환자가 방사선에 과다 피폭당한 것으로 밝혀지게 된다.

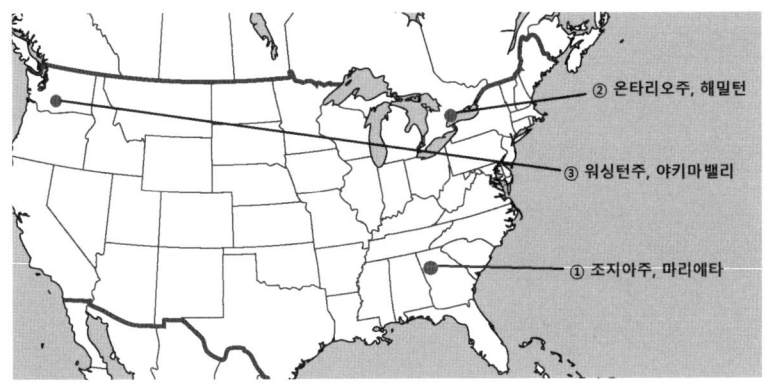

그림 13-7 미국 워싱턴주 야키마밸리

네 번째 희생자, 1986년 3월 동 텍사스 암센터

테락25의 네 번째 사고는 미국 동 텍사스 암센터^{East Texas Cancer Center}가 있는 텍사스주 테일러^{Tylor}에서 발생했다. 이 사고는 프릿츠 하거^{Fritz Hager}라는 의사 덕분에 다른 사고보다 실상을 더 상세히 파악할 수 있었다. 사고를 낸 테락25는 사고 당시 동 텍사스 암센터에서 2년 넘게 사용 중이었고, 사고 당시까지 500여 명의 환자가 이 기기로 치료를 받은 전력이 있었다.

1986년 3월 21일, 한 남성 환자가 테락25로 치료를 받기 위해 동 텍사스 암센터에 내원했다. 그 환자에게는 이번 치료가 테락25를 이용한 아홉 번째 치료였다. 그 환자는 등에 암세포가 있었는데, 이를 제거하기 위해 지속적으로 방사선 치료를 받고 있었다. 의사는 180라드 가량의 전자선 치료 처방을 내렸고, 환자는 6주간에 걸쳐서 총 6,000라드 가량의 방사선 치료를 받을 예정이었다.

환자는 치료를 위해 테락25가 설치된 치료실로 들어가서 치료대에 엎드렸다. 방사선사는 처방된 데이터를 입력하기 위해 치료실에서 나와 문을 닫고 치료실 옆에 있는 콘솔에 앉았다. 그 방사선사는 테락25 조작에 상당히 능숙했기 때문에 빠른 손놀림으로 콘솔에 처방 데이터를 입력하기 시작했다.

처방 데이터를 모두 입력했을 때, 방사선사는 테락25가 엑스선 모드로 설정되어 있는 것을 발견했다. 치료에 사용될 방사선은 엑스선이 아니라 전자선이었지만, 이런 설정 착오는 테락25가 엑스선과 전자선을 둘 다 지원하기 때문에 생기는 흔한 실수였고 고치기도 쉬웠다. 그저 키보드의 ↑키를 눌러서 엑스선 모드를 전자선 모드로 수정하기만 하면 되는 일이었다.

다른 입력값은 정상이었기 때문에 방사선사는 엑스선 모드를 전자선 모드로 고친 후(그림 13-9의 'BEAM TYPE') 정상인 값들은 엔터^{Enter} 키를 눌러서 수정하지 않고 그냥 넘어갔다. 모든 수정이 끝난 후, 모든 입력값이 '확인^{VERIFIED}' 상태가 되었다. 단말기에는 전자선 치료가 준비되었다는 'BEAM READY' 메시지가 나타났다. 방사선사는 'B' 버튼을 눌러 전자선을 켜고 치료를 시작하려 했다. 그 순간이었다. 돌연

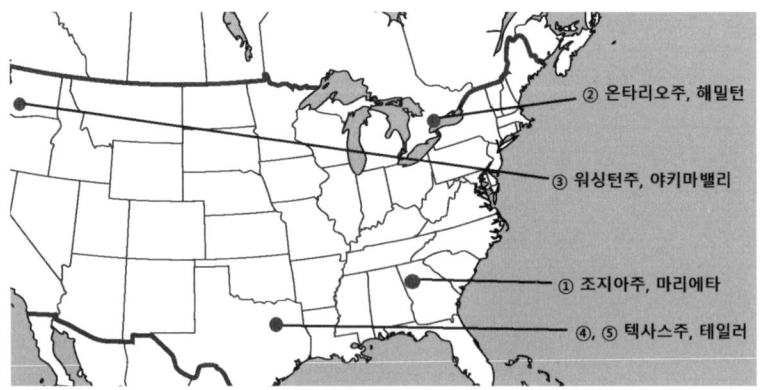

그림 13-8 미국 텍사스주 테일러

테락25가 멈추고, 모니터에는 'MALFUNCTION 54'라는 메시지가 나타났다. 또한 치료가 중지되었음을 나타내는 'TRATEMENT PAUSE' 메시지도 표시되었다.

방사선사는 이 'MALFUNCTION 54'라는 메시지가 무엇을 뜻하는지 확인하기 위해 설명서를 찾아보았다. 하지만 단순히 'dose input 2'라는 알 수 없는 말만 쓰여 있었고 더 자세한 뜻을 알기 어려웠다. 병원의 다른 설명서에도 이 오류에 대한 정보가 없었고, 다른 테락25의 설명서에도 'MALFUNCTION 54'를 이해할 만한 내용이 없었다. AECL 기술자는 나중에 'dose input 2'는 조사된 방사선량이 너무 높거나 낮을 때 나타나는 메시지라고 증언했다. 그런데 사실 이 메시지는 사용자에게 보여서는 안 될 메시지였다. 오직 회사 내부에서 소프트웨어를 개발할 때에만 사용하는 메시지였기 때문이었다.

게다가 테락25의 방사선 조사량을 측정하는 모니터에는 조사된

```
PATIENT NAME      : TEST
TREATMENT MODE    : FIX          BEAM TYPE: X      ENERGY (MeV): 25

                                 ACTUAL           PRESCRIBED
          UNIT RATE/MINUTE         0                  200
          MONITOR UNITS           50  50              200
          TIME (MIN)              0.27                1.00

GANTRY ROTATION (DEG)              0.0                0         VERIFIED
COLLIMATOR ROTATION (DEG)        359.2              359         VERIFIED
COLLIMATOR X (CM)                 14.2               14.3       VERIFIED
COLLIMATOR Y (CM)                 27.2               27.3       VERIFIED
WEDGE NUMBER                        1                  1        VERIFIED
ACCESSORY NUMBER                    0                  0        VERIFIED

DATE   : 84-OCT-26    SYSTEM : BEAM READY     OP. MODE : TREAT    AUTO
TIME   : 12:55: 8     TREAT  : TREAT PAUSE               X-RAY   173777
OPR ID : T25V02-R03   REASON : OPERATOR       COMMAND:
```

그림 13-9 테락25의 조작 콘솔 화면 (출처: Nancy Leveson, "Medical Devices: The Therac-25", University of Washington)

방사선량이 상당히 낮다는 메시지도 함께 나타났다. 방사선사는 테락25를 운영한 경험이 많았기 때문에 가끔씩 테락25가 멈추거나 제대로 작동되지 않는 상황에 익숙했다. 과거의 경험상 이 상황은 그리 큰 문제가 아니었다. 다만 다시 조작해야 했기에 그저 귀찮게 만드는 사소한 문제로 여겨졌을 뿐이다. 방사선사는 중단된 치료를 다시 진행했다. 그러나 테락25는 다시 한 번 'MALFUNCTION 54' 에러를 내면서 정지했고, 이번에도 조사된 방사선량이 기준치 이하라는 메시지가 나타났다.

이때, 테락25와 마주하고 있던 환자에게는 매우 큰 고통이 찾아왔

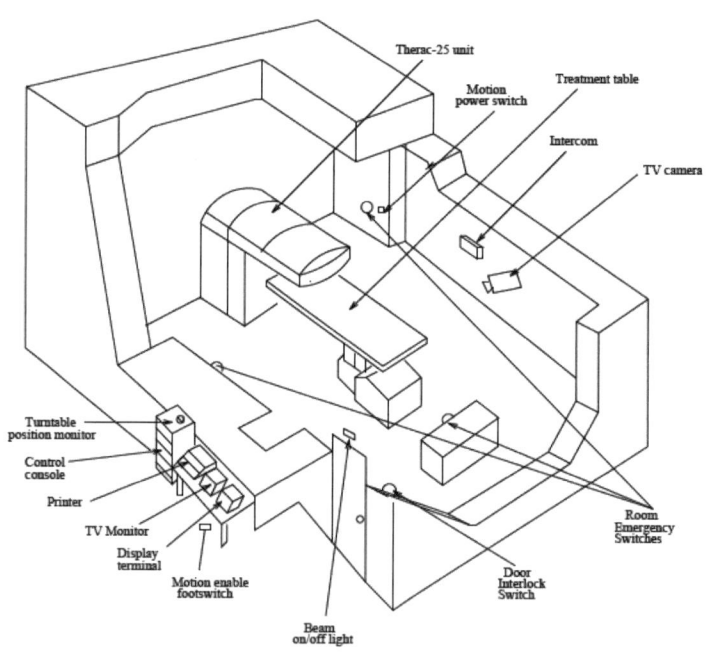

그림 13-10 치료실 내부와 조작실 도면도 (출처: Nancy Leveson, "Medical Devices : The Therac-25", University of Washington)

다. 방사선사가 처음으로 테락25를 가동시키는 순간 환자는 등 뒤에서 전기 충격을 받는 듯한 고통을 느꼈다.

그 환자는 이번 치료가 테락25를 이용한 아홉 번째 치료였기 때문에 이러한 상황이 정상적이지 않음을 쉽게 알아차릴 수 있었다. 환자는 방사선사에게 도움을 청하기 위해 치료 테이블에서 일어났다. 그 순간에 방사선사가 기기를 작동시켰고 다시 한 번 테락25가 가동되기 시작했다. 환자는 다시 엄청난 고통을 느꼈다. 팔이 감전되는 것과 같은 충격이 전해졌고 자신의 몸에서 팔이 떨어져 나가는 기분이었다. 환자는 극심한 고통을 견디며 치료실 문을 두드리기 시작했다. 방사선사가 치료실 내의 환자 상태를 파악할 수 있도록 치료실 내부에는 음성을 전달하는 오디오 시설과 내부를 볼 수 있는 비디오 시설이 있었으나 그 당시 비디오는 전원 플러그가 뽑혀 있었고, 오디오 시설은 고장이 나서 방사선사가 치료실 내부 사정을 재빨리 파악할 수 없었다.

환자가 문을 두드리는 소리에 깜짝 놀란 방사선사는 그 즉시 문을 열어 환자를 의사에게 데려갔다. 방사선 치료를 받았던 환자의 등 부위는 매우 빨갛게 변해 있었다. 하지만 이를 본 의사는 단순 전기 충격을 받은 것에 불과하다고 생각해 환자에게 몸에 이상이 있을 경우 다시 돌아오라고 당부하고 집으로 돌려보냈다.

의사의 생각과 달리 그 환자는 사실 엄청난 양의 방사선에 피폭된 상태였다. 피폭된 부위는 치료 부위 중앙에 집중되었는데, 사고 후 알려진 수치로는 1cm 정도의 부위에 약 1만 6,500에서 2만 5,000라드의 방사선이 조사된 것으로 밝혀졌다.

귀가 후 환자의 상태는 나빠지기 시작했다. 처음에 환자의 목과 어깨에 지속적으로 통증이 찾아왔으며, 시간이 지나자 왼쪽 팔을 제대로 쓰지 못할 정도로 상태가 악화되었다. 환자는 계속되는 메스꺼움과 구토 때문에 결국 병원으로 돌아와 입원할 지경에 이르렀다. 방사선 과다 피폭으로 생긴 방사능 후유 장애였다. 환자는 이 방사선 후유 장애 때문에 다양한 병에 시달렸다. 왼쪽 팔과 양쪽 다리가 마비되어 제대로 걷지도 못했으며 왼쪽 성대가 마비되는 바람에 말도 할 수 없었다. 그 밖에도 신체 곳곳에서 이상이 발생한 환자는 결국 사고 후 방사선 과다 피폭에 의한 합병증으로 사망했다.

사고 후 테락25는 점검을 위해 운영이 중단되었다. 해당 지역 AECL 기술자 1명과 캐나다의 본사에서 파견된 기술자가 병원에 와서 해당 기기를 조사하기 시작했다. 이 2명의 AECL 기술자들은 하루 종일 기기를 점검해 보고 시험했지만 'MALFUNCTION 54'라는 오류 상황을 재현할 수 없었다. 본사의 AECL 기술자는 테락25가 환자에게 기준치 이상의 방사선을 조사하는 것은 불가능하고 밝혔다. 결국 병원 측과 AECL 모두 단순 전기 충격일 것이라고 추정했다. 그 후 병원 측은 4월 7일부터 다시 테락25를 가동하기 시작했다.

다섯 번째 희생자, 1986년 4월 동 텍사스 암센터

1986년 4월 11일, 또 다른 남성 환자가 동 텍사스 암센터에서 방사선 치료를 받고 있었다. 직전 희생자가 방사선 과다 피폭으로 인해 사망했던 바로 그 병원의 그 테락25가 환자를 맞이했다. 얼굴에 피부암이 있는 환자에게 의사는 10MeV의 방사선 치료 처방을 내렸다. 바로 이전 사고 당시의 방사선사가 테락25의 조작을 다시 맡았다.

방사선사는 늘 그랬던 것처럼 처방 데이터를 테락25 콘솔에 빠르게 입력하기 시작했다. 데이터를 다 입력하고 콘솔을 살펴보니 빔 모드가 전자선 모드가 아닌 엑스선 모드로 되어 있었다. 바로 직전에 발생했던 사고 당시와 똑같았다. 대응도 같았다. ↑키를 눌러 맨 위에 있는 모드 선택 항목에서 엑스선 모드를 전자선 모드로 변경했다. 나머지는 엔터 키를 여러 번 눌러서 원래 입력된 값을 그대로 사용했다.

'방사선 조사 준비됨Beam Ready' 메시지가 나타났고, 방사선사는 주저 없이 방사선을 조사했다. 몇 초 후, 테락25가 지난 번처럼 정지했다. 이번에는 치료실과 연결된 인터컴에서 큰 소리가 흘러나왔다(지난 번과는 달리 이번에는 오디오 시설이 동작하고 있었다.). 콘솔에서는 다시 'MALFUNCTION 54'라는 메시지가 나타났다. 모든 것이 지난 사고 때와 똑같았다.

지난 사고를 생생하게 기억하는 방사선사가 이번에는 먼저 치료실로 뛰어들었다. 치료를 받기 위해 치료대에 누워 있던 환자는 신음하면서 도와달라고 외치고 있었다. 환자의 얼굴은 불덩이가 떨어진 것처럼 뜨거웠다. 환자는 무언가가 그의 얼굴을 세차게 내리친 것 같다고 말했다. 환자는 곧 정신을 잃고 혼수상태에 빠졌다. 체온이 40도까지 올라갔고 신경의 손상도 확인되었다. 결국 이 환자는 3주 뒤인 1986년 5월 1일에 사망했다. 부검 결과, 사인은 방사선 과다 피폭이었으며 뇌의 우측 측두엽과 뇌간이 손상된 것으로 나타났다.

이 사고 후, 동 텍사스 암센터의 의사는 즉시 테락25의 가동을 중단시키고 AECL에 연락을 취함과 동시에 당시 기기를 다루던 방사선사와 함께 내부적으로 정밀조사를 시작했다. 각고의 노력 끝에 결국 테락25에서 'MALFUNCTION 54' 메시지가 발생하는 상황을 재현했다. 데이터 수정 후 빠르게 엔터 키를 입력하면 어김없이

'MALFUNCTION 54' 메시지가 발생했다.

사고 다음 날, AECL에서 온 기술자에게도 재현 방법이 전해졌고 기술자들은 그 방법에 따라 똑같이 당시의 문제를 재현하게 되었다. 사고 이틀 후, AECL은 동일 상황을 재현하여 사고 당일 환자에게 조사되었을 방사선 양을 측정했다. 그 결과 최대 2만 5,000라드의 방사선이 환자에게 조사된 것으로 밝혀졌다.

여섯 번째 희생자, 1987년 1월 야키마밸리 메모리얼 병원

1987년 1월 17일, 미국 워싱턴주 야키마밸리 메모리얼 병원에서 그날의 두 번째 환자가 암 치료를 위해 방사선 치료를 받고 있었다. 테락25의 세 번째 희생자가 발생했던 바로 그 곳이었다. 이 환자는 엑스선 촬영(각각 4라드와 3라드의 방사선)과 79라드의 엑스선 치료를 받기로 되어 있었다. 총합 86라드의 방사선이었다.

방사선사는 엑스선 촬영을 위해 필름을 환자의 몸 아래에 두고 각각 4라드와 3라드의 방사선을 조사시켰다. 이후 방사선사는 필름을 제거하고 환자의 몸에 방사선을 조사할 위치를 확인하고자 치료실로 들어갔다. 각종 설정을 확인한 방사선사는 치료실에서 나와 조작실로 들어갔다.

방사선사는 테락25를 가동시켰으나 5~6초 후 테락25는 작동을 멈췄다. 테락25가 멈추는 일은 가끔씩 있었기 때문에 방사선사는 다시 진행 버튼을 눌러 치료를 계속 진행했다. 하지만 테락25는 또 다시 정지했다. 이때 치료실과 연결된 인터컴에서 환자의 목소리가 흘러나왔다. 방사선사는 환자가 무슨 말을 하는지 이해할 수 없었기에 잠시 후 환자가 있는 치료실로 들어갔다. 환자는 치료 부위에 타는 듯한 고통을 호소하고 있었다. 하지만 조작 콘솔의 화면에는 엑스선 촬영에 사용했던 7라드의 방사선량만 표시되어 있었고 그 이외의 다른 정보는 일체 없었다.

그날 환자는 모든 치료 부위에 화상을 입었다. 4일 뒤, 치료 부위의 피부에 줄무늬 모양의 홍반이 발생했다. 그 모습은 1년 전, 같은 병원에서 목격했던 증상과 비슷했다. 당시 AECL과 병원 측에서 원인 불명으로 처리했던 바로 그 줄무늬 모양이었다.

AECL은 즉각 조사를 수행했고 사고의 원인이 소프트웨어의 오류임을 밝혀냈다. 환자는 테락25로 한 번 치료 시 총 4,000~5,000라드의 방사선에 피폭되었고, 두 번 시도한 결과 8,000~10,000라드의 방사선에 피폭되었다. 이것은 의도했던 방사선 수치(86라드)보다 100배 이상 많은 수치다. 한편 앞서 이 병원에서 치료 후 줄무늬 모양의 홍반이 나타났던 세 번째 희생자는 만성 피부 궤양으로 피하 조직이 괴사壞死하는 증상을 겪고 있었다.

사고의 원인 1: 소프트웨어

방사선 치료기는 선형가속기를 기반으로 만들어져 있고, 이 선형가속기는 전자를 가속시켜 만든 전자선으로 방사선 치료를 한다고 앞서 설명했다. 선형가속기 내부에서 발생한 전자선은 3mm 정도의 얇은 광선으로, 매우 높은 에너지를 지녔기 때문에 이 광선을 환자에게 직사하면 치명적이다. 따라서 전자선 치료의 경우 산란박Scattering Foil이라는 장치를 이용하여 치료 부위에 전자선이 고르게 조사되도록 한다(그림 13-11의 A 참조).

전자선 치료와는 달리 엑스선 치료의 경우 선형가속기 내부에서 발생한 전자선을 엑스선 타겟$^{X-Ray\ Target}$이라는 장치에 쏘아서 전자선을 엑스선으로 변환시킨다. 이 변환 과정에서 출력이 많이 약해지기 때문에 치료에 쓸 만한 출력의 엑스선을 얻기 위해서는 강한 전자선이 필요하다. 때에 따라서는 전자선 치료 시 선형가속기 출력보다 100배 이상 강력한 고에너지 전자선을 발생시킨다. 이 고에너지 전자선이 엑스선 타겟을 통과하면 엑스선이 발생하는데, 전자선과 마찬가지로 이 엑스선을 그대로 환자에게 쏘이면 위험하다. 엑스선 타겟을 통과한 엑스선은 중심부가 매우 강하고 주변으로 갈수록 약해지기 때문에, 치료 부위에 균등하게 엑스선을 조사하기 위해 선속평탄여파기$^{Flattening\ Filter}$라는 장치를 사용한다(그림 13-11의 B 참조).

선형가속기가 발생시킨 전자선이 나오는 출구는 하나인데 엑스선

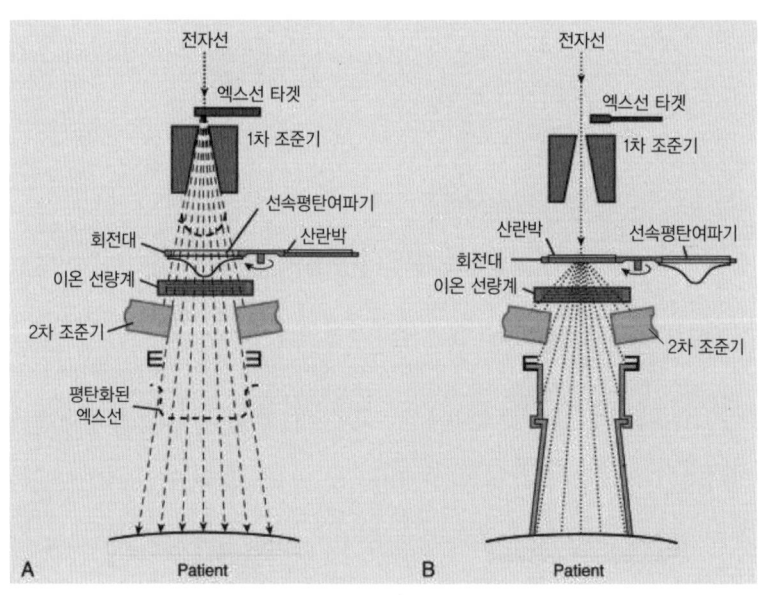

그림 13-11 엑스선 모드(A)일 때와 전자선 모드(B)일 때의 선형가속기 (출처: http://health-7.com)

과 전자선별로 각각 산란박과 선속평탄여파기를 사용해야 하기 때문에 테락25의 경우에는 턴테이블이라는 장치를 사용했다. 턴테이블은 일종의 회전판이다. 회전판 내에 산란박과 선속평탄여파기가 있어서 엑스선 치료인 경우 턴테이블을 회전시켜 선속평탄여파기를 광선이 나오는 입구에 위치시키고, 전자선 치료인 경우에는 산란박이 광선 출구에 위치하도록 회전시킨다. 테락25의 턴테이블에는 산란박과 선속평탄여파기 외에 필드 라이트$^{Field\ Light}$라는 장치가 하나 더 있었다(그림 13-12의 거울 부분). 이는 방사선 대신 빛을 이용해서 방사선이 조사될 위치를 확인하는 용도로 사용되었다.

이 때문에 턴테이블의 회전 위치는 올바른 치료 및 환자의 안전과

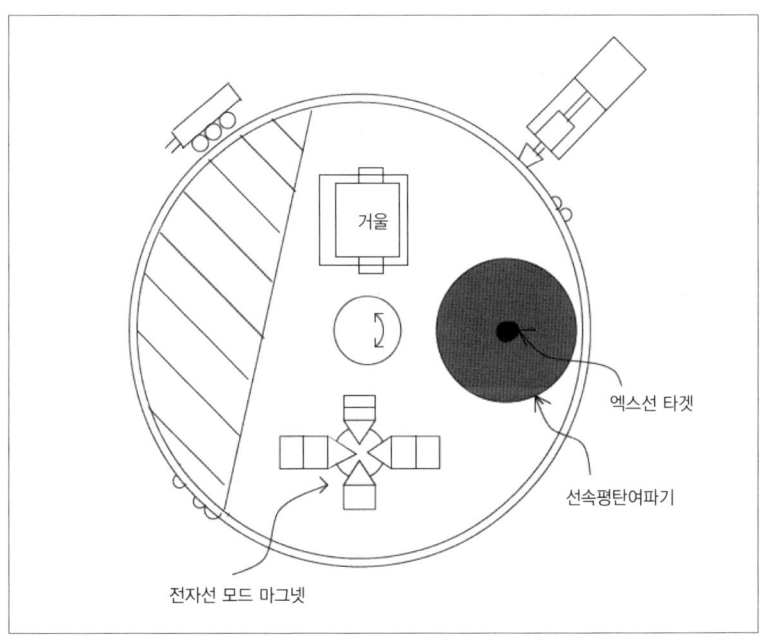

그림 13-12 턴테이블 (출처: Nancy Leveson, "Medical Devices: The Therac-25", University of Washington)

직결되는 문제였다. 엑스선이 나오는 곳에 전자선 치료 시 사용되는 산란박이 위치해서는 안 되고, 전자선이 나오는 곳에 필드 라이트가 위치해도 문제가 된다. 전자선, 엑스선의 발생과 턴테이블의 위치는 하드웨어로 제어하는 기존 모델과는 달리 전적으로 소프트웨어가 제어하는데, 하필이면 소프트웨어 오류로 인해 턴테이블의 위치를 제대로 제어하지 못한 것이 이 모든 사고의 결정적 원인이었다.

미국 텍사스주 테일러의 동 텍사스 암센터에서 발생한 두 번의 사고(네 번째, 다섯 번째 희생자)는 소프트웨어 오류 때문에 고에너지의 엑스선이 선속평탄여파기를 투과한 것이 아니라 전자선 치료 시 사용하는 산란박을 투과해서 발생한 문제였다. 방사선사가 광선을 엑스선이 아니라 전자선으로 변경했음에도 불구하고 소프트웨어 오류에 의해서 엑스선이 발생했고, 한술 더 떠서 광선이 나오는 출구에 산란박이 위치하도록 턴테이블이 회전되어 있었기 때문에 환자는 꼼짝없이 방사선 과다 피폭을 당했다(그림 13-13 참조).

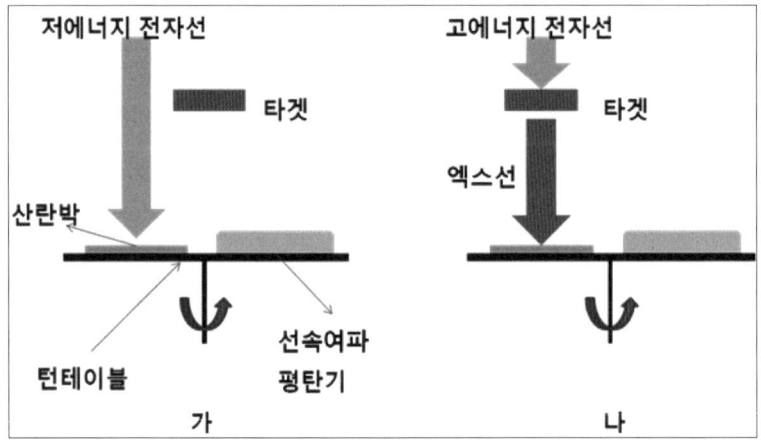

그림 13-13 동 텍사스 암센터의 사고 원인 개략도

미국 워싱턴주 야키마밸리 메모리얼 병원에서 발생한 사고(여섯 번째 희생자) 역시 과정은 달랐지만 원인은 동일했다. 방사선사는 정확한 위치에 엑스선 치료를 하기 위해 필드 라이트를 사용한 후 그 상태에서 엑스선을 조사할 수 있도록 컴퓨터를 조작했다. 하지만 오류로 인해 턴테이블이 현재 필드 라이트 모드임을 소프트웨어가 인지하지 못했다(그림 13-14 참조). 결국 고에너지 엑스선이 그대로 환자의 몸에 조사되어 방사선 과다 피폭이 발생했다.

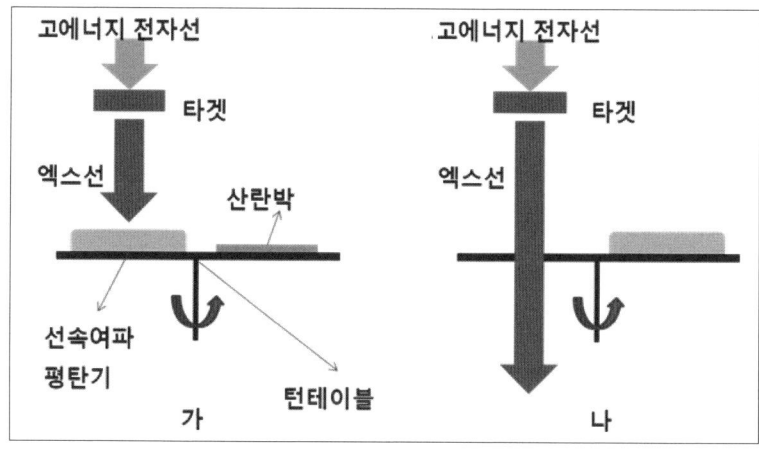

그림 13-14 야키마밸리 메모리얼 병원의 사고 원인 개략도

사고의 원인 2: 사용자 인터페이스

테락25가 처음 개발되고 병원에 설치되기 전, 이 기기를 미리 사용해 본 방사선사들이 불만을 터뜨렸다. 방사선 치료에 필요한 처방 데이터를 입력하는 것이 너무 불편했기 때문이다. 테락25로 방사선 치료를 하기 위해서는 치료실 안에 들어가서 기기를 수동으로 조정하고, 치료실에서 나와 제어실로 들어가서 조작 콘솔에 치료 처방 데이터

를 다시 입력하는 두 번의 작업이 필요했다. 이 두 값이 일치하면 컴퓨터는 '확인됨VERIFIED' 메시지를 보여주고, 모든 값이 확인된 경우 치료를 수행할 수 있었다. 이 두 값이 일치하지 않으면 치료가 진행되지 않았다.

하지만 이렇게 두 번에 걸쳐서 입력하면 치료 준비 시간이 길어지고 번거로웠다. 이에 AECL은 소프트웨어를 수정해서 방사선사가 다시 데이터를 입력하지 않고 단순히 엔터 키만 눌러 기존의 데이터를 그대로 사용하도록 했다. 하지만 이 수정 작업은 동 텍사스 암센터에서 발생한 두 번의 사고에 대한 한 가지 원인이 되었다.

또한 UI에서 문제가 되었던 것 중 하나는 바로 일반인들이 이해하기 힘든 오류 메시지였다. 오류 메시지는 MALFUNCTION 54와 같이 H-TILT, V-TILT 혹은 MALFUNCTION이라는 글자에 1부터 64의 숫자가 붙은 형태였다. 이런 오류 메시지가 컴퓨터 비전문가들인 방사선사들에게는 마치 암호처럼 보였을 뿐 아니라, 자주 나타나는 바람에 테락25를 다루는 방사선사들은 이 오류 메시지에 너무 무감각해지고 말았다.

사고의 원인 3: 문서

미국 식품식약안전청FDA의 내부 메모에 따르면 테락25와 함께 제공된 기기-운영자 설명서에는 오류 메시지(앞서 설명한 MALFUNTION 54, H-TILT 메시지)에 대한 설명 없이 오류 종류만 나열되어 있었다고 한다. 설명서 어디에도 이런 오류 메시지가 발생하면 환자가 위험할 수 있다는 내용은 없었다.

사고의 원인 4: 소프트웨어에 대한 AECL의 무지

사고 원인 중 하나로 지목되는 것이 바로 AECL의 대응이다. 문제가 터질 때마다 AECL은 '그럴 리 없다.', '불가능하다.'라고 말하며 테락25에서 문제가 발생할 가능성을 부인했다. 이는 소프트웨어에 대한 지나친 과신에서 비롯되었다. 소프트웨어 비전문가의 입장에서 막연하게 소프트웨어에는 결함이 없다고 믿은 것이다.

테락25의 안전장치는 전적으로 소프트웨어가 책임지고 있음에도, 첫 안전성 검사 시 소프트웨어는 검사 대상에 들어가지도 않았다. 문제가 터지기 시작한 이후에도 AECL의 기술자들은 하드웨어에서 문제가 발생했다고 지레 짐작하고선 하드웨어만 검사하고 있었다.

또한 AECL은 소프트웨어가 비정상적으로 종료되지 않고 계속 작동하는지를 따지는 소프트웨어 신뢰성^{Reliability}과 소프트웨어가 환자의 안전을 보장하는지를 나타내는 안전성^{Safety}을 혼동하고 있었다. AECL은 테락25의 소프트웨어가 신뢰성을 갖췄기 때문에 안전한 것으로 생각하고 있었다.

소프트웨어 오류가 불러온 참극

테락25의 사고는 소프트웨어 버그가 어떻게 직접적으로 사람을 해칠 수 있는지를 잘 보여준 사례였다. 테락25의 소프트웨어 버그 때문에 1985년부터 1987년 사이에 검진받은 환자 중 3명이 결국 방사선 과다 피폭으로 사망했고 다른 3명은 방사선 후유 장애에 시달려야만 했다. 1970년대 후반에서 1980년대로 이어지는 시기는 소프트웨어 산업의 태동기였다. 그런 까닭에 당시는 산업계 전반적으로 소프트웨어에 대한 이해가 많이 부족했고 소프트웨어 기술 역시 그다지 발전하지 않은 단계였다.

    현재 사용되는 항공기 안전 지침은 수많은 항공 사고의 경험을 바탕으로 만들어졌다. 소프트웨어 업계도 마찬가지다. 테락25 사고를 비롯한 각종 인명사고를 겪은 후, 소프트웨어 산업계는 안전이 제일 중요한 시스템^{Safety Critical}에 대해 소프트웨어 인증과 각종 제약사항을 규정하여 소프트웨어 오류를 최소한으로 줄이고자 노력하고 있다.

소프트웨어 개발자를 위한 섹션

이 장의 사례와 관련해서 미국 식품식약안전청이 상세하게 조사한 소프트웨어 오류는 두 가지 유형이다. 하나는 동 텍사스 암센터 사고의 유형이고, 다른 하나는 야키마밸리 메모리얼 병원 사고의 유형이다. 두 사고의 원인이 되는 소프트웨어는 조금 달랐는데, 야키마밸리 메모리얼 병원의 테락25는 캐나다 해밍턴에서 발생했던 사고의 후속조치로 일부 오류가 수정된 소프트웨어를 사용하고 있었기 때문이다.

동 텍사스 암센터의 소프트웨어 오류 분석

테락25의 소프트웨어는 내부적으로 여러 개의 태스크(Task)가 동시에 수행되는 구조를 가진다. 여기서 치료와 관련된 것은 세 가지 태스크였다. 이 세 태스크의 종류와 역할은 다음과 같다. 수행해야 할 치료 단계를 살피고 각 치료 단계별로 제어하는 역할을 담당하며 8개의 서브루틴(Subroutine)을 가지고 있는 Treat 태스크와 키보드 입력을 처리하는 키보드 핸들러(Keyboard Handler) 태스크, 턴테이블을 제어하는 Hand 태스크가 있다.

    Treat 태스크 내에는 Tphase라는 일종의 플래그(flag) 변수가 있다. 이 변수는 다음 사이클에 8개의 서브루틴 중 어떤 서브루틴을 실행해야 할지 그 값을 저장하고 있다. 이 값이 0이면 다음에 Treat 태스크가 수행되었을 때 Reset 서브루틴을 실행하고 3이면 Set Up Done 서브루틴을 실행하는 식이다(그림 13-15 참조).

키보드 핸들러(그림 13-15의 좌측 하단)는 Data Entry Complete 플래그 변수를 가지고 있는데, 방사선사가 처방받은 데이터를 모두 입력하면 Data Entry Complete 플래그를 변경시킨다. 한편, Treat의 서브루틴 중 하나인 Datent(data entry)는 공용 변수 Data Entry Complete 플래그를 이용하여 키보드 핸들러 태스크와 통신하며, 방사선사가 처방받은 데이터를 모두 입력했는지 판단한다.

이 Data Entry Complete 플래그 변수가 변경되면, Datent 서브루틴은 Data Entry Complete 변수의 값 변화를 감지하고 적절한 코드를 실행시킨 후 Tphase 변수의 값을 1(Dataent)에서 3(Set Up Test)으로 변경시킨다. 이후 Datent 서브루틴은 실행이 종료되고 다음 사이클에 Set Up Test 서브루틴이 실행된다. Data Entry Complete 변수가 설정되지 않으면 Datent는 Tphase 값을 변경시키지 않고 종료하는데, 이 경우 Tphase 값이 여전히 1이기 때문에 다음 사이클에 다시 Datent 서브루틴이 실행된다.

키보드 핸들러는 방사선사가 입력한 방사선 종류(전자선 혹은 엑스선)와 에너지 레벨을 읽어들여서 이를 다른 공용 변수에 저장한다. 이 공용 변수는 2바이트의 MEOS(Mode/Energy Offset)라 불리는 변수였다. 이 변수의 하위 1바이트는 앞서 설명했던 턴테이블을 제어하는 태스크인 Hand에서 사용했는데, 이 값으로 턴테이블을 제어할 수 있었다. 상위 1바이트는 Tphase 태스크의 Datent 서브루틴에서 사용하는 여

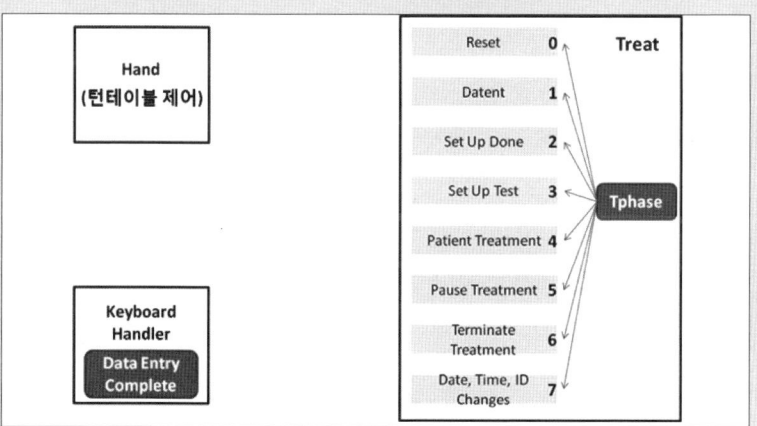

그림 13-15 테락25 소프트웨어 내부 구성도 (출처: Nancy Leveson, "Medical Devices: The Therac-25", University of Washington 삽화 그림 재구성)

러 입력값을 설정하기 위해 사용했다.

먼저 콘솔에 치료 데이터를 입력하는 절차를 살펴보자. 테락25는 방사선사로 하여금 반드시 방사선 모드(전자선 혹은 엑스선)와 에너지 레벨을 입력하게 했다(여기서 엑스선 모드 선택 시 에너지 레벨을 입력하지 않아도 가능했다. 엑스선은 25MeV로 고정되었기 때문이다.). 방사선사는 나중에 방사선 모드와 에너지 레벨을 수정할 수 있었는데, 이것이 문제가 되었다. 방사선사가 처음 데이터를 모두 입력하면 키보드 핸들러가 Data Entry Complete 플래그를 켰기 때문에 Data Entry Complete 플래그의 값을 확인 중이었던 Treat 태스크의 Datent 서브루틴은 이미 탈출하면서 다음 서브루틴 수행 순서를 가리키는 Tphase 변수의 값을 3으로 설정하고, 다시는 Datent 서브루틴으로 진입하지 않기 때문이었다. 한편 턴테이블은 MEOS의 하위 비트의 값을 참조해서 턴테이블의 위치를 조정했기 때문에, 방사선 모드/에너지 레벨 값과 턴테이블의 위치가 일치하지 않을 수 있었다.

그럼 좀 더 상세하게 들어가 보자. Datent 서브루틴이 실행되면 이 서브루틴에서는 제일 먼저 MEOS의 모드와 에너지 값이 설정되었는지 확인했다. 설정되었으면 MEOS의 상위 1바이트에 저장되어 있는 각종 입력값을 불러온다. 입력값을 모두 불러왔으면 Datent는 Magnet 서브루틴을 호출하고, 편향자석(bending magnet, 가속된 전자의 에너지를 평균화시켜 주는 장치)이라는 장치를 설정한다. 다음은 테락25에서 문제가 되

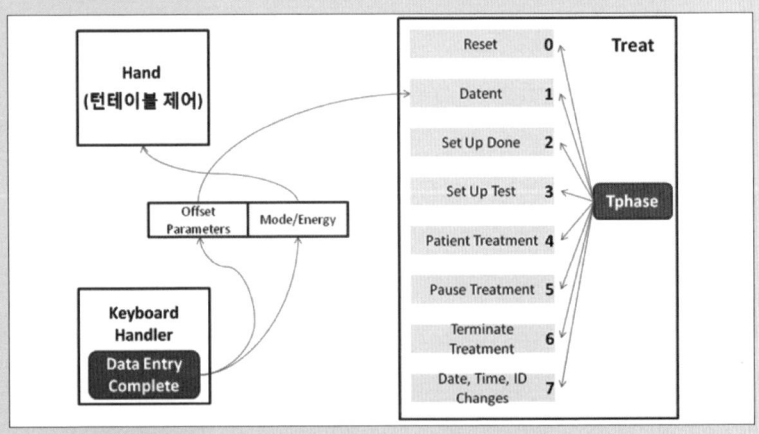

그림 13-16 테락25 소프트웨어 내부 구성도 (출처: Nancy Leveson, "Medical Devices: The Therac-25", University of Washington 삽화 그림 재구성)

는 소프트웨어 일부분의 의사 코드다.

```
1    Datent:
2    if mode/energy specified then
3      begin calculate table index
4        repeat
5          fetch parameter
6          output parameter
7          point to next parameter
8        until all parameters set
9        call Magnet
10       if mode/energy changed then return
11     end
12   if data entry is complete then set Tphase to 3
13   if data is not complete then
14     if reset command entered then set Tphase to 0
15   return
16   Magnet:
17   Set bending magnet flag
18   repeat
19     Set next magnet
20     call Ptime
21     if mode/energy has changed then exit
22   until hysteresis delay has expired
23   Clear bending magnet flag
24   return
25   Ptime:
26   repeat
27     if bending magnet flag is set then
28       if editing taking place then
29         if mode/energy has changed then exit
30   until hysteresis delay has expired
31   Clear bending magnet flag
32   Return
```

방사선사가 치료를 위해 데이터를 모두 입력하면 테락25 소프트웨어 내부의 Datent 서브루틴은 편향자석을 설정하기 위해 Magnet 서브루틴을 호출한다. 치료를 시작하려면 편향자석 여러 개를 설정해야 하는데, 편향자석을 모두 설정하기 위해서는 모두 8초의 시간이 필요했다. 이 8초의 시간을 맞추기 위해 Magnet 서브루틴에서 Ptime 서브루틴을 여러 번 호출하여 시간을 지연시킨다. Ptime 서브루틴은 편향자석 플래그가 설정되면 키보드 핸들러가 설정한 값(편의상 'A'로 명명)을 검사한다. 편향자석 설정 도중 방사선사가 값을 수정할 경우 처음부터 다시 시작하기 위해서다. 만약 여러 번의 Ptime 실행 도중 방사선사가 값을 수정하면 키보드 핸들러에 의해 A 값이 변한다. 이어서 이를 감지한 Ptime과 Magnet 서브루틴이 종료되고 Datent를 다시 수행한다. Ptime에서는 편향자석이 설정되었다는 것을 나타내는 플래그(이하 편향자석 설정 플래그)가 활성화되었을 경우에만(코드 27번째 줄) A 값을 검사하는데, 문제는 Ptime이 처음 실행되면 이 편향자석 설정 플래그값을 지워버리기 때문에(코드 31번째 줄) 다시는 A 값을 검사하는 코드(28~29번째 줄)가 실행되지 않는 버그가 있었다는 점이다.

불행(?)하게도 방사선사가 테락25를 다루는 데 능숙했기 때문에 데이터를 입력하는 속도가 매우 빨라서 편향자석이 모두 설정되는 데 필요한 8초 이내에 모드나 에너지값을 수정했다. 여기서 A 값이 변경되었는데, 방사선사가 보는 콘솔 화면에는 수정된 값이 제대로 보였지만 소프트웨어 내부에서는 A 값의 변화를 전혀 감지하지 못했던 것이다.

야키마밸리 메모리얼 병원의 소프트웨어 오류 분석

야키마밸리 메모리얼 병원의 테락25 소프트웨어 오류는 동 텍사스 암센터의 테락25 소프트웨어 오류와 원인이 달랐다. 일반적으로, 테락25를 다루는 방사선사는 처방전 데이터 중 일부를 치료실의 테락25 기기에 직접 입력하고 나머지 일부는 조작실 안의 콘솔에서 입력한다. 당시 방사선사는 치료실에서 데이터를 입력하고 턴테이블을 필드 라이트 모드로 둔 상태로 조작실로 돌아왔다. 이 경우 콘솔에서는 'PRESS SET BUTTON'이라는 메시지가 나와서 방사선사에게 정확한 턴테이블 위치를 설정할 것을 요구한다. 이때 방사선사가 'set'을 콘솔에 입력하면 치료 방사선(전자선, 엑스선)에 따라 턴테이블이 적절한 위치로 회전하게 되는 것이다.

그럼 소프트웨어 내부를 들여다보자. Datent 함수에서 처방전 데이터가 확인되면 컨트롤 변수 TPhase 값이 변하고 Set Up Test 함수로 진입한다. 이 Set Up Test 함수는 한 번 실행될 때마다 공유 변수 Class3의 값을 1씩 증가시킨다. 만약 Class3의 값이 0이 아니면 소프트웨어는 치료가 진행되지 못하도록 한다.

Set Up Test 함수에서 Class3 변수의 값을 증가시킨 후, F$mal이라 불리는 다른 공유 변수를 확인해서 시스템에 잘못된 동작이 있는지 확인한다. F$mal 변수는 일종의 플래그 변수인데, F$mal 변수에 저장되어 있는 값이 0이면 모든 치료 준비가 끝난 상태이고 0이 아니면 치료 준비가 되지 않은 상태임을 의미한다. Set Up Test 함수는 F$mal 값이 0이면 TPhase 변수의 값을 2로 변경시킨다. 다음 사이클에 TPhase 값이 2임을 확인한 테락25의 소프트웨어는 Set Up Done 함수를 실행시키고 치료는 계속 진행된다.

실제 과도한 방사선이 조사되지 않도록 하는 안전장치인 인터락(interlock) 확인은 다른 태스크와 동시에 수행되는 HouseKeeper(Hkeper) 태스크에서 수행된다. 이 태스크에서 턴테이블의 위치를 확인했는데, 이는 Lmkchk라 불리는 Hkeper의 함수에서 수행했다. Lmkchk 함수는 먼저 Class3 변수의 값을 확인한다. 만약 Class3의 값이 0이 아니라면 Lmkchk는 Chkcol이라는 함수를 호출한다. Chkcol 함수는 턴테이블의 위치에 따라 F$mal의 아홉 번째 비트를 0이나 1로 설정한다. 만약 Class3의 값이 0이라면 Chkcol 함수는 호출되지 않고 따라서 턴테이블의 위치를 체크하지 않는다.

하지만 이 Set Up Test 함수는 잠재적인 오버플로우(Overflow) 위험을 내재하고 있었다. Class3 변수는 1바이트의 저장공간밖에 없었는데 이 변수가 표현할 수 있는 숫자의 범위는 0~255뿐이었다. Class3를 1씩 증가시키는 Set Up Test 함수를 256

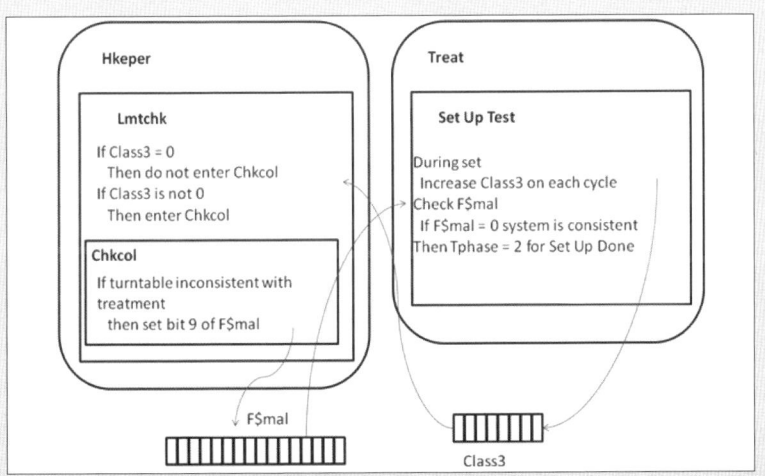

그림 13-17 야키마밸리 메모리얼 병원의 소프트웨어 오류 원인 (출처: Nancy Leveson, "Medical Devices: The Therac-25", University of Washington 삽화 그림 재구성)

번 수행하면 표현할 수 있는 수인 255를 넘기 때문에 0으로 값이 변한다. 이를 랩핑(Wrapping)이라고 하는데, 계량기 숫자가 9에서 0으로 넘어가는 변경 방식과 유사하다. 이렇게 0으로 변하는 것은 256번째 Set Up Test가 수행될 때마다 턴테이블의 위치를 확인하지 않기 때문에 턴테이블 위치에 문제가 있어도 그냥 넘어간다는 뜻이 된다.

문제는 여기에 있었다. Set Up Test 함수는 테락25가 치료 준비가 될 때까지 대기 상태로 보통 수백 번씩 수행되고 있었다. 방사선사가 'set' 명령어를 입력한 그 순간에 Class3의 값이 오버플로우를 일으켜 값이 255에서 0으로 바뀌었다. Hkeper 함수에서는 Class3의 값이 0임을 확인하고 Chkcol을 실행시키지 않았다. 이로 인해 F$mal은 엑스선을 쏘기 위해 턴테이블이 선속평탄여파기를 광선이 나오는 출구에 위치시키지 않았음에도 불구하고 아홉 번째 비트를 변경하지 않았다. 따라서 F$mal의 값은 0, 이 F$mal의 값을 확인했던 Set Up Test 함수는 시스템이 정상적이라고 보고 다음 단계를 진행했다. 결국 테락25의 소프트웨어는 전자선 치료보다 수십에서 수백 배 높은 전류를 사용하는 고에너지 전자선을 만들어냈고, 이 전자선은 선속평탄여파기를 통과하지 않고 직접적으로 환자에게 조사되었던 것이다.

14장

소프트웨어 오류로 잃은 화성 탐사선

미국은 1975년 7월 9일 발사한 바이킹 2호를 마지막으로 한동안 화성에 탐사선을 보내지 않았다. 앞서 미국과 소련의 우주 경쟁을 소개하며 이야기한 바 있지만(2장 참조), 1970년대 미국은 베트남전의 수렁에 빠져서 우주선을 쏘아 올릴 재정적 여유가 없었다. 마침 소련도 1970년대 중반부터 우주 경쟁에서 발을 뺀 상황이라 한 푼이 아쉬운 미국 역시 화성 탐사를 고집하지 않았다. 그렇게 1988년까지 두 나라 모두 화성 탐사선을 발사하지 않았다. 이런 양국 간의 침묵을 먼저 깬 것은 소련이었다. 소련은 1988년 화성 탐사선 포보스^{Phobos} 1호를 발사한 것을 시작으로 다시 화성을 향해 탐사선을 발사하기 시작했다.

미국도 이에 질세라 1992년 화성 탐사선 마스 옵저버$^{Mars\ Observer}$를 발사했으나, 화성 궤도 진입에는 실패했다. 4년 뒤인 1996년 미국은 다시 2기의 화성 탐사선을 발사한다. 마스 글로벌 서베이어$^{Mars\ Global\ Surveyor}$와 마스 패스파인더$^{Mars\ Pathfinder}$였다. 이 중 마스 글로벌 서베이어는 장기간에 걸쳐서 성공적으로 임무를 수행한, 몇 안 되는 화성 탐사선으로 역사에 이름을 남기게 된다.

마스 글로벌 서베이어

마스 글로벌 서베이어는 화성 저고도 상공에서 돌면서 화성 지표를 관찰 및 연구하고자 개발되었다. 1996년 11월 7일 발사된 마스 글로벌 서베이어는 지구에서 화성까지 장장 7억 5,000만 km의 거리를 300여 일간 날아갔다. 성공적으로 화성 궤도에 진입한 마스 글로벌 서베이어는 화성 궤도를 돌면서 위성에 장착된 대형 카메라를 통해 수집한 자료를 지구로 전송하기 시작했다.

그림 14-1 마스 글로벌 서베이어의 콘셉트 아트 (출처: NASA/JPL)

마스 글로벌 서베이어는 임무를 시작한 1997년 9월부터 2006년 11월까지 무려 24만 장의 선명한 화성 사진과 각종 조사 결과를 지구로 보내왔다. 특히 사진 자료는 마스 글로벌 서베이어 이전의 화성 탐사선이 보내왔던 그 어떤 자료보다 훨씬 더 선명하고 깨끗했다. 덕분에 인류는 화성에 대해 더 많은 사실을 새롭게 알아낼 수 있었다.

마스 글로벌 서베이어의 제일 큰 성과는 과거 화성에 물이 흘렀다는 사실을 발견한 것이었다. 과거 화성에 긴 세월 동안 물이 흘러 생

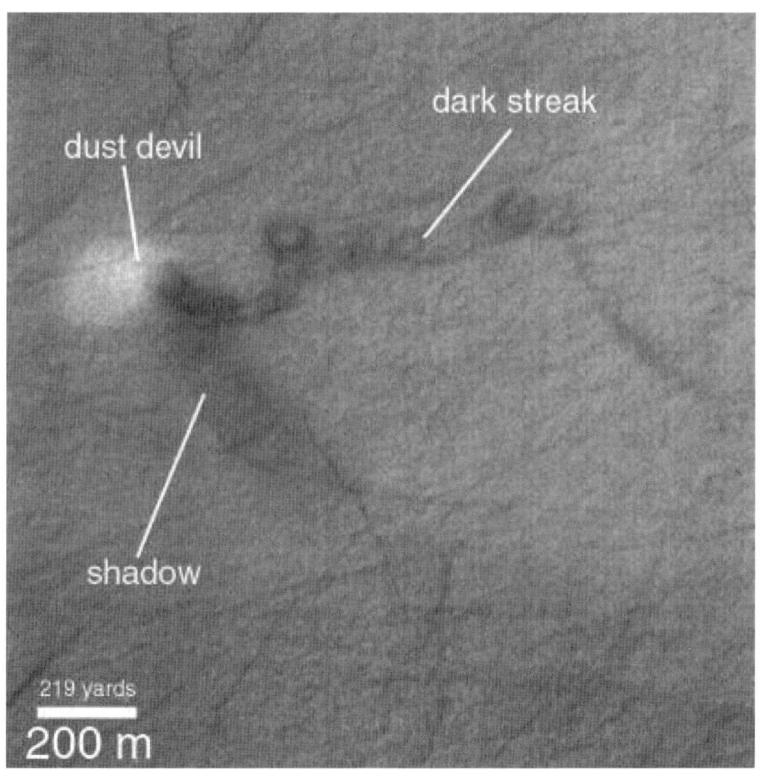

그림 14-2 더스트 데빌이라고 불리는 화성의 대규모 먼지폭풍 사진. 먼지폭풍과 먼지폭풍의 그림자, 먼지폭풍이 지나간 흔적 등이 마스 글로벌 서베이어에 의해 관찰되었다. (출처: NASA Homepage, Public domain)

긴 협곡을 발견했고 모래폭풍과 거대한 분화구도 관찰했다. 그 밖에 각종 자연 현상을 고해상도 카메라로 촬영 함으로써 화성과 관련된 많은 과학적 연구를 가능하게 했다.

마스 글로벌 서베이어의 갑작스런 임무 종료

원래 마스 글로벌 서베이어는 1화성년(약 687일) 동안 임무를 수행할 예정이었다. 하지만 워낙 성과가 좋은 데다 위성의 상태도 양호하여 NASA는 세 번에 걸쳐서 임무 기간을 연장했다. 하지만 임무 수행 중이던 2006년 11월 2일, 갑자기 지구와 마스 글로벌 서베이어 사이의 통신이 두절되었다.

이날 콜로라도 덴버에 있는 록히드 마틴$^{Lockheed\ Martin}$(마스 글로벌 서베이어의 제조사)의 마스 글로벌 서베이어 운영팀(이하 운영팀)과 마스 글로벌 서베이어 사이에 13분에 걸친 정기적인 교신이 계획되어 있었다. 그런데 통신이 연결되자마자 마스 글로벌 서베이어로부터 많은 경고가 수신되기 시작했다. 2개의 태양 전지판 중 하나의 구동장치가 먹통이 되었고, 시스템이 예비 구동장치로 자동 전환했다는 내용이었다. 다행히 마스 글로벌 서베이어의 예비 구동장치는 잘 작동했고 큰 문제는 없어 보였다.

2시간이 흘러, 다시 한 번 마스 글로벌 서베이어와 정기 교신 할 시간이 되었다. 하지만 시간이 지났는데도 마스 글로벌 서베이어의 신호가 잡히지 않았다. 운영팀은 마스 글로벌 서베이어에 여러 번 명령을 보냈으나, 그 어떤 응답도 돌아오지 않았다.

통신이 두절되고 며칠이 지난 11월 5일, 운영팀이 학수고대하던 마스 글로벌 서베이어의 신호가 수신되었다. 신호는 매우 미약했다.

신호 내용은 현재 마스 글로벌 서베이어는 안전 모드(시스템을 보호하기 위해 최소한의 기능만 수행하면서 나머지 기능은 모두 끈 대기 상태를 말한다.)로 전환되었으며, 운영팀으로부터 다음 명령을 대기 중이라는 메시지였다. 하지만 이 메시지는 마스 글로벌 서베이어의 '유언'이 되고 말았다. 이 메시지를 마지막으로 마스 글로벌 서베이어와의 통신은 완전히 두절되었다.

NASA는 모든 수단을 총동원해 마스 글로벌 서베이어와의 통신을 복원하고자 했지만 효과가 없었다. NASA는 막 화성 궤도에 진입한 마스 리커니슨스 오비터^{Mars Reconnaissance Orbiter} 탐사 위성과 유럽우주국

그림 14-3 마스 글로벌 서베이어가 찍은 스키아파렐리(Schiaparelli) 크레이터. 지름이 무려 461km에 달한다. (출처: NASA Homepage, Public domain)

European Space Agency의 마스 익스프레스Mars Express 탐사 위성까지 동원해서 마스 글로벌 서베이어를 수색하기 시작했다. 그러나 이러한 두 위성의 지원에도 불구하고 실종된 마스 글로벌 서베이어는 끝내 발견되지 않았다.

결국 이듬해인 2007년 4월 13일 NASA는 공식적으로 마스 글로벌 서베이어의 수색을 포기하고 만다.

원인은 소프트웨어 오류

마스 글로벌 서베이어와의 통신이 끊긴 후, NASA와 록히드 마틴은 원인 조사에 착수했다. 당시 밝혀낸 통신 두절의 원인은 사고 발생 5개월 전인 2006년 6월에 업데이트한 소프트웨어의 오류 때문이었다. 비상 상황에서 안테나의 위치를 잡아 주는 소프트웨어의 업데이트였는데, 이 업데이트의 일부가 마스 글로벌 서베이어의 잘못된 메모리 주소에 저장되었다.

사고 당일인 2006년 11월 2일, 운영팀이 마스 글로벌 서베이어에 태양 전지판의 방향을 수정하라는 명령을 내렸다. 하지만 이 명령은 돌이킬 수 없는 결과를 가져왔다. 소프트웨어가 실행 중에 2006년 6월에 업데이트한 잘못된 메모리 주소를 호출한 것이다. 이때부터 마스 글로벌 서베이어는 이상하게 작동하기 시작했다. 태양 전지판을 움직이는 구동장치가 계속 작동하여 구동장치가 움직일 수 있는 최대 한계 범위까지 움직였다. 그 후로 태양 전지판은 작동 불능 상태가 되었다. 그리고 이를 감지한 시스템 소프트웨어가 시스템을 비상 모드로 진입시켰다.

인공위성의 작동을 위해 태양 전지판으로 생산하는 전력의 공급

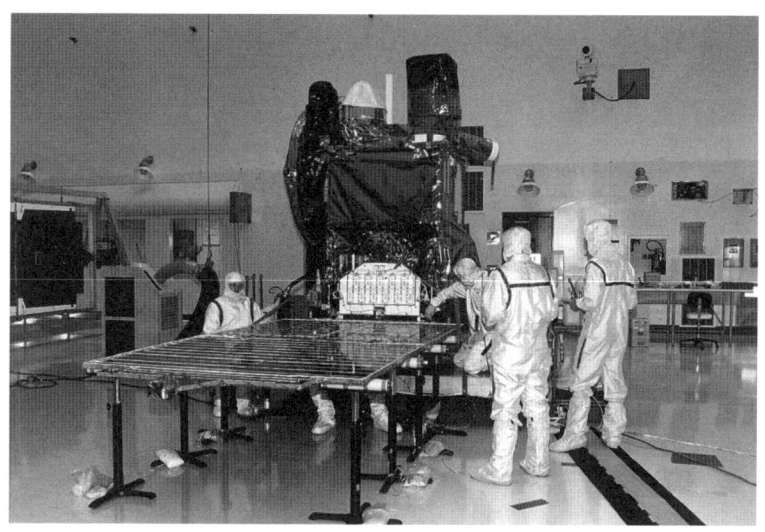

그림 14-4 마스 글로벌 서베이어 조립 과정에서 태양 전지판을 설치하는 작업자들 (출처: NASA/JPL)

이 필수다. 하지만 마스 글로벌 서베이어는 태양 전지판이 태양을 향하지 않은 데다 구동장치 이상으로 방향도 수정할 수 없었다. 이에 대응하고자 마스 글로벌 서베이어의 시스템 소프트웨어는 태양 전지판을 움직이는 것을 대신해서, 태양 전지판이 태양을 향하도록 동체 자체를 회전시켰다. 회전은 성공했지만 곧 부작용이 발생했다. 동체가 회전한 결과, 마스 글로벌 서베이어의 배터리가 태양에 직접적으로 노출되기 시작했다. 태양열 때문에 곧 배터리 과열이 일어나기 시작했다. 설상가상으로 마스 글로벌 서베이어의 전원 관리 소프트웨어에도 문제가 있었다. 전원 관리 소프트웨어가 배터리 과열을 배터리 과충전으로 잘못 인식하고 충전 전류를 차단해버렸던 것이다. 이렇게 배터리가 충전되지 않는 상황에서 시간은 흘렀고, 결국 배터리 전력이 모자라게 되자 거의 모든 전자기기가 10~12시간 내에 정지해버렸다.

NASA는 마스 글로벌 서베이어와의 통신을 복구해서 기능을 정상화시키고자 계속 노력했으나 모두 허사였다. 결국 NASA는 2007년 1월 28일에 마스 글로벌 서베이어를 살리고자 하는 모든 시도를 중단할 수밖에 없었다.

화성 탐사 로봇의 시대를 연 소저너

화성 지표 탐사의 역사는 1971년으로 거슬러 올라간다. 당시 소련의 마르스 2호는 인류 최초로 화성에 '로버^{Rover}'라고 불리는 이동 가능한 착륙선을 내려보냈다. 하지만 브레이킹 로켓의 고장으로 하강 속도를 줄이지 못하고 그대로 화성 표면에 충돌, 인류가 화성 표면에 흔적을 남긴 최초의 사례로만 기록되고 사라졌다. 마르스 2호와 거의

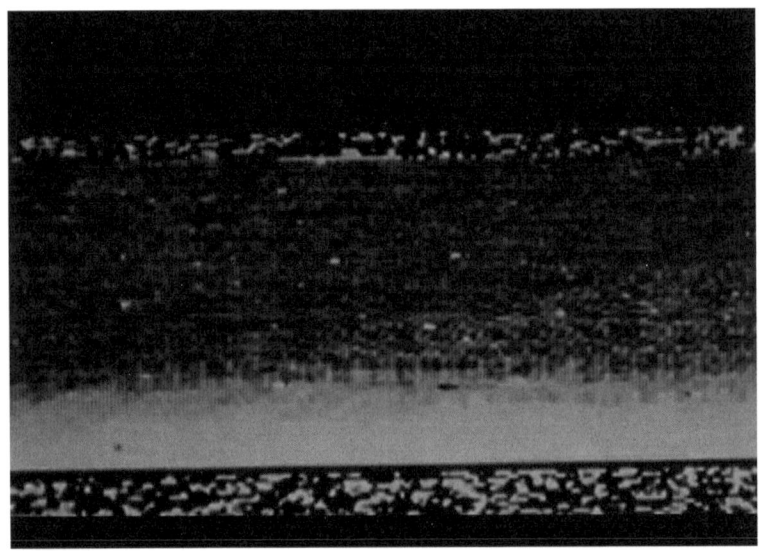

그림 14-5 소련 마르스 3호가 보낸 영상 (출처: NASA Homepage, Public domain)

같은 시기에 발사된 소련의 마르스 3호는 마르스 2호와는 달리 착륙에 성공했고, '인류 최초로 화성 지표에 착륙한 탐사선'이라는 영광을 얻었다. 하지만 기쁨도 잠시, 착륙한 지 20초 만에 지구와의 교신이 단절되고 말았다.

소련과는 달리 미국은 바이킹 1, 2호를 화성 표면에 무사히 착륙시켰고 화성의 사진과 데이터를 얻는 데 성공했다. 그런데 바이킹에는 치명적인 단점이 있었다. 바로 착륙선이 스스로 이동하지 못한다는 점이었다.

아무리 음식이 맛있더라도 같은 음식을 수십 번 연속해서 먹으면 더 이상 먹고 싶지 않고, 아무리 좋은 경치라도 1년 동안 계속 보면 더 이상 보고 싶지 않을 것이다. 바이킹 착륙선이 딱 이 경우였다. 바이킹 착륙선은 바퀴가 없는 고정식 다리를 가져 움직일 수 없었고, 몇 년 내내 같은 곳에서만 화성을 관측했기에 화성 곳곳을 더 탐사하

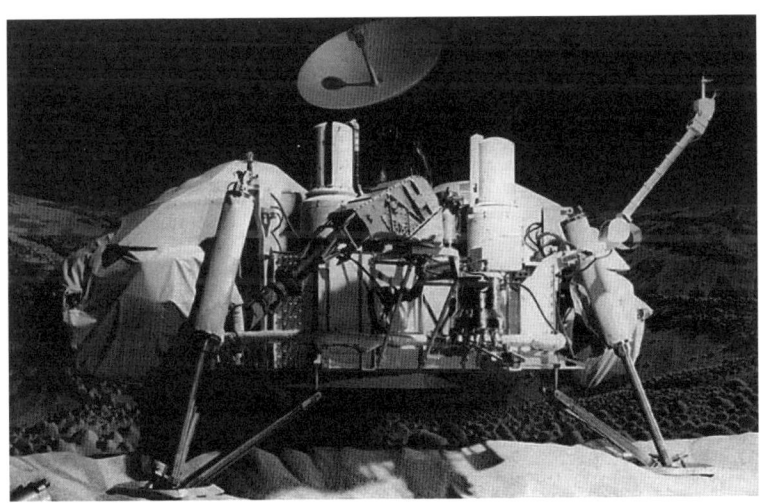

그림 14-6 바이킹 1호 착륙선 모형 (출처: NASA Homepage, Public domain)

고 싶은 NASA의 소망은 커져만 갔다.

1990년대에 화성 탐사가 다시 활기를 띠면서 미국은 화성에 새로운 착륙선을 보내기로 결정했다. 바로 마스 패스파인더^{Mars Pathfinder}다. 1996년 12월 4일 발사된 마스 패스파인더는 화성 궤도를 돌지 않고 바로 화성 대기권으로 진입하여 1997년 7월 4일 화성 탐사선 최초로 에어백을 사용해서 착륙했다. 착륙 후, 마스 패스파인더는 '소저너^{Sojourner}'라는 이름의 이동식 탐사 로봇을 활용해서 화성 지표를 탐사하기 시작했다(그림 14-7 참조).

소저너는 사람이 들 수 있을 만큼 작고 가벼웠다. 지름 13cm인 6개의 바퀴가 달린 본체는 길이 65cm, 폭 48cm, 높이 30cm의 크기였고 무게는 11.5kg에 지나지 않았다. 마치 무선 조종 자동차처럼 앙증

그림 14-7 화성 지표를 탐사 중인 소저너 (출처: NASA Homepage, Public domain)

맞고 귀엽게 보이지만, 소저너는 각종 탐사 장비를 갖춘 탐사 로봇이었다.

소저너는 착륙한 후 마지막 교신이 끊긴 1997년 9월 27일까지 550장의 이미지를 전송했고 화성의 바위와 토양을 대상으로 15차례의 화학 분석을 수행하는 등 화성에 대한 매우 중요한 데이터를 인류에게 보내왔다. 소저너의 활동 기간은 당초 7화성일(1화성일 ≒ 24시간 37분)로 예상했으나 결과적으로 예상보다 훨씬 긴 83화성일이나 활동했다. 하지만 작은 소저너 탐사선으로 화성에 대해 더 많은 조사를 수행하기에는 한계가 있었다. 움직임이 초속 1cm에 불과한 데다가 각종 지형지물에 대한 대처가 어려워 83화성일 동안 고작 100m밖에 움직이지 못했다는 점이 바로 그것이었다.

그림 14-8 중앙의 가장 작은 로봇이 소저너, 왼쪽이 스피릿(오퍼튜니티)이다. (출처: NASA Homepage, Public domain)

본격적인 화성 탐사 로봇 스피릿

NASA는 소저너의 성공에 힘입어 '마스 익스플로레이션 로버Mars Exploration Rover'라는 새로운 화성 지표 탐사선 발사 계획을 수립했다. 이 계획의 주인공은 화성 탐사선 스피릿Spirit과 오퍼튜니티Opportunity였다. 쌍둥이처럼 모든 것이 똑같은 스피릿과 오퍼튜니티는 앙증맞은 소저너에 비해 몸집이 거대했다. 이들은 무게가 185kg으로 소저너의 15배에 달했으며, 길이는 1.6m, 폭은 2.3m, 높이는 1.5m에 달했다.

스피릿은 2003년 6월 10일, 오퍼튜니티는 2003년 7월 7일에 발사되었으며 스피릿은 2004년 1월 4일, 오퍼튜니티는 1월 25일에 화성에 착륙했다.

스피릿의 첫 위기: 소프트웨어 오류 발생

하지만 스피릿 탐사선(이하 스피릿)은 착륙한 지 얼마 되지 않은 2004년 1월 21일, 별안간 통신이 두절되었다. 스피릿을 발사하기 위해 사용한 수억 달러가 하루 아침에 물거품이 될 절체절명의 순간이었다. 하지만 다음날 NASA는 다행히 스피릿에서 이상신호를 나타내는 비프음을 수신하는 데 성공했다. 중대한 하드웨어 오류는 아니었고, 다행히 소프트웨어를 수정하면 고칠 수 있는 오류였다. 스피릿 운영팀은 우선 스피릿에게 현재 상태를 파악할 수 있도록 스피릿의 기기 내부 정보를 보내도록 명령했다. 스피릿은 화성 궤도를 돌고 있는 마스 오딧세이Mars Odyssey를 통신 중계기로 삼아서 약 9MB의 데이터를 지구로 전송하는 데 성공했다.

스피릿 운영팀이 이 데이터를 바탕으로 1차 분석한 결과, 스피릿이 슬립 모드Sleep Mode로 전환되지 못하고 있는 것으로 확인되었다. 슬립 모드로 전환되지 못하면 불필요한 동작을 계속하게 되면서 배터리를 지속적으로 소모하게 되고, 결국 과열로 하드웨어까지 손상되어 복구할 수 없는 치명적인 피해를 입게 된다. 스피릿 운영팀은 일단 다음 명령 때까지 스피릿의 동작을 중지시켰다.

1차 분석 이후 좀 더 상세히 분석한 결과, 스피릿이 무한 재부팅Reboot loop 상태에 빠져 있는 것으로 밝혀졌다. 3일 동안 무려 60번 넘게 재부팅되고 있었던 것이다. 스피릿의 시스템은 소프트웨어에 결함이 감지되면 재부팅하도록 프로그래밍되어 있었다. 활동 중 소프트웨어 결함을 탐지한 스피릿의 시스템이 재부팅을 시도했지만 재부팅 도중에 또 다시 결함을 감지하게 되었다. 그래서 또 다시 재부팅하고, 또 다시 결함을 탐지하고… 결국 이러한 이유로 스피릿은 무한 재부팅의 굴레에 갇혀 있었다.

이 무한 재부팅은 플래시 메모리의 용량 부족이 원인이었다. 당시 스피릿에 장착된 플래시 메모리의 대부분은 비행 데이터와 같이 탐사에 꼭 필요하지 않은 파일로 가득 차 있어서 오류가 발생했던 것이다. 이러한 문제는 NASA의 기술자들이 플래시 메모리를 포맷하고 소프트웨어를 업데이트함으로써 깔끔하게 해결되었다.

그림 14-9 스피릿이 착륙 후 처음 찍은 사진 (출처: NASA Homepage, Public domain)

2004년 2월 6일 다시 임무를 재개한 스피릿은 그 후 소저너와는 비교할 수 없을 정도로 큰 활약을 보였다. 수많은 고해상도 사진을 지구로 전송했으며, 바위에 구멍을 뚫어 분석하고 각종 지형지물을 분석하는 등 그야말로 '로봇 지질학자' 급의 성과를 안겨 주었다. 게다가 애초 90일간 동작할 것이라는 NASA의 예측을 뛰어넘어 2년이 넘도록 건재한 모습을 보여주었다.

스피릿의 두 번째 위기: 바퀴 고장

스피릿이 소프트웨어 오류를 이겨내고 본격적인 탐사에 나선 지 약 2년 후인 2006년 3월 중순, 스피릿은 NASA의 과학자들이 '맥쿨 언덕

그림 14-10 움직이는 왼쪽 앞바퀴와 망가진 오른쪽 앞바퀴가 화성 지표에 남긴 바퀴 자국. 오른쪽 앞바퀴가 움직이지 않은 탓에 질질 끌린 듯한 흔적이 땅에 남았다. (출처: NASA Homepage, Public domain)

McCool Hill'이라고 명명한 언덕을 향해 전진 중이었다. 스피릿 운영팀은 화성의 겨울 동안 태양 빛이 잘 드는 맥쿨 언덕의 북면에서 스피릿이 활동하게 할 계획이었다. 이는 스피릿이 영하 40~50도까지 떨어지는 혹독한 화성의 겨울을 나는 데 도움을 주기 때문이었다.

3월 13일, 그날 하루 동안 29m를 전진한 스피릿은 안테나의 위치를 조절하기 위해 회전하는 도중 갑자기 오른쪽 앞바퀴에 이상이 생겼다. 스피릿의 나머지 바퀴 5개는 정상적으로 작동하고 있었지만, 지표 탐사를 수행하는 데 있어서 앞바퀴의 고장은 큰 장애요인이었다. 이에 스피릿 운영팀은 3월 15일과 16일에 걸쳐 남은 5개의 바퀴로 스피릿의 시험 운행을 실시했다. 시험 운행을 마치고 스피릿은 망가진 앞바퀴를 끌고서 후진으로 맥쿨 언덕을 향해 다시 나아가기 시작했다.

스피릿의 최후

스피릿은 그 후로 몇 년 동안 망가진 앞바퀴를 질질 끌면서 오직 후진으로만 화성 곳곳을 누볐다. 하지만 이런 놀라운 투혼도 그리 오래 가지 못했다.

2009년 4월 23일, 스피릿은 화성의 부드러운 모래 구덩이에 빠져서 옴싹달싹 못하는 상태가 되었다. NASA는 어떻게든 스피릿을 구덩이에서 탈출시키려 애를 썼다. 하지만 자동차가 진흙 구덩이에 빠지면 바퀴만 헛돌 듯 스피릿의 바퀴는 연신 모래 구덩이 내에서 헛돌기만 할 뿐이었다. 스피릿은 오른쪽 앞바퀴가 망가진 데다가, 2009년 11월 28일에는 설상가상으로 오른쪽 뒷바퀴마저 망가졌기 때문에 더욱 더 탈출이 어려웠다.

그림 14-11 모래에 빠진 스피릿 (출처: NASA Homepage, Public domain)

2010년 1월 26일 결국 NASA는 탈출을 포기하고 현 위치에서 탐사 임무를 계속 수행하기로 결정했다. 하지만 태양 빛마저 충분히 받지 못한 데다가 전기를 생산하는 태양 전지판에 먼지가 내려앉으면서 탐사 활동에 필요한 전력 생산이 점점 줄어들고 있었다. 마침 그해 겨울에 몰아닥친 혹독한 추위로 내부 주요 부품들이 추위에 파손된 것으로 파악되면서 2011년 5월 24일, NASA는 스피릿과 교신을 중단하고 임무를 종료했다.

스피릿은 소프트웨어 오류로 착륙한 지 2주 만에 수명을 다할 뻔했다. 하지만 이를 잘 이겨낸 스피릿은 예상보다 20배나 오래 화성 곳곳을 누비면서 훌륭하게 임무를 수행했다.

게다가 임무를 수행하는 몇 년 동안 망가진 앞바퀴를 끌고서 오로

지 후진으로만 돌아다니는 투혼을 발휘해서 수많은 사람들을 감동시키기도 했다. 이 때문에 NASA에서 스피릿의 임무 종료를 발표했을 때 많은 사람들이 안타까워했다. 비록 스피릿은 차가운 화성의 대지에 멈춰 있지만 스피릿의 형제 오퍼튜니티는 화성 반대 편에서 여전히 활발하게 활동 중이다.

15장

세계를 쥐락펴락한 금융 소프트웨어 버그

컴퓨터는 태생이 원래 복잡하고 많은 수식 계산을 빠르게 처리하기 위해 탄생한 존재다. 이런 이유로 맨 처음에는 군사·과학용으로 주로 쓰였지만 전쟁 이후 금융권에서도 컴퓨터 활용이 빠르게 확산되었다. 요즘은 컴퓨터 없이 금융업무를 처리한다는 것은 상상도 못할 정도로 컴퓨터는 없어서는 안 될 필수 장비가 되었다. 컴퓨터가 있는 곳에 소프트웨어가 있고 소프트웨어가 있는 곳에 버그가 있는 것처럼, 금융 시장에서도 소프트웨어의 버그로 인해 발생한 사건 사고가 많았다. 직접적으로 돈과 관련이 있는 곳인 만큼 소프트웨어 버그가 사람들의 실생활에 미치는 파장은 인공위성이나 전투기, 군함의 경우보다 훨씬 크다고 할 수 있다.

밴쿠버 증권거래소의 오류

"추락하는 민심엔 날개가 없다." (2010년 10월 8일, 뉴스엔)
"추락하는 환율엔 날개가 없다." (2010년 10월 4일, 머니투데이)
　이문열 작가의 『추락하는 것은 날개가 없다』라는 책 제목을 응용해서, 어떠한 유·무형적인 가치가 급격히, 장기간 동안, 계속해서 떨어질 때 '추락하는 OOO엔 날개가 없다'라는 제목을 자주 사용한다. 그런데 이러한 다소 자극적인 제목과는 달리, 추락하는 대상들이 항상 추락만 하는 것은 아니다. 민심은 좋은 지도자를 만나면 올라간다. 환율의 경우도 마찬가지다. 우리나라 경제가 안정되면 원화의 가치는 올라간다. 하지만 강제로 끌어올리기 전까지 정말 추락만 하던 것이 있었으니….

1982년 1월, 밴쿠버 증권거래소가 우리나라의 KOSPI 지수와 같은 새로운 주가지수를 발표했다. 이 주가지수의 초기값은 1000.000이었는데, 22개월이 지난 1983년 11월 이 주가지수는 520선까지 미끄러졌다. 그동안에 심각한 불경기나 외환위기를 겪지도 않았는데 주가지수가 왜 반토막이 되었을까?

반올림 오류가 원인

주가지수는 증권거래소에 상장되어 있는 모든 종목의 매도가를 기준으로 수치를 산정했다. 컴퓨터는 하루 평균 2,800번 정도 주가지수를 계산해서 갱신했는데, 이때 주가지수를 소수점 셋째 자리까지 계산했다. 당시 밴쿠버 증권거래소의 컴퓨터는 주가지수 계산 시 소수점 네 번째 자리를 반올림하지 않고 버리도록 소프트웨어가 개발되어 있었다. 예를 들어 주가지수가 540.32567이라면 컴퓨터는 소수점 셋째 자리 미만을 버려서 최종 결과는 540.325가 된다. 반면, 네 번째 자리를 반올림했다면 주가지수는 540.326이 된다.

버림과 반올림의 차이로 한 번의 계산 시 고작 0.001 차이밖에 안 나지만 이런 계산이 하루에 적게는 수백 번에서 수천 번까지 누적되었다. 약하디 약한 빗물이 수없이 바위를 때리면 바위가 부서지듯이, 이런 조그마한 차이가 쌓이고 쌓여서 주가지수는 점점 떨어져갔다. 밴쿠버 증권거래소의 주가지수는 소수점 넷째 자리를 반올림한 정상값 대비 하루 최대 1~2포인트씩 미끄러졌으며 22개월 동안 누적된 결과, 주가지수는 처음과 비교해서 거의 반 토막이 났다.

결국 주가지수를 산정하는 소프트웨어 오류를 인정한 밴쿠버 증권거래소는 새로운 주가지수를 발표하고 약 22개월이 지난 1983년 11월 25일부터 28일까지 오류를 수정하기 위해 지난 22개월 동안의 거래 기록을 다시 계산했다. 그 결과 주가지수는 524.81에서 1098.892로 거의 두 배나 올랐다.

만약 이런 사태가 개인 투자자가 많은 우리나라에서 벌어졌으면 심각한 사회 문제가 발생했을 것이다. 주가가 계속 하락한 22개월 동안 주식에 많은 자산을 투자한 사람들의 탄식이 이어지고, 성난 투자자들이 증권거래소에서 거세게 항의했다는 뉴스가 신문 1면을 장식했을 것이다. 이 버그 자체는 정말 사소했다. 하지만 그 결과는 심히 참혹했다.

호주 퀸즈랜드 은행 카드 단말기 고장

우리나라에서는 잘 사용되지 않는 결제 방법이지만 호주에서는 EFTPOS[Electronic Funds Transfer at Point of Sale]라고 하는 일종의 은행 직불카드 거래가 매우 활성화되어 있다. 호주에서 물건을 구입하거나 서비스 비용을 지불할 때는 신용카드로 결제하거나 현찰로 구매하거나 혹은 이 EFTPOS로 결제하는 세 가지 방법이 있는 셈이다. EFTPOS로 결제하면 그 즉시 구매자 계좌에서 결제한 금액만큼 빠져나가서 판매자 통장으로 입금된다.

호주의 EFTPOS와 같은 직불카드 결제 방식은 수수료가 저렴하기 때문에 한때 한국 정부도 직불카드를 활성화시키려고 정책적으로 많은 노력을 기울였으나 직불카드의 태생적 한계 때문에 결국 없던 일이 되었다. 다시 말하자면 직불카드는 체크카드와 다르게 직불카드 가맹점에서만 사용할 수 있는 데다가 전용 결제기기가 있어야 하고 이용시간도 한정적이기 때문이다. 그러나 호주의 거의 웬만한 곳에는 EFTPOS 단말기가 설치되어 있기 때문에 EFTPOS를 통한 거래가 매우 활발하다. 다른 나라에 비해 상대적으로 신용카드를 발급받기가 매우 까다롭다는 점도 EFTPOS 이용이 활성화된 이유로 꼽힌다.

2010년 1월 1일, 많은 수의 호주 퀸즈랜드 은행^{Bank of Queensland} EFTPOS 단말기가 정상적으로 작동하지 않기 시작했다. 결제를 시도하는 카드마다 카드의 유효기간이 만료되었다면서 결제되지 않았기 때문이다. 상당수의 호주 소매상들은 주말 내내 EFTPOS를 통한 결제가 되지 않아 많은 손해를 입었다. 쉽게 말해, 우리나라에서 상점의 카드 단말기가 고장 났다고 생각하면 된다.

이 사건의 원인은 EFTPOS 단말기의 소프트웨어 버그에 있었다. 퀸즈랜드 은행의 EFTPOS 단말기 내부 시계가 2009년 12월 31일에서 2010년 1월 1일로 넘어가는 순간, 소프트웨어 버그로 인해 날짜가 2016년 1월 1일로 변경되었다. 따라서 카드의 유효기한이 2016년 이전인 카드는 사용할 수 없었다. 조사 결과, 이 소프트웨어 오류는 16진수와 2진수의 혼동에서 발생한 것으로 밝혀졌다.

오래전 배운 진수 개념이 잘 기억나지 않는 독자들을 위해 설명하자면, 우리가 일반적으로 사용하는 10진수는 숫자 한 자리에 0~9까지의 숫자가 올 수 있으며 9에 1을 더할 경우 그 숫자는 0이 되고 다음 자리에 1을 더한다. 16진수는 0~9까지는 10진수와 같지만 한 자리에 올 수 있는 최대 숫자는 15까지이므로, 10 이후의 숫자는 알파벳 대문자로 표기한다. 10=A, 11=B, 12=C, 13=D, 14=E, 15=F다. 이 16진수는 2진수와 함께 컴퓨터에서 가장 많이 사용되는 진법이다. 컴퓨터공학에서는 0x07, 0xFF처럼 보통 앞에 '0x'를 붙여서 16진수임을 표시한다. 반면 2진수는 0과 1로만 숫자를 표시한다. 예를 들어, 10진수 4를 2진수로 표현하면 $100(1\times 2^2 + 0\times 2^1 + 0\times 2^0)$이며 10진수 9를 2진수로 표현하면 $1001(1\times 2^3 + 0\times 2^2 + 0 \times 2^1 + 1\times 2^0)$이 된다.

다시 EFTPOS로 돌아와서 이야기를 이어나가자. EFTPOS에서 연도 정보를 저장할 때는 16진수가 아니라 '2진수로 쓰여진 10진수$^{\text{Binary-coded decimal}}$(이하 BCD)'를 사용했다. 이 둘의 차이는 값을 그대로 저장하는지, 아니면 표시하기 위해 약간 변경해서 저장하는지에 있다. 16진수와 BCD는 0부터 9까지 저장하는 값이 같다. 다만 10부터 값의 차이가 발생하는데 만약 10진수 10을 저장할 때 16진수는 0xA(2진수 1010)로 저장하지만 BCD는 10처럼 보이게 하기 위해 1과 0을 각각

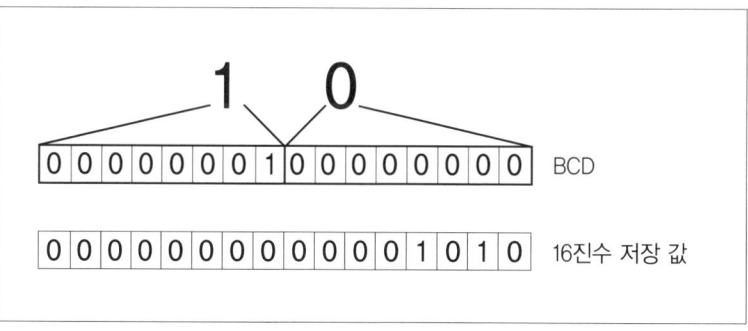

그림 15-1 BCD와 16진수 저장 값

2진수로 변환해서 0x10이라는 값으로 저장한다.

여기서 문제가 발생했다. EFTPOS는 BCD 값으로 0x10을 가지고 있었는데 소프트웨어는 0x10을 16으로 읽었다. 따라서 2009년 12월 31일 11시 59분 59초에서 2010년 1월 1일 0시 00분으로 변하는 순간, EFTPOS 단말기 내부 시스템 날짜는 2009년 12월 31일에서 2016년 1월 1일로 바뀌었고 이에 따라 수많은 카드가 기한 만료되는 문제가 발생했다. 이 버그는 2010년 1월 1일에 일부 소프트웨어에서 발생한 까닭에 Y2.01K 버그로 불리기도 한다.

회사의 파산 위기를 초래한 소프트웨어 버그

미국 동부 표준시 2012년 8월 1일 오전 9시 30분에 맞춰 뉴욕 증시가 개장했다. 그날의 시작은 평소와 다를 바 없이 평범했지만 사소한 소프트웨어 버그 때문에 유망했던 기업 하나가 나락에 빠지는 비극의 날이 되고 말았다. 그 비극의 주인공은 미국의 대형 증권 중개업 체인 나이트 캐피털Knight Capital Americas이었고, 이 회사는 단 하루 만에 파산 위기에 몰리게 되었다.

사건의 원인은 나이트 캐피털이 새로 개발한 거래 알고리즘 소프트웨어였다. 사건 발생 며칠 전인 2012년 7월 27일, 나이트 캐피털의 시스템 관리자가 이 신규 소프트웨어를 자동 주식주문 시스템SMARS의 서버 8대에 각각 설치했다. 하지만 시스템 관리자의 실수로 8대의 서버 중 마지막 1대에는 신규 소프트웨어가 설치되지 않았다. 나이트 캐피털에는 소프트웨어의 설치 여부를 확인할 다른 관리자가 없었기에 아무도 이러한 이상을 눈치채지 못했다.

기존 소프트웨어에는 모두의 기억 속에서 잊혀진 일부 기능이 숨어 있었다. '파워 페그$^{Power Peg}$'라고 불리는 거래 중개 기능이었는데, 나이트 캐피털에서 2003년부터 이 기능이 사용되지 않았음에도 불구하고 기존 소프트웨어에도 여전히 남아 있었고, 실제로 플래그^{flag} 하나를 '참^{True}'으로 바꿈으로써 이 기능을 실행시킬 수도 있었다.

문제는 나이트 캐피털이 새로 개발한 소프트웨어를 동작시킬 때 사용하는 플래그와 파워 페그 기능을 동작시키는 플래그가 같았다는 사실이다.

새로운 소프트웨어가 설치된 7대의 서버에서는 이 플래그로 인한 에러가 전혀 발생하지 않았다. 문제는 새로운 소프트웨어가 설치되지 않은 1대의 서버였다. 시스템 관리자가 새로운 소프트웨어를 활성화하기 위해 해당 플래그를 '참'으로 변경시켰을 때, 7대의 서버는 신규 개발한 소프트웨어가 동작했지만 다른 하나의 서버는 앞서 언급한 파워 페그 기능이 동작했다.

그렇게 2012년 8월 1일이 되었고, 운명의 아침을 맞이했다. 자동 주식주문 시스템의 서버 8대가 활동을 개시함과 동시에 1대의 서버에서 10년 가까이 잠들어 있던 문제의 코드가 날뛰기 시작했다. 마치 자신을 잊어버린 사람들에게 복수라도 하듯 이 서버는 막대한 양의 기이한 거래 주문을 시장에 쏟아내기 시작했다. 뒤늦게 이를 알아차린 나이트 캐피털 측에서 강제로 시스템을 정지시키기까지 총 45분 동안 이 오류로 인해 일부 종목의 주가가 급변하는 등 뉴욕 증시가 요동쳤다. 45분이라는 짧은 시간 동안 무려 157개 종목에 대해 400만 건의 주문이 발생했고, 가격이 급변한 6개 종목은 거래가 취소되기도 했다. 이날 사고로 나이트 캐피털은 2011년 순이익의 네 배 가량인 4억 400만 달러(원화 환산 약 5,000억 원)의 손해를 보았다.

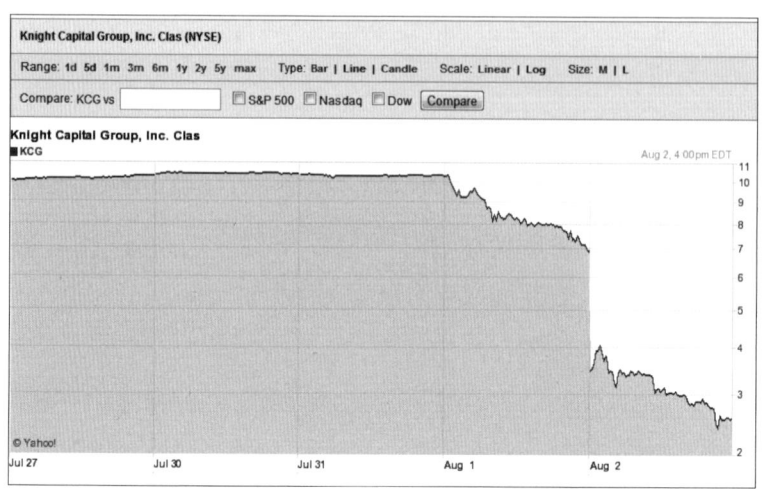

그림 15-2 나이트 캐피털의 7월 27일과 8월 2일 사이의 주가 추이 (출처: Google Finance)

주가도 급락했다. 나이트 캐피털의 주가는 사건 발생 당일 32.82% 하락했으며 다음 날까지 영향을 미쳐서 이틀 동안 주가는 8월 1일 개장 시점 대비 62.82%까지 떨어졌다. 결국 나이트 캐피털은 2012년 12월 경쟁사인 겟코^{Getco}에 인수 합병되는 운명을 맞이했다.

소프트웨어 개발자를 위한 섹션

밴쿠버 증권거래소의 사례가 실제로 가능한지 간단한 프로그램을 구현해 시뮬레이션해 보자. 언어는 파이썬(Python)을 사용했다. 실제 밴쿠버 증권거래소의 수치를 그대로 넣고 싶지만, 데이터가 없으므로, 몇 가지를 가정하고 시뮬레이션했다.

1. 컴퓨터는 하루에 2,800번 주가지수를 계산한다(2,800번의 트랜지션).
2. 1년은 365일이지만, 1년에 240일만 장이 개장한다고 가정한다(공휴일 제외).

3. 기간은 1년으로 한다. 1년간의 총 트랜지션은 67만 2,000번이다(2,800번×240일).
4. 하나의 트랜지션당 등락폭은 ±2%(0.998~1.002)이다.

0.998~1.002 사이에 있는 67만 2,000개의 임의의 수를 생성해서 seed.txt 파일로 만들었다. 맞는 값과 틀린 값을 동일한 조건에서 비교하기 위해서다.

```
import random
array=[]
for x in range(672000):
          array.append(str(random.niform(0.998,1.002))+'\n')
f = open('seed.txt','w')
f.writelines(array)
```

다음은 맞는 값과 틀린 값을 계산한 파이썬 파일이다.

```
f = open('seed.txt')
true_value = 1000.0;
wrong_value = 1000.0
for line in f:
          true_value *= float(line)
          wrong_value *= float(line)
          tmp = int(wrong_value *1000)
          wrong_value = tmp/1000
print("True Value :" + str(round(true_value,3)))
print("Wrong Value :" + str(wrong_value))
```

다음은 파이썬 2.7 버전으로 실행한 결과값이다. 밴쿠버 증권거래소의 실제 상황과 비슷한 결과가 나온 것을 확인할 수 있다.

```
True Value : 1102.974
Wrong Value : 638.076
```

16장

소프트웨어가 막을 수 있었던 항공기 사고: 대한항공 801편과 아메리칸항공 965편 추락 사고

전투기가 아닌 민간 항공기에서도 소프트웨어의 중요성과 역할이 매우 커지고 있는 추세다. 1970년에 처음 도입된 보잉^{Boeing} 747에는 40만 줄의 코드로 만든 소프트웨어가 사용되었지만, 1995년에 도입된 보잉 777에는 400만 줄의 소프트웨어가 사용되었다. 최신 항공기인 보잉 787 드림라이너^{Dreamliner}의 경우 내부 소프트웨어의 코드 분량이 650만 줄에 달한다. 이처럼 민간 항공기에 소프트웨어가 많이 사용되고 있지만 의외로 소프트웨어가 주 원인이 된 민항기 사고는 아직 없었다. 대부분의 민항기 사고는 조종사 과실과 항공 시스템 미비, 정비 불량 등이 주 원인이지만 이러한 원인으로 인해 발생한 사고들 중에는 소프트웨어가 제대로 동작했다면 막을 수 있었던 사고도 몇 가지 있다.

괌의 참사: 대한항공 801편

항공기 사고 관련 자료를 조사하다 보면, 역대 최악의 항공기 사고 목록에 우리나라 국적 항공사인 대한항공의 사례들이 상위권에 올라 있는 것이 눈에 띈다. 그렇다고 대한항공이 특별히 사고가 잦았거나 하여 그런 것은 아니다. 다만 지금껏 발생했던 전체 사고 중 단 2건의 사고 때문에 대한항공의 사고 사례가 전 세계 항공 관계자들의 입에 꾸준히 오르내리고 있는 것이다. 첫 번째는 사할린 상공에서 소련의 전투기에 격추된 대한항공 007편의 사고이며, 두 번째는 휴양지로 잘 알려진 괌^{Guam}에서 착륙 중 추락한 대한항공 801편의 사고다. 이 두 사고는 역대 최악의 항공기 사고 10위 혹은 20위 목록에 꼭 들어가는 대표적인 항공기 사고로 꼽힌다.

그림 16-1 괌에 추락한 대한항공 801편의 잔해 (출처: 미 국방성)

이 두 사고 중 괌에서 추락한 대한항공 801편의 사고는 조종사의 실수가 주 원인이었지만, 소프트웨어를 제대로 만들었으면 225명의 인명 피해를 막을 수 있었던 사고였다.

추락까지의 기록들

1997년 8월 6일 한국시간 오후 8시 22분, 김포 국제공항에서 1대의 보잉 747-300기가 이륙했다. 괌에서 휴가를 보낼 생각에 들떠 있는 237명의 승객을 태운 대한항공 801편이었다. 이륙한 지 약 4시간이 지난 현지 시각 새벽 1시 11분(한국시간 12시 11분), 기장은 부기장, 항공기관사와 함께 착륙 브리핑을 실시했다. 이 착륙 브리핑은 착륙에 필요한 정보를 기장이 부기장과 항공기관사에게 설명해 주는 것이다. 이 브리핑에서 기장은 괌 국제공항(정식 명칭은 Antonio B. Won Pat 국제공항이지만, 이 책에서는 괌 국제공항이라 칭한다)의 글라이드 슬롭$^{Glide\ Slop}$*이 고장 난 상태라고 언급했다.

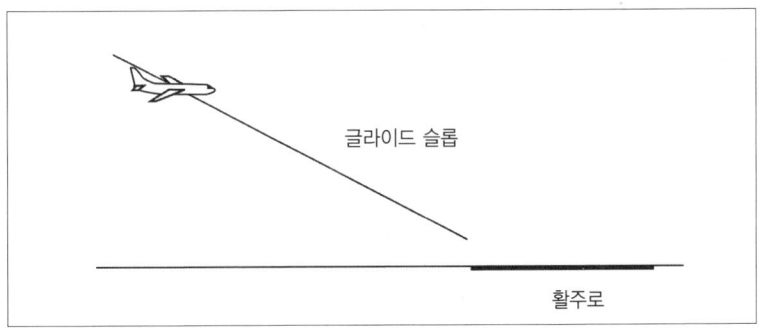

그림 16-2 글라이드 슬롭의 이해 (출처: 위키피디아)

---

* **글라이드 슬롭:** 항공기가 안전하게 착륙할 수 있도록 도와주는 전자장치다. 이 장치가 지향성 전파를 활주로 전방에 발사하면, 항공기는 이 전파를 수신하여 적절한 하강 각도로 활주로에 진입할 수 있다. 로컬라이저(Localizer)와 함께 계기착륙 방식을 위해 필요한 장비다.

브리핑을 마친 1시 13분, 부기장은 괌 중앙 항공관제사에게 2,600피트로 하강한다고 알리고 비행 고도를 낮추기 시작했다. 착륙은 순조롭게 진행되는 것 같았다. 그렇게 괌 국제공항 활주로에 접근하던 1시 39분 55초(충돌 2분 31초 전), 고장 난 줄 알았던 글라이드 슬롭의 신호가 갑작스럽게 잡혀 조종석은 일대 혼란에 빠졌다.

01:39:55 항공기관사: "글라이드 슬롭 돼요? 글라이드 슬롭? 예?"

01:39:56 기장: "예, 예, 됩니다."

01:39:57 항공기관사: "아 이, 그래서…"

01:39:58 불명: "글라이드 슬롭 되나 보라고?"

01:39:59 불명: "글라이드 슬롭 왜 나오죠?"

01:40:00 부기장: "낫 유저블$^{Not\ Usable}$(사용 불가)"

괌 국제공항의 글라이드 슬롭이 고장 난 상태라는 것을 분명히 괌 항공관제사가 언급했었고, 승무원들도 착륙 브리핑 시에 이 내용을 확인했었다. 당연히 이 신호가 무엇인지 관제탑에 다시 한 번 확인하면 깔끔하게 해결될 문제였지만 어느 누구도 그렇게 하지 않았다. 추후 밝혀진 사실이지만, 지상의 무전기 같은 장비에서 송출된 전파가 우연히 글라이드 슬롭의 전파로 오인된 것이었다.

이때부터 기장과 부기장은 이해할 수 없는 행동을 한다. 글라이드 슬롭이 고장 났을 경우에는 단계적으로 하강해야 함에도(그림 16-3 참조), 계속해서 하강을 시도한 것이다. 1시 41분 11초(충돌 1분 15초 전), 대한항공 801편은 2,000피트(약 6,000m)에서 1,440피트로 고도를 계속 낮추고 있었다. 규정상 활주로에서 약 20km(11NM*)부터

---

* 국제 표준은 아니지만 항공, 해양 분야에서 많이 사용되는 거리의 단위다. Nautical Mile의 약자이며, 우리나라 말로 '해리(海里)'라 한다. 1NM은 1,852m이다. 참고로, 배나 항공기의 속도를 나타낼 때 사용되는 노트(knot)는 1시간당 갈 수 있는 NM을 뜻한다.

9.3km(5NM) 전까지는 고도 2,000피트 밑으로 내려갈 수 없었으나, 대한항공 801편은 약 13km(7NM) 떨어진 지점에서 이미 2,000피트 아래로 내려가고 있었다.

막을 수 있었던 사고

대한항공 801편이 추락하기 전까지 사고를 막을 수 있었던 기회는 적어도 두 번 있었다.

첫 번째 기회는 아우터 마커Outer marker의 확인이었다. 아우터 마커는 활주로에서 일정 거리 이상 떨어진 곳에 설치된 장치로, 상공을 향해 수직으로 전파를 발사한다. 조종사는 아우터 마커 상공을 통과할 때 아우터 마커의 신호를 수신하고 고도를 확인해야 한다. 그러나 블랙박스에 녹음된 조종실 음성 기록을 확인한 결과, 아무도 아우터 마커의 신호를 확인하지 않았다. 만약 그 시점에서 고도를 확인했다면 규정 고도인 2,000피트보다 낮게 날고 있다는 것을 알아차렸을 것이고, 비극을 막을 수 있었을 것이다.

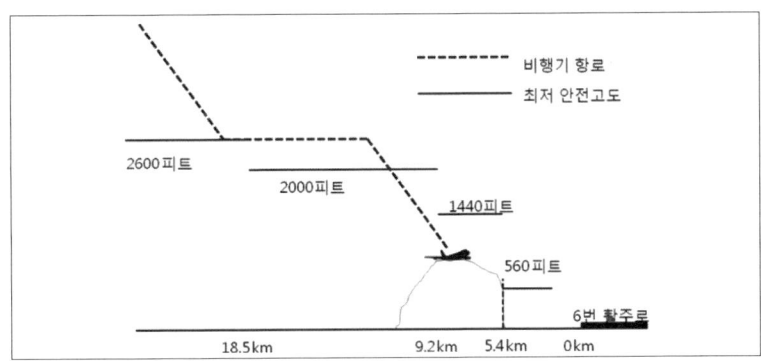

그림 16-3 대한항공 801편의 당시 하강 기록 (출처: U.S. Department of Defense, ID 970806-N-4790M-013)

사고를 모면할 마지막 기회는 충돌 직전에 있었다. 당시 승무원들은 착륙 준비에 여념이 없었다. 충돌 12초 전, GPWS[Ground Proximity Warning System](대지접근 경보 장치)가 경보를 울렸다.

01:42:14 GPWS: "minimums, minimums"

이 경보는 GPWS가 최저 고도라는 것을 조종사에게 알리는 것이었다. 하지만 이 경보에 대해 기장과 부기장 그리고 항공기관사는 아무런 대응도 하지 않았다. 3초 뒤, 다시 한 번 GPWS의 무미건조한 기계 목소리가 조종석에 울려 퍼졌다.

01:42:17 GPWS: "sink rate"

01:42:18 부기장: "sink rate 오케이!"

'sink rate'는 항공기가 현재 급강하하고 있다는 것을 알리는 GPWS의 경고였다. 이에 부기장은 급강하가 문제 없다는 대답을 했다. 하지만 불과 1초 뒤, 항공기관사로부터 지면까지 200피트(약 60m) 남았다는 말을 듣자마자 부기장은 바로 착륙 포기를 권유했다("missed approach 합시다.").

하지만 기장은 그 즉시 착륙을 포기하지 않았다. 기장이 명백하게 잘못을 저지르고 있을 때는 부기장이 기장의 조종권을 빼앗아야 하지만 부기장은 기장의 조종권을 빼앗지 않았다.

01:42:21 항공기관사: "안 보이잖아."(충돌 6.22초 전)

01:42:21 부기장: "안 보이죠. missed approach!"

01:42:22 항공기관사: "go around."

충돌 6.22초 전, 지상과의 거리가 60m도 남지 않았지만 여전히 항공기관사의 눈에는 괌 국제공항의 활주로가 보이지 않았다. 부기장도 마찬가지였다. 부기장이 다시 한 번 기장에게 착륙 포기를 제안했다. 항공기관사도 기장에게 복행$^{Go\ Around}$(안전한 착륙을 하지 못할 상황이거나 활주로에 잘못 접근한 경우, 착륙 도중 다시 상승하여 재착륙을 시도하는 것)을 권했다. 하지만 부기장과 항공기관사의 판단과는 달리 기장은 바로 복행하지 않았다.

충돌 3.7초 전이 되어서야 기장은 착륙 실패를 인정했다. 기장은 그 즉시 자동 비행 모드를 해제하고 기체를 상승시키려 했다. 결국 수백 톤이나 되는 보잉 747 항공기를 다시 들어 올리기란 쉽지 않았다. 고도는 계속 떨어져만 갔다. 동시에 GPWS는 1초가 멀다 하고 고도 경보를 내고 있었다.

01:42:24.05 GPWS: "one hundred(100피트)"

01:42:24.84 GPWS: "fifty(50피트)"

01:42:25.19 GPWS: "forty(40피트)"

01:42:25.50 GPWS: "thirty(30피트)"

01:42:25.78 GPWS: "twenty(20피트)"

01:42:25.78 (충돌음)

01:42:32.52 음성 녹음 종료

항공기를 다시 상승시키려는 조종사들의 시도는 끝내 보잉 747의 관성을 이기지 못했다. 결국 다시 상승하는 데 실패한 대한항공 801편은 그대로 괌 국제공항 전방의 니미츠 언덕$^{Nimitz\ Hill}$에 추락했다.

소프트웨어만 제대로 작동했더라면

공항의 소프트웨어만 제대로 동작했다면 앞서 언급한 충돌을 모면할 두 번의 기회 외에 한 번의 기회가 더 있었을지도 모른다. 괌 국제공항의 최저 안전고도 경고 시스템$^{Minimum\ Safe\ Altitude\ Warning}$(이하 MSAW)이 문제의 그것이다. MSAW는 공항에 접근하는 비행기의 고도가 비정상적으로 낮은 경우 관제사에게 시청각적으로 경보를 전달하는 시스템이다. 하지만 당시 괌 국제공항에서는 이 MSAW가 제대로 작동하지 않고 있었다.

MSAW의 소프트웨어 문제 때문이었다. 괌의 MSAW 시스템은 실제로는 정상 고도임에도 위험하다고 알리는 허위 경보$^{False\ Alarm}$를 많이 발생시켰다. 1994년 가을, 괌의 항공관제사들은 MSAW 시스템의 허위 경보 문제와 관련해 미국 연방항공청$^{FAA,\ Federal\ Aviation\ Administration}$에 불만을 표했다. 이에 연방항공청은 괌의 MSAW 소프트웨어를 수정하여 1995년 2월부터 괌 국제공항에 적용했다. 하지만 수정된 소프트웨어에는 치명적인 결함이 있었다.

어이없게도 수정한 MSAW는 괌의 레이더를 중심으로 반경

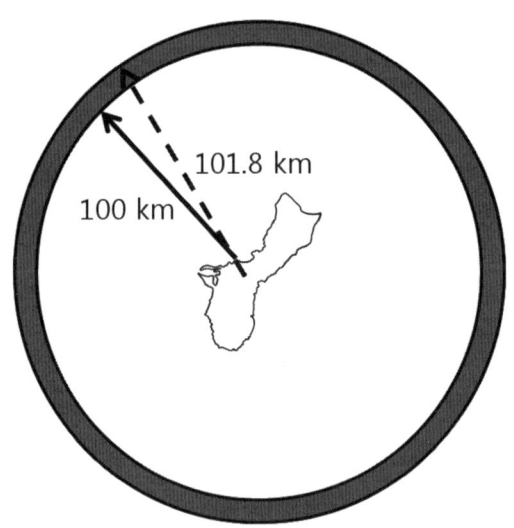

그림 16-4 MSAW가 동작한 범위. 안쪽 원과 바깥 쪽 원 사이(짙은 색 부분)의 항공기만 탐지할 수 있었다. (출처: FAA 웹사이트)

100~101.8km(54~55NM) 사이의 불과 1.8km(1NM) 영역에서만 정상 동작했다. 이 영역은 괌에서 멀리 떨어진 바다여서 항공기가 낮게 비행할 이유가 전혀 없으므로 사실상 MSAW는 당시 무용지물에 가까웠다. 이 때문에 사고 당시 괌의 레이더 반경 100km 안에 있던 대한항공 801편이 안전고도보다 낮게 비행해도 경보를 발생시키지 않았던 것이다.

만약 이 MSAW가 제 역할을 했다면 대한항공 801편이 니미츠 언덕에 충돌하기 64초 전에 항공기가 안전 고도보다 낮게 비행하고 있음을 항공관제사가 알 수 있었을 것이다. 하지만 MSAW는 어떠한 경고도 하지 않았고, 결국 참사를 막을 결정적인 기회를 놓치고 말았다.

그림 16-5 대한항공 사고를 수습하고 있는 구조요원 (출처: 미 국방성)

아메리칸항공 965편

1995년 12월 20일 미국 동부 표준시 밤 9시 45분경, 아메리칸항공 American Airlines 965편이 콜롬비아 칼리^{Cali} 국제공항(정식 명칭은 Alfonso Bonilla Aragon 국제공항, 이 책에서는 칼리 국제공항으로 명시함) 근처의 산에 추락했다. 이 사고로 159명이 사망했고 4명이 중상을 입었다.

이날 오후, 아메리칸항공 965편은 미국 마이애미 공항에서 대기 중이었다. 아메리칸항공 965편은 원래 16시 40분에 이륙할 예정이었다. 하지만 미국 북동부에 불어닥친 폭풍 때문에 일부 항공기가 연착했고, 이 항공기들로부터 아메리칸항공 965편으로 환승할 승객과 짐

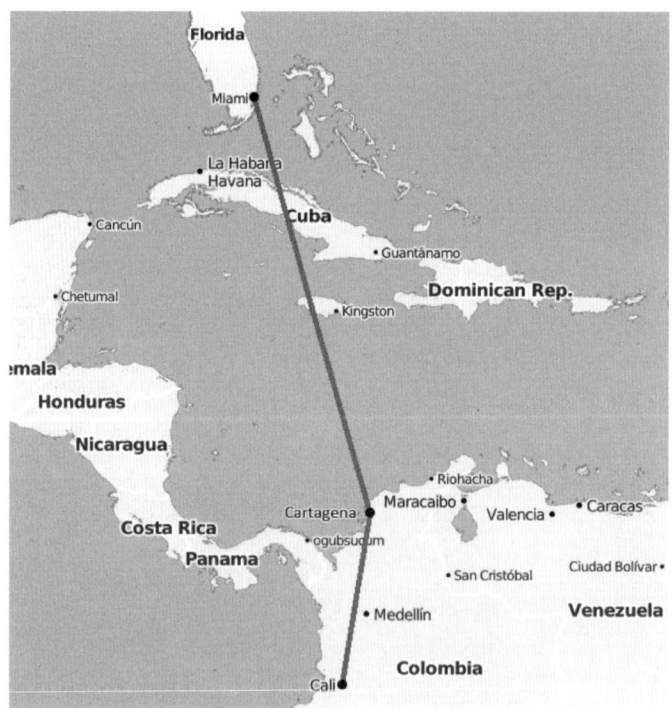

그림 16-6 아메리칸항공 965편의 비행 경로 (출처: OpenStreetMap)

을 기다리느라 예상 시간보다 34분 늦은 17시 14분 출발 준비를 마칠 수 있었다. 하지만 출발 준비를 마쳤다고 바로 이륙할 수 있는 것은 아니다. 12월 말은 서양 최대의 휴가철인 크리스마스 시즌이므로 마이애미 공항은 뜨고 내리는 항공기로 북새통을 이루고 있었다. 이 때문에 아메리칸항공 965편은 지상에서 1시간 21분을 더 대기한 후 겨우 마이애미 공항을 이륙해서 목적지인 콜롬비아 칼리 국제공항으로 출발할 수 있었다. 이륙 시간은 출발 예정 시간보다 약 2시간이 지연된 18시 35분이었다.

비록 출발이 늦긴 했지만 비행은 순조로웠다. 아메리칸항공 965편은 당시 최신 기종인 보잉 757기로서 컴퓨터에 미리 항로를 입력해 놓으면 항로를 따라 자동 비행할 수 있는 컴퓨터 시스템이 장착되어 있었다. 이륙 후 약 3시간 뒤인 21시 30분경, 아메리칸항공 965편은 목적지인 칼리 국제공항 인근 상공에 도달했다.

그림 16-7 예정된 항공기 접근 경로 (출처: FAA 웹사이트)

칼리 국제공항은 좌우로 높은 산이 둘러싼 긴 골짜기 지형에 위치해 있었다(그림 16-7 참조. 짙은 색일수록 해발 고도가 높은 지형이다.). 따라서 항로를 고려할 때 아메리칸항공 965편은 공항 북쪽에서 곧바로 착륙하거나 공항을 지나쳐 선회한 후 남쪽에서 착륙해야 한다. 칼리 국제공항에는 다른 공항처럼 항공기의 안전한 착륙을 돕는 무선표지국^{VOR}이라는 장비가 설치되어 있었다. 보잉 757에 탑재된 컴퓨터 시스템은 이 무선표지국이 발신하는 신호를 수신하여 항공기를 안전하게 착륙시킬 수 있었다.

아메리칸항공 965편의 경우 칼리 국제공항에 착륙하려면 공항 북쪽에서 접근하여 공항 북쪽 약 66km에 위치한 툴루아^{TULUA}와 북쪽 약 17km에 위치한 로조^{ROZO} 무선표지국을 차례대로 통과해야 했다. 그리고 칼리 국제공항을 지나쳐서, 공항 남쪽 칼리^{CALI} 무선표지국 부근에서 선회한 후 칼리 국제공항 남쪽으로부터 착륙하게 되어 있었다.

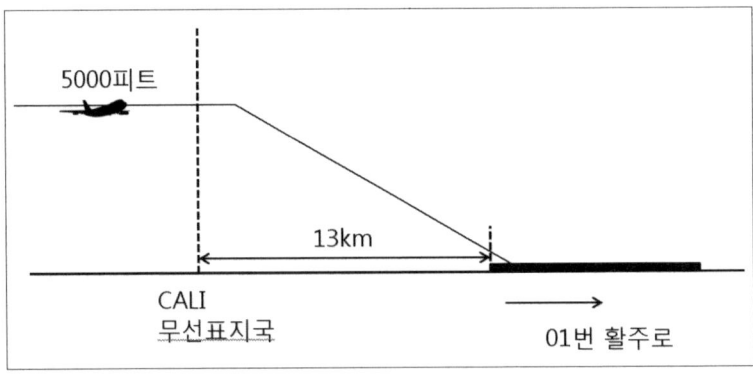

그림 16-8 칼리 국제공항 남쪽에서 착륙 시 접근 경로 (출처: FAA 웹사이트)

실수의 시작

아메리칸항공 965편은 칼리 국제공항 북쪽 약 100km 부근에 도달했을 때, 처음으로 칼리 관제탑과 교신했다.

[21:34:40 ~ 21:34:57 교신 내용]

기장: "칼리 관제탑, 여기는 아메리칸항공 965편이다."

관제탑: "아메리칸항공 965편, 반갑다. 말하라."

기장: "아메리칸항공 965편 2만 3,000피트에서 2만 피트로 하강 중이다."

관제탑: "칼리(공항)까지 거리가 얼마나 되는가?"

기장: "63마일이다(약 116.6km)."

이상한 일이었다. 레이더를 통해서 아메리칸항공 965편의 정확한 위치를 알고 있어야 할 관제탑이 도리어 아메리칸항공 965편에게 현재 위치를 물어보고 있었다. 사실 당시 칼리 국제공항은 큰 문제를 안고 있었다. 1992년 콜럼비아 반정부 게릴라가 칼리 국제공항의 레이더를 폭파시켰기 때문에 공항에 진입하는 항공기를 관제하는 칼리 국제공항 관제소는 접근하는 항공기의 위치를 전혀 모른다는 점이었다. 그래서 관제사는 접근하는 항공기에 일일이 무선 교신을 해서 위치를 확인해야 했다. 칼리 국제공항 관제사가 아메리칸항공 965편에 현재 위치를 물은 것도 마찬가지 이유였다.

[21:34:59 ~ 21:35:27 교신 내용]

관제탑: "알았다. 아메리칸항공 965편. 칼리로 가려면 하강해서 1만 5,000피트를 유지하라. 고도계 3002… 툴루아에서 보고하라."

("roger, is cleared to Cali VOR, uh, descend and maintain one, five thousand feet, altimeter three zero zero two,.... no delay expect for approach, report uh, Tulua VOR.")

기장: "알았다. 칼리 방향 확인, 툴루아에서 보고한다. 고도는 1만 5,000피트. 고도계 3002. 모두 맞는가?"("OK, understood, cleared direct to Cali VOR, uh, report Tulua and altitude one five, that's fifteen thousand three zero,. zero,. two, is that all correct sir?")

관제탑: "맞다."

항공관제사와 착륙을 앞둔 항공기 사이의 일상적인 교신 내용이었다. 다만, 칼리 국제공항 관제사가 아메리칸항공 965편의 위치를 전혀 모르므로 원활한 관제를 위해 툴루아 무선표지국을 지날 때 꼭 자신들에게 통보하라고 한 것("툴루아에서 보고하라.") 외에는 특이점이 없었다. 하지만 여기서 기장의 첫 번째 실수가 나왔다. 기장과 관제사의 영어 의사소통에 문제가 생겨서 아메리칸항공 965편은 "cleared to Cali VOR"를 곧장 칼리 무선표지국으로 향하라는 뜻으로 잘못 이해했다. 기장은 곧장 칼리 무선표지국으로 향하기 위해 비행 관리 시스템^{Flight Management System}(이하 FMS)에서 비행 항로를 칼리 무선표지국으로 변경했다(그림 16-9 참조). 이 항로 변경은 비행 경로가 약간 수정된 것에 불과했기 때문에 큰 문제가 되지 않았다. 하지만 이로 인해 기존 항로상의 무선표지국(툴루아, 로조) 데이터가 지워져버렸고, 조종사가 보는 내비게이션 화면에서도 툴루아와 로조 무선표지국이 사라졌다. 그리고 그 사이에 칼리 공항 관제탑이 지나갈 때 꼭 알려 달라고 당부했던 툴루아 무선표지국을 그냥 지나쳐버리고 말았다.

21시 36분 31초, 칼리 국제공항 관제탑은 아메리칸항공 965편 조종사에게 원래 착륙 예정인 01번 활주로 대신 19번 활주로를 통해 착륙할 의사가 있는지 물어보았다.

관제탑: "바람이 잠잠하다. 19번 활주로로 착륙하겠는가?"

원래 항로라면 공항 남쪽 칼리 무선표지국에서 한 바퀴 선회해서 공항에 착륙해야 했다. 하지만 북쪽에서 바로 착륙하면 그만큼 비행시간을 좀 더 줄일 수 있었다. 도착 예정시간보다 2시간이나 늦었기 때문에 아메리칸항공 965편의 조종사들은 더 빨리 착륙해서 지연된 시간 중 일부라도 만회하고 싶었다. 따라서 조종사 입장에서는 이 제안을 마다할 리 없었고, 기장과 부기장은 몇 마디 대화를 나눈 후 관제탑에 수용 의사를 밝혔다. 이에 관제탑은 로조 무선표지국을 지나서 19번 활주로로 진입하라고 안내했다. 덧붙여 다시 한 번 툴루아 무선표지국을 지나면 보고하라고 했다.

칼리 관제탑이 툴루아 무선표지국에서의 보고를 몇 번이고 언급했지만 이미 기장이 FMS에서 툴루아 무선표지국을 지워버렸고, 게다

그림 16-9 칼리 무선표지국으로 목적지를 맞춘 후의 경로 (출처: FAA 웹사이트)

가 이미 지나친 상태였다. 그래서 조종사들은 툴루아 무선표지국이 어디에 있는지 전혀 파악하지 못하고 있었다. 기장은 힘들게 툴루아 무선표지국을 찾아서 그 지점을 통과하는 것보다 툴루아 무선표지국을 무시하고 바로 로조 무선표지국으로 향하는 것이 낫다는 판단하에 로조 무선표지국으로 바로 갈 수 있는지를 물어보았다.

기장: "로조로 바로 갈 수 있는가?"

관제탑: "로조로 갔다가 19번 활주로로 진입하라. 바람은 잔잔하다."

기장: "로조에서 19번 활주로. 알았다."

관제탑: "툴루아를 지날 때 보고하라."

레이더가 없어서 아메리칸항공 965편의 현재 위치를 모르고 있던 관제탑은 여전히 툴루아 무선표지국을 지날 때 보고하라고 요청했다. 하지만 아메리칸항공 965편은 이미 툴루아 무선 표지국을 지나친 상태였고, 툴루아 무선표지국에서 보고하라는 관제탑의 지시는 이미 기장의 머릿속에 없었다.

즉시 기장과 부기장은 로조 무선표지국으로 고도와 경로를 변

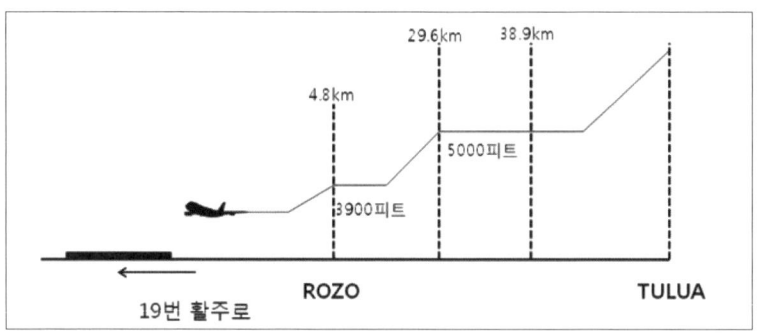

그림 16-10 칼리 국제공항 북쪽에서 접근 시 준수해야 할 접근 경로 (출처: FAA 웹사이트)

경하기 시작했다. 변경된 착륙 경로의 경우, 칼리 국제공항 북쪽 약 39km 지점 전까지 고도 2만 피트(약 6,096m)에서 5,000피트(1,524m)로 내려와야 했기에 조종사는 스피드 브레이크$^{Speed Break}$(비행 속도를 줄이는 브레이크)를 펼친 상태로 급격하게 기체를 하강시키기 시작했다. 아메리칸항공 965편은 충돌하기 전까지 이 스피드 브레이크를 계속 펼친 채로 비행하게 된다.

아메리칸항공 965편이 급격하게 하강하는 도중에 조종사는 착륙 차트에 적혀 있는 그대로 FMS에 로조 무선표지국의 식별자 'R'을 입력했다. 로조 무선표지국으로 비행하겠다는 의도였다. 조종사가 'R'을 입력하자 FMS는 데이터베이스에서 12개의 선택 가능한 지점 목록을 제시했다. 지점 목록은 항공기에서 현재 가까운 순서대로 정렬해서 나타났다. 조종사는 현재 위치에서 로조 무선표지국이 가장 가까울 것이라고 생각해서 목록 중 가장 첫 번째 항목을 선택했다. 하

그림 16-11 로조와 로메오 무선표지국의 위치 (출처: FAA 웹사이트)

지만 조종사가 선택한 항목은 로조 무선표지국이 아니었다. 로조 무선표지국은 조종사가 선택 가능한 지점 목록에 없었다. 지점 목록의 가장 첫 번째 항목은 로조 무선표지국이 아니라 칼리에서 북동쪽으로 약 150마일 떨어져 있는 콜롬비아의 수도 보고타^{Bogota} 부근에 있는 로메오^{ROMEO} 무선표지국이었다.

조종사가 가지고 있는 착륙 차트에는 로조 무선표지국의 식별자가 'R'로 표기되어 있었지만, 정작 FMS의 데이터베이스에 저장된 로조 무선표지국의 식별자는 'R'이 아니라 'ROZO'였다. 즉, 조종사가 로조 무선표지국으로 향하려면 차트에 명시된 'R'이 아니라 'ROZO'를 입력해야만 로조 무선표지국으로 갈 수 있었다. 게다가 로메오 무선표지국과 로조 무선표지국은 주파수도 같았기 때문에 혼동의 여지가 있었다. 명백한 오류였다.

조종사의 의도와 다르게 FMS에 로메오 무선표지국이 목적지로 선택되자, 비행기의 자동 조종 시스템은 비행기를 서서히 좌측으로 선회시켜 로메오 무선표지국을 향하기 시작했다. 아메리칸항공의 정책상 FMS를 통해서 진로를 변경할 때 조종사들끼리 상호 확인해야 했으나, 아메리칸항공 965편의 기장과 부기장은 이를 생략했다. 더불어 5,000피트 상공까지 내려와야 했기에 기체는 급격하게 하강을 계속했다. 자신들의 항공기는 정작 엉뚱한 방향으로 가고 있는데, 비행 경로를 변경한 조종사들은 항공기의 자동 조종 시스템만 믿고 실제 비행 방향을 주시하지 않고 있었다. 곧 아메리칸항공 965편은 칼리 국제공항 좌우를 둘러싸고 있는 험준한 산악지대로 진입했다.

기체가 1만 5,000피트$_{(4,572m)}$를 통과해서 계속 하강하고 있을 때 칼리 국제공항 관제탑은 아메리칸항공 965편에 다시 한 번 현재 위

그림 16-12 ROMEO VOR로 항로를 변경함 (출처: FAA 웹사이트)

치를 물었다. 만약 레이더가 있었으면 아메리칸 965편이 잘못된 항로로 비행하는 것을 사전에 경고해서 사고를 막았으리라. 한편, 아메리칸항공 965편 조종사들은 칼리 국제공항 관제탑의 무전을 받고 자신의 위치를 확인하는 과정에서 그제서야 현재 항공기가 잘못된 방향으로 날아가고 있다는 사실을 알아차렸다.

"우리가 어디에 있는 거죠?"

기장과 부기장은 혼란에 빠졌다. 여기가 어디인지도, 어느 지점으로 비행하고 있는지도 몰랐다. 하지만 일단 잘못된 방향으로 가고 있는 건 확실했기 때문에 현재 로메오 무선표지국으로 향하는 자동 조종을 해제하고 일단 칼리 국제공항 남쪽에 위치한 칼리 무선표지국으로 향하도록 FMS를 변경했다. 항공기는 다시 우측으로 선회하기 시작했다. 그 시각 아메리칸항공 965편의 고도는 1만 3,000피트였고,

그림 16-13 칼리 무선표지국으로 항로를 변경함 (출처: FAA 웹사이트)

그림 16-14 로조 무선표지국으로 다시 항로를 변경함 (출처: FAA 웹사이트)

분당 2,700피트씩 하강 중이었다.

여전히 조종사들은 혼란스러운 상황이었다. 항공기는 어느덧 1만 피트까지 하강했다. 조종사들은 곧바로 로조 무선표지국으로 가기로 결심하고 또 다시 경로를 수정했다. 하지만 현재 위치에서 로조 무선표지국으로 가는 경로는 큰 산이 가로막고 있었다. 하지만 달빛이 없는 칠흑 같은 밤이었기에 조종사들은 전방에 산이 있다는 사실을 알아차리지 못했다.

조종사들이 진행 방향 전방에서 산의 존재를 알아차린 것은 항공기가 9,000피트까지 하강했을 때였다. 충돌 12초 전, GPWS(대지접근경보 장치)의 건조한 기계음이 조종석에 울려 퍼졌다.

21:41:15 GPWS: "Terrain, terrain, whoop, whoop…"

항공기가 지형terrain지물과 충돌할 수 있다는 경보였다. 거대한 산이 조종사들의 시야를 점점 가득 메우기 시작했다. 깜짝 놀란 기장은

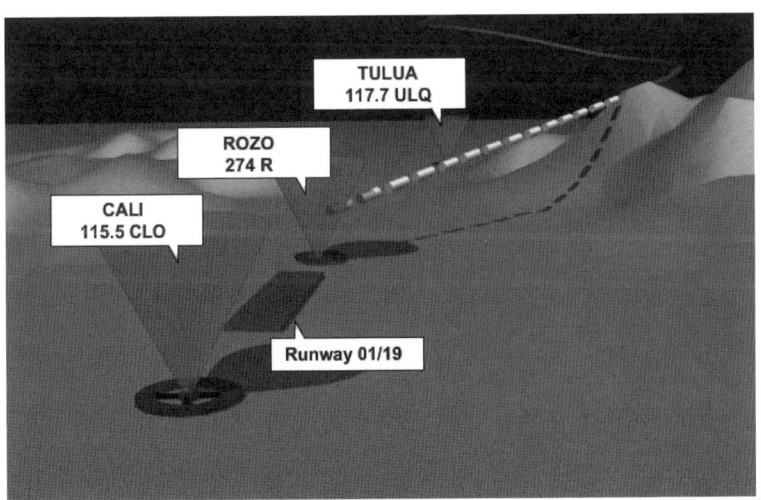

그림 16-15 3차원 그래픽으로 본 아메리칸항공 965편의 항로 (출처: FAA 웹사이트)

자동 조종을 해제하고 조종간을 최대로 당기면서 비행기를 상승시켰다. 하지만 워낙 산을 늦게 발견한 데다가 GPWS마저도 경보를 늦게 울렸고, 앞서 고도를 급격히 낮추기 위해 펼친 스피드 브레이크 때문에 충분한 추진력도 얻지 못했다. 결국 아메리칸항공 965편은 미처 산을 넘지 못하고 칼리 국제공항 북동쪽에 위치한 산 정상에 추락하고 말았다.

소프트웨어에 일부 책임

아메리칸항공 965편의 추락으로 159명이 사망하고 단 4명만이 기적적으로 살아남았다. 이 인명 피해는 당시 보잉 757기로 인한 사고로는 가장 큰 규모였다.

또한 1988년 팬암기 폭파사고(폭탄 테러로 총 270명이 사망) 이후 미국 국적기로는 가장 큰 피해를 입은 사고였다. 사고 이후 아메리칸항공의 항공편이 965편에서 921편으로 변경되었고 로조 무선표지국의 이름은 팔마^{PALMA}로, 'R' 식별자는 팔마 무선표지국의 약자를 딴 'PL' 식별자로 변경되었다.

인명 피해 외에도 이 사고가 항공산업에 미친 여파는 컸다. 당시 최첨단 비행 시스템을 장착한 보잉 757기가 산에 충돌한 사고였기 때문이다. 물론 정확한 경로 확인을 하지 않은 조종사의 책임이 컸지만, 잘못된 소프트웨어도 사고의 원인 중 하나였다.

보잉 757용 비행 시스템을 납품한 것은 허니웰^{HoneyWell}사였고, 제퍼슨 샌더슨$^{Jeppesen\ Sanderson}$사는 그 시스템의 소프트웨어를 책임지고 있었다. 유가족들이 아메리칸항공을 상대로 소송을 진행했던 기간 동안에, 아메리칸항공 역시 허니웰사와 제퍼슨 샌더슨사를 상대로 이 두

회사가 아메리칸항공 965편 추락에 대해 일부 책임이 있다는 소송을 벌였다.

결국 아메리칸항공이 60%, 허니웰사가 10%, 제퍼슨 샌더슨사가 30%의 책임이 있다는 최후 판결이 내려졌다.

17장

17조 원의 로또, 디지털예산회계시스템

2007년 8월 23일, 우리나라 재정경제부는 2007년 통합재정수지를 잠정 집계한 결과 2007년 상반기 재정 적자가 6조 1,000억 원이라고 밝혔다. 이 수치는 1999년 IMF 사태 이후 최대의 적자폭이었기에 재정경제부의 발표 이후 나라 살림을 걱정하는 여론이 들끓었다. 그런데 2주 뒤인 9월 9일, 무슨 영문인지 6조 1,000억 원의 기록적인 적자는 돌연 11조 3,000억 원의 흑자로 둔갑하게 되었다.

지옥과 천당을 오르내린 정부

이 깜짝 놀랄 수치 변화는 새로 구축한 '디지털예산회계시스템'의 소프트웨어 오류 때문으로 밝혀졌고 급기야 재정경제부 장관이 직접 나서 사과까지 해야 했다. 결과적으로 6조 1,000억 원 적자가 아니라 11조 3,000억 원 흑자라는 사실이 밝혀져서 모두가 안도의 한숨을 쉬었지만, 이 오류 덕분에 재정경제부는 2주라는 짧은 기간 동안 지옥과 천당을 오가는 롤러코스터를 타야만 했던 셈이다.

디지털예산회계시스템의 개발

재정경제부는 예산 편성, 집행, 회계 결산, 성과 관리 등 재정 활동 결과로 생성된 정보를 한곳에서 관리하는 통합 재정정보시스템을 구축하고자 했고, 이렇게 개발된 시스템이 바로 '디지털예산회계시스템'이다. 디지털예산회계시스템이 구축되기 전까지는 중앙정부와 지방자치단체가 각각 예산/결산 시스템을 별도로 구축해서 사용하고 있었다. 즉, 중앙정부에 해당하는 재정경제부와 기획예산처에서는 '국가재정정보시스템'과 '예산정보시스템'을 사용했던 반면, 지방자치단체에서는 '지방(교육)재정정보시스템'을 사용하고 있었다. 이렇게 유관부서별로 각각 다른 시스템을 사용하다 보니, 국가 재원을 효율적으로 배분하는 데 필요한 통합 정보가 제공되지 못했다.

'부적정한' 프로젝트

이런 훌륭한 의도로 개발된 디지털예산회계시스템은 사실 시스템 가동 전부터 문제가 많았다. 위 시스템을 감리한 한국정보사회진흥원(이하 진흥원)은 시스템 가동 예정일(2007년 1월 2일)로부터 열흘 전인 2006년 12월 21일 디지털예산회계시스템의 핵심 분야인 '시스템 통합 분야'가 '부적정하다'는 의견을 제시했다.

    진흥원은 어떤 프로젝트에 대해 감리할 때, 그 프로젝트가 얼마나 원활하게 잘 동작하느냐에 따라서 적정, 보통, 미흡, 부적정 이렇게 네 가지 단계로 해당 프로젝트를 평가했다. 이 중 디지털예산회계시스템 프로젝트가 받은 '부적정'이란 의견의 사전적 의미는 '사업의 완수에 영향을 미칠 수 있는 중대한 문제점이 있고, 사업 추진 전략이나 계획된 자원의 정비가 선행되어야만 사업목표 달성이 가능한 상태'이다. 쉬운 말로 풀어 쓰면 '현재 프로젝트는 엉망진창이니, 필히 수정 후 가동할 것'이라는 의미다. 게다가 더 충격적인 사실은 진흥원이 디지털예산회계시스템의 모든 기능을 시험하고 낸 결과가 아니었다는 것이다. 회계업무 통합시나리오 233개의 모든 기능을 테스트한 것이 아니라 233개 중 5%에 해당하는 딱 11개에 한정하여 실시한 결과임에도 '부적정' 평가를 받았다는 가히 충격적인 상황이었다.

게다가, 이 프로젝트가 얼마나 심각한 수준인지는 당시 진흥원이 1년간 실시했던 감리(그림 17-1 참조) 결과 현황에서도 확인할 수 있다. 당시 진흥원이 감리 결과로 '부적정' 의견을 제시한 사례는 전혀 없었으며 '미흡' 의견도 7%에 불과했다. 디지털예산회계시스템 프로젝트는 그 당시 기준으로 진흥원에서 '부적정' 의견을 낸 유일한 사례였다.

계	적정	보통	미흡	부적정
326건	49	254	23	-
100%	15%	78%	7%	-

그림 17-1 한국정보사회진흥원 감리 결과 현황 (2006. 7. 1~2007. 6. 30)

감리 의견도 무시하고 시스템 가동 강행

재정경제부는 진흥원의 감리 의견을 받아들이지 않았다. 열흘밖에 남지 않았는데, 감리 의견을 받아들여 프로젝트를 다시 수정, 보완하게 되면 2007년 1월 2일로 예정되어 있던 시스템 가동은 시간상 도저히 불가능하다고 판단했던 것이다. 재정경제부는 불도저처럼 시스템 가동을 밀어붙였다. 진흥원의 감리 의견이 나온 다음 날인 2006년 12월 22일 재정경제부는 '발생 가능성이 낮은데도 일반적 우려', '추측에 따라 지적' 등의 사유를 들어 진흥원에 "감리 결과를 받아들일 수 없다"는 입장을 통보했다. 그리고 진흥원에 정보시스템 감리 기준에도 없는 재감리를 요구했다.

이에 진흥원은 2006년 12월 29일 디지털예산회계시스템을 다시 감리하면서 테스트 대상을 재선정하지 않고 종전(2006년 12월 21일)과 동일한 대상(11개, 전체 5%) 중 부적정한 것으로 지적된 사항에 한정하여 같은 방법으로 테스트한 후 감리 의견을 '미흡'으로 조정했다. 이에 따라 재정경제부는 당초 예정대로 2007월 1월 2일 그 시스템을 가동하여 각 부처에서 사용하게 되었다. 하지만 이 결정은 곧 어마어마한 사용자의 원성을 낳게 된다.

예정된 결함들

시스템에 대한 예상대로 시스템 사용 중에 수많은 결함이 발생했다. 급여를 제때 지급하지 못하거나, 각종 오류로 인해 업무 효율이 매우 저하되었으며, 처리속도가 너무 느려서 디지털예산 회계시스템을 사용하는 각 부처의 원성이 자자했다. 시스템 오류에 대한 항의 및 문의 전화가 폭주해서 콜센터는 거의 마비될 지경이었다.

이는 실제 수치로도 확인되었다. 2007년 1월 2일 시스템 운영을 시작한 이후에 무려 9,437건의 프로그램 변경이 있었다. 응용프로그램 오류로 인한 프로그램 변경/개발이 2,415건, 시스템 성능 저하/장애 처리가 240건, 프로그램 기능 추가 및 개선이 6,785건이나 발생했다. 특히, 동일한 프로그램을 2회 이상 반복해서 변경한 것이 1,299건으로 전체 프로그램 오류 중 53.8%에 달했고, 지출업무 관련 프로그램을 무려 43회나 변경한 사례도 있었다.

시스템에서 생성한 정보 역시 문제 투성이였다. 2007년 7월 3일 기준으로 디지털예산회계시스템에서 생성한 재정 정보의 정확성을 조사한 결과, 지출업무, 국유 재산/물품 업무, 수입업무 등과 관련하여 2,355건의 정보에 오류가 발견되었다. 이 오류의 원인에 대해 조사한 결과, 응용프로그램 오류에서 비롯된 경우가 2,269건(97.2%)이고, 입금계좌번호 등 기존 국가재정정보시스템에 있던 정보의 변환 작업과 관련된 오류가 66건에 이르고 있었다.

결국 터진 문제

시스템은 거듭되는 유지보수로 누더기가 되어 가고 있었다. 이 와중에 재정 통계 프로그램에서 '소득세 원천징수액' 등 공제금액이 누락되어 정부의 인건비가 과소 계산되도록 잘못 구현된 사실이 발견되었다. 이 오류를 바로잡고자 2007월 6월 20일 이 시스템의 주 개발사인 S 컨소시엄 소속 H 정보통신의 한 프로그래머가 이를 수정했다. 그런데 이 프로그래머가 수정한 프로그램이 오히려 독이 되었다. 과소 계산된 인건비를 고치려다 도리어 인건비가 과다 계산되도록 잘못 구현한 것이다.

결국 이 결함은 2007년 8월 23일 재정경제부에서 2007년 상반기 통합재정수지를 17조 4,000억 원만큼 과소 산정한 6조 1,000억 원으로 외부에 발표하게 만드는 주요 원인이 되었다.

종합적인 인재의 결정판

디지털예산회계시스템은 600억 원이라는 거금이 투입된 큰 프로젝트지만, 막상 재정경제부 프로젝트 관리자는 디지털예산회계시스템 프로젝트 관리에 소홀했거나 이런 큰 IT 프로젝트에 대한 경험이 부족했던 것으로 보인다. 이 관리자는 프로젝트 개발 회사인 A로부터 개발이 순조롭게 진행되고 있다는 보고만 듣고 개발 관리를 수행했었다.

하지만 시스템 가동을 두 달도 남겨 놓지 않은 2006년 11월 어느 날, 이 시스템의 감리를 맡고 있는 진흥원이 예정일인 2006년 12월 31일까지 개발을 완료하기가 불가능해 보인다는 의견을 제시했다. 설상가상으로 같은 시기에 개발 회사 A 등 개발 사업자 측이 업무회의에서 계약기간 내 개발을 마무리할 수 없다고 밝히자, 관리자는 그제서야 프로젝트가 전반적으로 지연되고 있다는 사실을 알게 된다.

개발이 지연되고 있는 데다가 감리를 맡은 진흥원이 시스템 가동에 부정적이었지만, 기획재정부 측에서는 시스템 오픈 일을 늦출 생각이 전혀 없었다. 담당 공무원의 과욕 때문이었는지 경직된 조직문화 때문인지는 모르겠지만, 시스템 오픈 열흘 전에 '부적정' 판결을 받고도 이를 무시하고 예정대로 2007년 1월 2일 시스템을 가동했다.

그 후 프로젝트 개발자들에게는 악몽이 시작되었다. 이미 이야기한 대로 2007년 1월 2일 시스템 운영을 시작한 이후에 무려 9,437건의 프로그램 변경이 일어났다. 2007년 7월 15일을 기준으로 보았을 때 휴일을 포함해도 하루에 약 48.64건(9,437건 변경 / 194일)의 변경이 일어난 셈이다.

사실 소프트웨어를 변경(결함 수정, 기능 개선 등)할 때는 다른 기능에 영향을 주지 않는지 구조적으로 검토한 뒤 변경하는 것이 일반적이다. 하지만 하루 평균 약 50건씩 수정하면서 충분한 검토를 진행하기란 무리였다.

이 프로젝트에서는 관리 소홀, 개발 미흡, 땜질 보수, 소프트웨어 마인드 부족은 물론이요, 이 장에서 언급하지 않은 계약 불이행과 유지보수의 난맥상까지 IT 프로젝트에서 발생할 수 있는 많은 문제점들을 두루 보여주었다. 이로 인해 사용자인 수많은 공무원들의 업무 효율성이 저하되어 사회적으로 큰 시간과 비용의 낭비를 초래했다.

앞으로 다른 정부부처의 프로젝트도 이 사례를 벤치마킹하여 수행함으로써 시민들의 혈세가 더 이상 낭비되지 않았으면 한다.

18장

도요타 급발진 사고와 소프트웨어

21세기 들어서 회자된 자동차 시장의 핫 이슈 중 하나를 꼽으라면 단연 급발진 사고를 꼽을 것이다. 급발진은 운전자의 의지와 관계없이 자동차가 계속 가속되는 현상을 말한다. 우리나라의 경우도 2010년 이후 각종 TV 시사프로그램에서 급발진 사고를 비중 있게 다루어 사회 전반적으로 큰 파장을 몰고 오기도 했다. 급발진 현상은 비단 우리나라뿐만 아니라 전 세계적으로 사례가 늘어나는 추세에 있다.

공교롭게도 자동차의 전자 장비화가 이루어지기 시작한 시점과

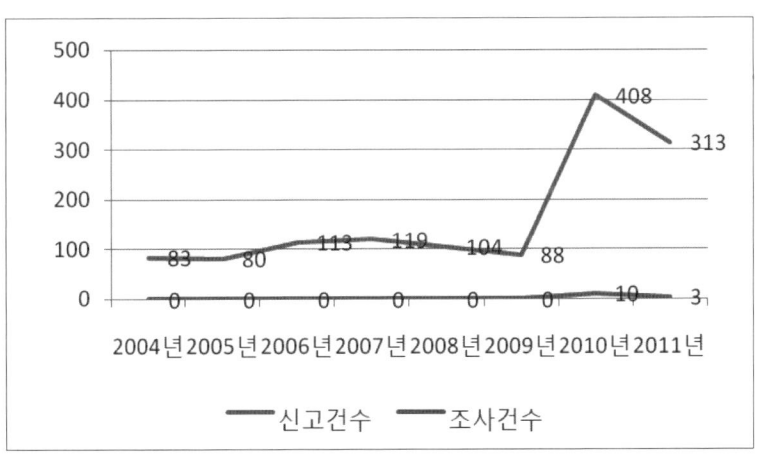

그림 18-1 급발진 신고 건수와 조사 건수 (출처: 심재철 의원실)

급발진 신고 건수가 늘어나는 시점이 거의 일치해서 많은 사람들이 자동차의 전자 장비나 전자 장비 소프트웨어에 의혹의 눈초리를 보냈다. 개연성은 있었지만 공식적으로 전자 장비나 소프트웨어의 문제로 밝혀진 것은 1건도 없었다. 간헐적인 오작동은 재현 및 원인 규명이 매우 어렵고, 사건의 원인을 원고가 입증해야 하는 데다가, 제조사도 사고 조사에 그리 협조적이지 않은 까닭에 대부분 원인 규명에 실패하거나 운전 미숙으로 처리되곤 했다.

하지만 2009년 8월 28일 미국에서 발생한 한 사고가 이런 국면을 전환시키는 계기가 되었다. 일가족 4명을 태운 도요타 렉서스 차량이 빠른 속도로 앞 차와 충돌한 후 가드레일 밖으로 튕겨나가 전소되면서 탑승자 전원이 사망한 사고였다. 평범한 운전자 과실로 묻힐 뻔한 이 사고는 차량 동승자 가운데 1명이 사고 직전 911(우리나라의 119와 같은 응급구조 신고전화)에 구조 요청을 남김으로써 이 사고가 단순 교통사고가 아니라는 사실이 알려지게 되었다.

"브레이크가 작동하지 않는다"

당일 오후 6시 30분경 911로 한 통의 전화가 걸려 왔다. 한 남자가 다급한 목소리로 외쳤다.

    신고자: "우리는 렉서스에 타고 있어요." ("We're in Lexus.")
    신고자: "지금 125번 도로를 타고 북쪽으로 가고 있어요." ("We're going North on 125.")
    911센터: "네."
    신고자: "그리고 가속페달이 전혀 움직이지 않아요." ("And our accelerator is stuck.")

911센터: "네, 125번 도로 북쪽으로… 지금 어디를 지나고 있습니까?" ("OK, North 125. Where are you passing?")

신고자: "지금… (운전자에게) 우리 지금 어디를 지나고 있죠?" ("We are passing, uh. Where are we passing?")

신고자: "시속 120마일(약 193km/h)로 달리고 있어요. 미션 고지 (샌디에이고 북부 도로 이름)! 문제가 생겼어요. 브레이크가 작동하지 않아요." ("We are going a 120... Missin Gorge.. We're in trouble. We can't... there's no brakes.")

911센터: "네."

신고자: "미션 고지… 고속도로가 반 마일(약 700m) 앞에서 끝납니다." ("Mission Gorge.. end freeway half mile.")

911센터: "네, 차량 시동을 끄거나 다른 것을 할 수 있나요?" ("OK and you don't have the ability to, like, turn the vehicle off or anything?")

신고자: "교차로에 접근하고 있어요. 교차로에 접근하고 있어요. 꽉 잡아. 제발, 제발." ("We're approaching the intersection. We're approaching the intersection. Hold on. Pray. Pray.")

　　통화는 충돌음과 동시에 종료되었다. 사고 차량의 운전자는 캘리포니아 고속도로 순찰대 소속 마크 세일러$^{Mark\ Saylor}$였고, 부인과 딸, 처남이 동승하고 있었다. 911에 전화로 연락한 사람은 운전자의 처남인 크리스 라스트렐라$^{Chris\ Lastrella}$였다. 사고 차량 운전자가 자동차 운전의 베테랑인 고속도로 순찰대원이라는 점과 사고 직전 911에 구조 요청한 사실 때문에 이 사건은 미국 사회에 큰 파장을 몰고 왔다.

도요타 리콜 위기

사실 이 사고 이전에도 미국 내 도요타 차량에서 급발진으로 추정되는 사고가 여럿 있었다. 문제의 원인은 2002년으로 거슬러 올라간다. 도요타는 당시 캠리 모델을 재설계하면서 새로운 가속페달을 도입했다. 기존에는 가속페달과 엔진 사이에서 물리적인 케이블을 통해 신호를 전달했다면, 새로운 가속페달은 전자 센서로 엔진을 제어하는 컴퓨터에 신호를 보내는 방식이었다. 이 방식은 연료비 절감에 효과가 있어서 렉서스 ES를 비롯한 다른 도요타 자동차에도 동일 기술이 채택되었다.

새로운 가속페달이 도입된 지 2년 뒤인 2004년 초부터 NHTSA^{National Highway Traffic Safety Administration}(고속도로 교통안전국)에 도요타 캠리와 렉서스 ES 모델이 가끔 가속페달을 밟지 않아도 가속된다는 불만이 접수되기 시작했다. 이에 2004년 3월, NHTSA는 도요타 자동차의 전자식 스로틀(엔진 실린더로 유입되는 연료와 공기의 혼합물을 조절하여 원하는 출력

그림 18-2 2007년형 도요타 렉서스 ES 350 (출처: 위키피디아)

을 얻게 하는 장치) 결함에 대해 조사하기 시작했다. 조사가 시작되자 도요타는 전직 NHTSA 직원을 고용하여 NHTSA에 로비를 시도하면서, 차체 결함 가능성이 없다는 입장을 고수했다. 이 때문인지 몰라도 NHTSA는 별다른 문제점을 찾지 못하고 조사를 종료했다.

그럼에도 도요타 자동차에 대한 불만이 계속 접수되었다. 2005~2006년 동안에 도요타 자동차의 급가속 신고가 수백 건이나 NHTSA에 접수될 정도였다. 물론 도요타는 차체 결함은 없고, 모두 고객의 과실이라는 입장이었다. 한술 더 떠서 도요타는 급가속에 대해 조사하려는 NHTSA에 두 차례에 걸쳐 "차량이나 부품에 결함이 존재하지 않는다. 어떠한 요소나 트렌드도 없다."며 급가속에 대한 예비 조사를 중단할 것을 요구했다.

2007년 3월, NHTSA는 렉서스의 가속페달이 운전석 바닥 매트에 눌릴 수 있다는 가능성에 초점을 맞춰서 조사를 시작했다. 가속페달이 움직이지 않아서 7명이 다쳤다는 보고서가 나온 후에도, 도요타는 여전히 자사의 차량에는 문제가 없다고 주장했다.

하지만 8월에 들어서 12명이 이 매트 문제로 사망한 사실이 드러나고 NHTSA 역시 일부 충돌 사고에서 운전자가 브레이크를 밟았음에도 차를 세우지 못했다는 증거를 찾아내면서 도요타도 어쩔 수 없이 리콜을 결정했다. 도요타는 2007년 9월 2007~2008년형 캠리와 렉서스 ES 350 두 차량 모델에 대해 총 5만 5,000대를 리콜하고 바닥 매트를 점검했다.

이 리콜 후에도 급가속의 원인이 바닥 매트의 문제가 아닐지도 모른다고 지적하는 보고서가 이어졌다. 특히 2008년에 미시간에서 발생한 끔찍한 충돌사고는 이 주장에 힘을 보탰다. 2008년 4월 19일 77

세의 한 여성 운전자가 몰던 2005년식 캠리가 순식간에 시속 25마일(약 40km/h)에서 시속 80마일(약 128km/h)까지 급가속하는 일이 발생했다. 해당 차량은 400m나 질주한 후 나무에 충돌했고 운전자는 사망했다. 그런데 이 사고의 원인은 바닥 매트가 아니었다. 운전자가 사고 하루 전에 바닥 매트를 제거했기 때문이다. 또한 2008년에는 미네소타에 사는 렉서스 ES350 운전자가 고속도로에서 약 3km를 급발진으로 질주한 끝에 간신히 차를 멈추고 NHTSA에 조사를 의뢰한 일도 있었다. 도요타는 이 사건 역시 바닥 매트가 원인이라고 주장했다.

한편 이와 별개로 도요타 유럽지사는 2008년 12월부터 아일랜드와 영국에서 발생한 급발진 사고의 차량에 대해 조사하고 있었다. 그 결과, 미국에서도 광범위하게 사용되는 가속페달이 원인임을 밝혀냈다. 도요타는 페달을 새로 설계해서 새로 조립되어 나오는 차량부터 장착했다. 그러나 정작 유럽에서는 리콜 조치를 취하지 않았고,

그림 18-3 2005년식 캠리 (출처: 위키피디아)

NHTSA나 도요타 미국지사에도 이를 알리지 않았다.

이 와중에 앞서 소개한 대로 고속도로에서 일가족이 모두 사망하는 렉서스 급발진 사고가 발생했다. 결국 NHTSA의 인내심도 한계에 달했고, NHTSA는 도요타 측에 매트 문제를 서둘러 해결할 것을 촉구했다. 또한 매트 교체만으로는 충분하지 않은 것으로 판단하고 가속 페달이 아예 매트에 걸리지 않도록 교체할 것을 주문했다. 이에 따라 도요타는 매트 결함을 이유로 10월 5일 미국 내 약 380만 대의 차량에 대해 리콜을 실시했다. 자동차 리콜 역사상 최대 규모의 리콜이었다. 도요타로서는 이 정도면 충분하다 싶었는지 11월 3일 공식 발표를 통해 'NHTSA가 리콜한 차에 대해 결함이 없다는 결론을 내렸다.'고 발표했다. 그러자 바로 다음 날 NHTSA는 이례적인 공식 발표를 통해 "도요타 측의 논평이 부정확하고 소비자를 오도하고 있다."고 비판하면서 차량 리콜의 원인이 바닥 매트가 아닐지도 모른다는 의견을 제기했다.

실제로 도요타의 리콜은 10월 5일의 매트 교환에서 끝나지 않았다. 계속해서 새로운 결함이 발견되었고 도요타가 조직적으로 사건을 은폐하고 축소시키려 했다는 증거가 속속 나오기 시작했다. 2010년 1월 19일에 도요타의 한 임원은 회사 차원에서 이미 가속페달이 급발진의 원인임을 알고 있었다는 사실을 NHTSA와의 비공개 회의에서 털어놓았다. 이 말을 듣고 매우 화가 난 NHTSA 수장은 회의 직후 자신의 전권을 행사하여 도요타에 대해 기소, 벌금, 판매 중단 조치를 포함한 모든 수단을 강구할 뜻을 내비치기도 했다. 그 결과, 2010년 1월 21일 가속페달의 결함을 이유로 도요타는 230만 대의 자동차를 추가 리콜했으며, 더 나아가 미국 교통국은 도요타에 리콜 대상 차량의 판매 중단을 명령했다. 이에 따라 도요타는 2010년 1월 26일 리콜 대상 차량의 판매를 잠정 중단했다.

차량 결함을 인지하고 있었음에도 은폐하고 책임을 부정하던 도요타는 이 리콜 사태로 인해 엄청난 손실을 입게 되었다. 리콜 지연과 관련해 2010년에만 미국 당국에 세 차례에 걸쳐 4,880만 달러의 과징금을 내야 했고 차량 리콜에 약 24억 달러, 민사합의금으로 약 11억 달러의 비용을 각각 처러야 했다. 또한 리콜 사태 이전까지 전 세계 자동차 판매량 1위를 기록했던 도요타는 리콜 사태 이후 4위까지 주저앉는 등 이중고를 겪어야 했다. 처음에는 차체 결함 가능성을 부인하다가 구체적인 결함이 알려지면 마지못해 리콜하는 듯한 인상을 남겨 미국시장에서도요타에 대한 기업 이미지가 나빠진 것도 큰 손실이었다. 이것이 끝이 아니었다. 2010년 2월 미국 법무부는 도요타를 사기 혐의로 기소했다. 도요타가 고의로 차량 결함을 숨기고 거짓말을 함으로써 소비자를 기만했다는 것이 그 이유였다.

도요타 소프트웨어 검사

2010년 3월, NHTSA는 NASA에 전자제어 스로틀이 급발진의 원인으로 작용했는지에 대한 조사를 의뢰했다. 물론 도요타는 지금까지 전자제어 스로틀은 설계상 문제가 전혀 없다는 입장이었다. 10개월에 걸쳐 NASA 엔지니어들은 전자제어 장치의 소스코드 28만 줄과 각종 전자 장비를 점검했다. 하지만 2011년 2월, NASA와 NHTSA는 도요타의 전자제어 스로틀 시스템에서 급발진의 원인이라고 할 만한 증거를 발견하지 못했다고 발표했다. 조사한 대부분의 사고는 운전자의 실수와 페달 혼동 때문에 발생했다는 결론이었다. 보고서는 "도요타의 문제는 기계적 결함이지 전자적 결함이 아니다."라는 결론을 내면서 급발진의 원인을 발견하지 못한 것이지 급발진 현상이 일어나지 않는 것은 아니라고 덧붙였다. 도요타의 주가는 그날 4%가 올랐고, 도요타가 위기를 벗어나는 듯했다.

NHTSA와는 별개로 급발진에 의한 부상 사고를 당하거나 경제적 피해를 입은 운전자들이 도요타를 고발한 민사 소송에서는 NHTSA와 다른 방법을 택했다. 임베디드 소프트웨어 전문가 마이클 바$^{Michael Barr}$가 공동창업자이자 CTO로 있는 바그룹$^{Barr Group}$에 연락해서 도요타 자동차의 전자제어 스로틀에 대한 조사를 요청했다. 이에 따라 2012년 1월부터 마이클 바는 7명의 숙련된 기술자와 함께 2002~2010년식 도요타 자동차의 전자제어 스로틀 장치의 소스코드를 조사하기 시작했다. 18개월간의 조사 결과는 충격적이었다. 지금까지의 조사 결과나 도요타의 주장과는 달리, 도요타 자동차의 내장 소프트웨어(전자제어 스로틀 장치)가 자동차 급발진의 원인일 '가능성'이 있다는 사실을 밝혀냈다(가능성이라는 단어를 쓴 이유는 도요타 소프트웨어가 급발진을 일으킬 확률이 0%가 아님을 입증한 것이지, 모든 급발진의 원인이 도요타 소프트웨어의 결함은 아니라는 것을 강조하고 싶어서다.).

ECU 소프트웨어가 급발진을 일으킬 수 있다

바그룹의 보고서는 두 가지 측면에서 혁신적이었다. 첫 번째는 여태까지 아무도 입증하지 못했던 급가속의 원인 중 하나가 소프트웨어 결함이라는 사실을 처음으로 입증했다는 점이다. 두 번째는 과학, 기술 논문처럼 실제로 테스트를 통해 소프트웨어 결함으로 급가속이 일어날 수 있다는 사실을 증명한 첫 사례라는 점이다.

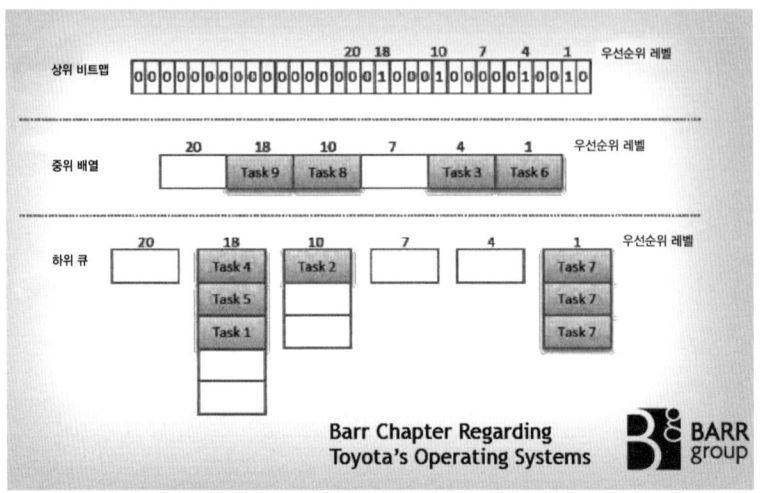

그림 18-4 태스크를 제어하는 자료구조 (출처: 바그룹 보고서)

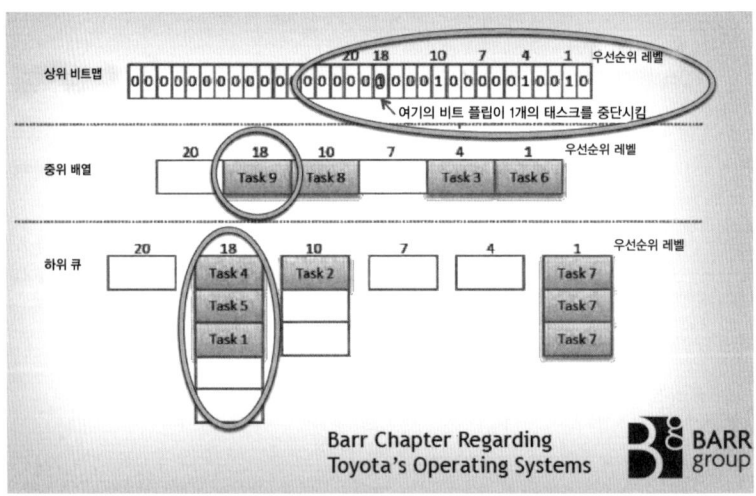

그림 18-5 18번째 비트가 변경될 때 영향받는 태스크 (출처: 바그룹 보고서)

바그룹의 보고서에 따르면 2005년식 캠리 L4 모델은 총 24개의 태스크^{Task}가 언제나 실행되고 있었다. 스마트폰에 비유하자면 늘 24개의 앱이 실행되고 있는 상태와 같다. 캠리의 운영체제 내에는 그림 18-4와 같이 이 24개의 태스크를 다루는 특별한 자료구조가 있었다.

내부 소프트웨어 오류로 인해 이 자료구조의 값이 변하면 일부 태스크가 중단되거나 수행되는데, 그림 18-5와 같이 상위 비트맵의 18번째 비트가 1에서 0으로 바뀌면 중위 배열에서 우선순위 18에 해당하는 태스크 9가 중단되고 하위 일감인 태스크 4, 5, 1이 중단된다.

실제로 마이클 바는 테스트를 통해 태스크가 종료되면 급가속이 일어날 수 있다는 사실을 보여주었다(그림 18-6 참조). 운전자가 시속 110km 정속주행 모드(크루즈 컨트롤)를 설정한 후에 소프트웨어 오류

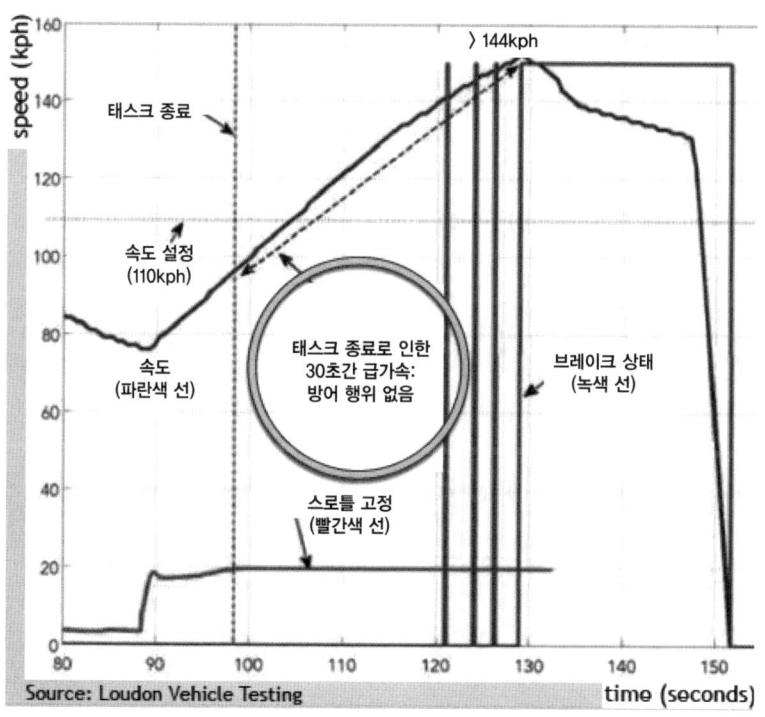

그림 18-6 정속주행 모드에서 급가속하는 현상을 보여주는 그래프 (출처: 바그룹 보고서)

로 태스크를 제어하는 자료구조가 변경되면, 가속페달을 모니터링하는 태스크가 종료되면서 스로틀을 제어할 수 없게 된다.

만약 그 태스크가 종료될 때 브레이크가 눌린 상태였다면 도리어 운전자가 브레이크에서 완전히 발을 떼야 급가속이 중단된다는 사실을 확인했다.

결국 소프트웨어 오류로 인해 태스크를 제어하는 자료구조의 메모리값이 변경되면서 언제나 수행되어야 할 태스크가 종료되는 것이 급가속 문제의 핵심이었다. 마이클 바의 보고서에 따르면 도요타의 소스코드는 매우 문제가 많은 것으로 확인되었다.

버그 투성이 도요타 소프트웨어

첫 번째, 도요타의 소스코드는 극히 복잡했다. 소프트웨어 모듈과 태스크 사이에 의존도가 커서 한 모듈이 변하면 이와 관련된 여러 모듈 및 태스크에 영향을 끼쳤다. 게다가 2005년형 캠리 L4의 소프트웨어는 무려 1만 1,000개의 전역 변수가 있어서 데이터 흐름상 극히 좋지 않은 코드였다. 그뿐만이 아니다. 굉장히 길게 작성한 함수가 매우 많았다. 67개의 함수는 테스트하기 힘든 정도의 복잡도를 보였으며(순환 복잡도[*] 수치가 50 이상), 특히 스로틀의 각도를 조절하는 함수는 유

---

[*] 순환 복잡도: 소프트웨어 한 유닛 내(메소드 혹은 함수)의 코드가 얼마나 복잡한지 정량적 수치로 나타낸 소프트웨어 지표로, 1976년 맥케이브(McCabe) 박사가 고안했다. 이 수치가 높다는 것은 코드가 복잡하다는 뜻이므로, 에러가 발생할 확률이 높고 테스트하기가 힘들다는 것을 의미한다. 다음 표는 기존의 에러를 고치려다가 의도치 않게 또 다른 오류가 발생할 확률을 보여준다.

순환 복잡도	또 다른 오류가 생길 확률
1~10	5%
20~30	20%
50 이상	40%
100 전후 혹은 그 이상	60%

지보수가 불가능할 정도의 복잡도를 나타냈다(순환 복잡도 수치가 100 이상).

두 번째, 프로그램을 실행하기에 메모리(정확하게는 스택)가 충분하지 않았다. 이전에 NASA가 도요타의 소프트웨어를 조사할 때, 도요타 측 기술자는 소프트웨어가 메모리를 41%밖에 사용하지 않는다고 주장했으나 실제로는 94%를 사용하고 있었다. 이 때문에 태스크를 제어하는 자료구조를 침범하여 값이 변경될 수 있었다(이런 오류를 스택 오버플로우 Stack Overflow 라고 한다.).

세 번째, 안전이 최우선시되는 소프트웨어는 오류가 발생하면 사람이 죽거나 다칠 수 있으므로 개발할 때 안전과 관련된 코딩 규약을 준수한다. 이 코딩 규약 중 하나가 MISRA-C인데, 도요타는 2002년부터 이 MISRA-C 규약을 준수한다고 발표했으나 실제 조사 결과 도요타의 소프트웨어는 코딩 규약을 제대로 지키지 않고 있었다. 2005년형 캠리 L4의 경우 8만 개 이상의 규칙 위반이 발견되었다. 도요타는 겉으로는 MISRA-C 규약을 준수한다고 말하고 있었으나, 실상은 127개 규칙(MISRA-C 1998 버전 기준) 중 단 11개의 규칙만 지키고 있었고 그마저도 제대로 지키지 않아서 11개 중 5개는 규칙 위반이 발견될 정도였다.

네 번째, 만약 급가속이 발생하면 이를 막을 수 있는 안전 계층 Safety Layers 에도 결함이 있었다. 내부 데이터 구조와 스로틀 각도 조절 변수 값 등의 중요 데이터는 필히 미러링 mirroring 을 해야 하는데 미러링하지 않았다. 미러링이란 중요한 데이터를 중복 기록하여 사용하는 것인데, 내부적으로 오류가 발생해서 원본과 미러링 값이 일치하지 않으면 어딘가 이상이 있다고 파악할 수 있다. 또한 NASA 보고서에서 언급한 다섯 가지의 방어 모드가 모두 하나의 태스크에서 실행되고 있었다. 만약 소프트웨어 오류로 해당 태스크가 수행되지 않는다면 방어 모드가 전혀 작동하지 않을 위험이 있었다. 덧붙여 태스크의 이상 유무를 감시하는 와치독Watchdog 설계도 잘못되었다. 주요 태스크가 종료되는 것을 제대로 탐지하지 못했으며, 운영체제에서 알려 주는 오류 메시지도 그냥 무시해버렸다.

바그룹 보고서와 도요타의 항복은 별개 사항

2014년 3월 19일 도요타는 형사기소를 하지 않는 조건으로 벌금 12억 달러(약 1조 3,000억 원)에 4년에 걸친 급발진 관련 수사를 종결하는데 미국 법무부와 합의한다고 발표했다. 12억 달러는 자동차 업계 역사상 최대 규모의 벌금이었다. 이에 대해 한국의 주요 언론들은 마치 소프트웨어 결함을 미국 법원이 인정했으며, 바그룹이 내놓은 조사 보고서 때문에 도요타가 거액의 벌금을 물게 된 것으로 보도했다. 하지만 미국 법무부가 도요타를 기소한 것은 도요타가 자동차 급발진 문제를 미국 정부에 거짓으로 보고하고 은폐하려 했기 때문이었고, 도요타는 형사처벌을 피하고자 거액의 벌금으로 합의한 것일 뿐 바그룹이 밝혀낸 소프트웨어 결함 때문은 아니었다.

그럼에도 불구하고 바그룹의 보고서는 그동안 자동차 급발진 현상을 미스터리 현상 혹은 운전자 과실로만 치부하던 자동차 업계에 경종을 울렸다. 비록 바그룹의 분석 결과가 모든 자동차 급발진의 원인이 소프트웨어라는 사실을 증명하는 것은 아니지만, 소프트웨어가 급발진의 주요 원인일 수 있다는 사실을 과학적으로 입증했다는 점에서 큰 의의가 있는 것으로 평가된다.

소프트웨어 개발자를 위한 에필로그
버그 없는 소프트웨어를 만들기 위해

사람은 누구나 실수를 한다. 소프트웨어도 사람이 만든 '작품'이기 때문에 소프트웨어라고 해서 버그가 없을 수 없다. 소프트웨어가 생겨난 이래 많은 사람들이 소프트웨어 버그를 완벽하게 잡기 위해 꾸준한 노력을 기울였다. 하지만 여전히 소프트웨어 버그는 끊이질 않고 있으며 버그로 인해 일정 지연, 재산상 손해, 물질적 손해가 발생하고, 심지어 인명 손실로까지 이어지고 있는 것이 현실이다.

최초의 버그

1947년 9월 9일 그레이스 호퍼^{Grace Murray Hopper} 박사는 하버드 대학에서 Mark Ⅱ 컴퓨터를 테스트하고 있었다. 원하는 결과가 나오지 않아 어려움을 겪던 중에 호퍼 박사는 결국 문제의 원인을 찾아냈다. 컴퓨터 안의 나방 한 마리 때문이었다. 호퍼 박사는 이 나방을 제거해서 로그 노트에 붙였고 그 아래에 '버그가 발견된 최초의 실제 사례^{First actual case of bug being found}'라고 적었다.

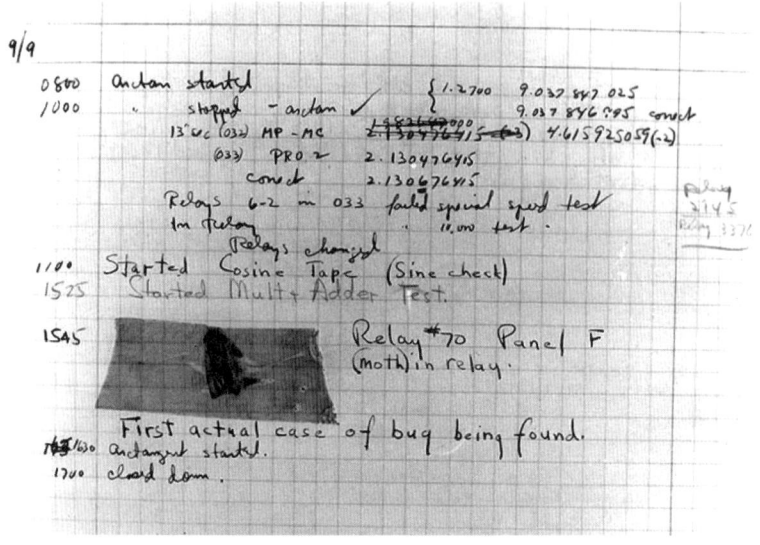

그림 1 호퍼 박사가 기록했던 시스템 로그

소프트웨어의 원죄: 버그

신입 개발자들은 물론이거니와 소프트웨어 전문가들도 이 버그의 덫을 피해 갈 수 없다. 소프트웨어 분야에서 2인자라면 서러울 기업인 구글Google과 마이크로소프트Microsoft도 수시로 버그 패치(버그를 수정한 프로그램)를 배포할 정도다. 구더기 무서워 장 못 담글 수는 없듯이 이 시대를 살아가면서 버그가 두려워 소프트웨어를 사용하지 않을 수는 없는 노릇이다. 이미 소프트웨어는 가까이에 있는 우리 호주머니 속 스마트폰으로부터 타고 다니는 자동차, 출장이나 여행 시 이용하는 비행기, 나라를 지키는 탱크 및 전투기, 건강을 지키는 의료장비에 이르기까지 여기저기 쓰이고 있기 때문이다.

이렇게 소프트웨어는 일상 생활에 밀접하고도 널리 쓰일 뿐 아니라 사용되는 소프트웨어의 양 또한 과거에 비해 상당히 많아졌다.

1970년대에 처음으로 도입된 초창기 민항기인 보잉 747은 약 40만 줄 코드의 소프트웨어가 사용되었는데 2011년에 도입된 최신 기종인 보잉 787은 무려 그 16배인 650만 줄의 소스코드를 가진 큰 규모의 소프트웨어가 사용되고 있다.

현대를 살아가려면 반드시 써야 할 소프트웨어, 어떻게 하면 버그 없이(정확히는 버그가 많지 않게) 잘 만들 수 있을까?

그림 2 650만 줄의 코드로 구현된 소프트웨어를 사용하는 보잉 787 (출처: 위키피디아)

소프트웨어 개발 프로세스

소프트웨어는 보통 ①요구사항 분석 → ②설계 → ③구현 → ④테스트의 순서대로 개발된다.

①요구사항 분석 단계에서는 소프트웨어를 쓸 사용자의 요구사항을 분석한다. 이 분석 내용을 바탕으로 소프트웨어를 어떻게 만들 것인지 ②설계하고, 이 설계대로 컴퓨터가 이해하는 언어를 활용해 입력한다. 이 입력 단계를 보통 개발, 코딩^{Coding} 혹은 ③구현^{Implementation}이

라고 한다. 구현이 끝나면 사용자 요구사항대로 올바르게 만들어졌는지, 이상은 없는지 검사하는데 이 단계가 ④테스트 단계다. 전통적인 방식으로는 구현 후에 테스트했지만 요즘은 개발과 테스트를 단계별로 반복 수행하는 방법을 많이 사용한다. 테스트가 끝났으면 그 결과물을 사용자에게 배포한다. 이것이 보통의 소프트웨어 개발 프로세스다.

소프트웨어 개발은 흔히 건물 짓는 것에 많이 비유된다. 건물을 지을 때 건물주의 요청사항을 정확하게 이해하고 설계하는 것이 중요하듯이 소프트웨어 개발도 마찬가지다. 충분한 요구사항 분석과 탄탄한 설계가 전제되어야만 실용적이면서도 결함이 없는 소프트웨어를 구현할 수 있다.

소프트웨어 버그의 비용

건축회사가 건물주의 요구사항을 잘못 알아듣거나 설계를 잘못해서 건물이 엉뚱하게 만들어졌다면 완공 후일지라도 잘못된 부분을 다시 공사해야 한다. 그런데 건물의 경우는 공사 진척도를 눈으로 확인할 수 있고 초반에 바로잡을 수 있는 여지가 많은 반면에 소프트웨어는 거의 완성 단계에 이르러서야 사용자가 그 결과를 확인할 수 있다. 건축물과는 다른 소프트웨어의 이런 특성 때문에 상당수 버그는 테스트 단계 혹은 배포 후에 많이 발견된다. 이런 버그의 늦은 발견으로 인해 이를 수정하기 위한 비용이 상당하다. 소프트웨어는 오류 검출이 늦을수록 오류 수정 비용이 급등하기 때문이다.

버그를 요구사항 분석 단계에서 검출하면 139달러의 비용이 소요되며, 설계 단계에서 검출하면 455달러로 요구사항 분석 단계에서의

그림 3 각 단계별 버그 발생 시 해결 비용 (출처: 파수닷컴 홈페이지)

약 세 배 비용이 소요된다. 코딩 단계에서 버그 검출 시 977달러로 약 일곱 배, 테스팅 단계에서 버그 검출 시 7,136달러로 약 50배, 배포 단계에서 버그 검출 시 1만 4,102달러로 약 100배에 달하는 비용이 각각 소요된다(그림 3 참조).

이러한 비용 낭비를 막기 위해 최근에는 소프트웨어 개발 초기에 버그를 많이 잡고자 요구사항 분석 단계와 설계 단계를 강화하고 있지만 여기에는 한계가 있다. 소프트웨어의 특성상 초반에 모든 요구사항이 도출되지 않는 경우가 많은 데다가, 설계 역시 건물 짓는 것처럼 명확하게 진행하기가 매우 어렵기 때문이다. 따라서 최근에는 어느 정도 정량적이고 기계적으로 분석이 가능한 구현 단계의 테스팅을 강화하고 있는 추세다. 지금부터 구현 단계에서 어떻게 하면 버그를 줄일 수 있을지에 초점을 맞춘다. 요구사항 분석 단계와 설계, 테스트 단계도 언급하고 싶지만 각 단계별로 관련된 책만 수백 권은 될 정도로 내용이 매우 방대하기 때문에 이 책에서는 딱 두 가지 포인트만 짚고 넘어간다. 바로 코딩 표준과 정적 코드 분석이다.

코딩 표준

코딩 표준$^{Coding\ Standard}$은 버그가 더 적고 더 안정적이며 더 생산성 있는 소프트웨어를 만들기 위해 만들어진, 소프트웨어 구현 단계에서 지켜야 하는 일종의 개발 규칙이다. 코딩 표준은 만들어진 목적에 따라 각각 다르지만 주로 개발 시 다른 개발자가 소스코드를 파악하기 좋도록 가독성^{Readability} 높은 코드와 유지보수하기 쉬운^{Maintainability} 코드, 그리고 신뢰성 있고 안전한 코드를 작성 하는 것을 목표로 한다. 코딩 표준의 궁극적인 목적은 같지만 세부적인 사항은 안정성, 보안 등등 목적에 따라 조금씩 다르다.

코딩 표준이 주로 안정성이나 신뢰성을 보장해야 하는 임베디드 기기에 사용되는 소프트웨어라면, 영국의 자동차산업 소프트웨어 신뢰성 협회$^{Motor\ Industry\ Software\ Reliability\ Association}$가 발표한 MISRA 코딩 표준을 많이 사용한다. 처음에는 자동차산업에서 사용하고자 MISRA 코딩 표준이 개발되었으나, 2004년에 발표한 코딩 표준에서는 안정성이 중요한$^{Safety-Critical}$ 시스템에서 사용할 수 있도록 그 적용 범위를 넓히고 규칙을 강화했다. 하지만 MISRA 코딩 표준은 안정성과 신뢰성을 목표로 한 만큼 굉장히 엄격하게 개발 규칙을 정해 놓았기 때문에, 일반 소프트웨어를 개발할 때 이 규칙을 적용하면 생산성이 떨어질 수도 있다.

한편 코딩 표준이 주로 해킹 방지를 위해 보안성을 보장해야 한다면, CERT$^{Computer\ Emergency\ Response\ Team}$의 시큐어 코딩$^{Secure\ Coding}$ 표준을 고려해야 한다. CERT는 6장에서 소개한 모리스 웜 대란이 있은 후, 정보 보안 강화를 위해 미국 카네기멜론 대학에 창설된 민간 기구다. 이 기구에서 발표한 시큐어 코딩 표준은 보안 취약성이 더 적은 소프트웨어를 개발하는 것을 목표로 작성되었다. 또한 프로그래밍 언어 C, C++는 물론 자바와 Perl 언어에 대한 개발 규칙을 모두 제공한다.

최근 여러 번의 해킹 대란을 겪은 우리나라 역시 보안성 강화를 위해 개발 단계부터 보안성이 강화된 코드를 작성하도록 유도하는 '시큐어 코딩 가이드Secure Coding Guide'를 발표했다. 정부는 2013년 12월부터 행정기관 등에서 추진하는 개발비 40억 원 이상의 정보화 사업에 반드시 이 시큐어 코딩을 적용하도록 의무화하고 2015년에는 전 정보화 사업에 이 시큐어 코딩을 적용할 계획이다.

이 외에도 JSF 전투기 개발 프로젝트에서 사용하고 있는 JSF 항공기 코딩 표준Joint Strike Fighter Air Vehicle Coding Standards, NASA 산하 제트추진 연구소Jet Propulsion Laboratory에서 발표한 JPL 코딩 표준, 좋은 C++ 소프트웨어를 개발하기 위해 PRQA에서 발표한 High Integrity C++ Coding Standard 등이 있다.

정적 코드 분석

앞서 설명했던 코딩 표준을 잘 지키면 참 좋겠지만 이 코딩 표준안을 구성하고 있는 규칙의 개수는 결코 적지 않다. MISRA-C(2004 버전)의 경우 142개의 규칙이 있기 때문에 수십만 줄의 소스코드를 사람이 한 줄 한 줄 검사하는 것은 시간 낭비, 인력 낭비, 돈 낭비다. 따라서 많은 소프트웨어 회사들은 정적 코드 분석Static Code Analysis이라는 도구(프로그램)를 사용하여 적은 비용으로 소프트웨어 버그를 사전에 예방하고자 노력하고 있다.

정적 코드 분석은 화이트박스 테스팅Whitebox Testing의 일종으로, 소프트웨어의 소스코드를 직접 검사하여 문제가 될 만한 소지를 탐지하는 기법이다. 정적 코드 분석을 잘 이용하면 비교적 이른 단계인 소프트웨어 구현 단계에서 소프트웨어 버그를 잡아낼 수 있으므로 많은 소프트웨어 회사들이 사용하고 있다. 앞서 설명한 코딩 표준은 주로 정적 코드 분석도구와 함께 사용한다.

시중에 나와 있는 정적 코드 분석도구는 다양하며 각각 지원하는 프로그래밍 언어가 다르다. 주로 C, C++, 자바를 많이 지원하고 있으며 최근 추세에 맞게 웹 프로그래밍 관련 언어(PHP, JSP 등)를 지원하는 정적 분석도구도 많아지는 추세다.

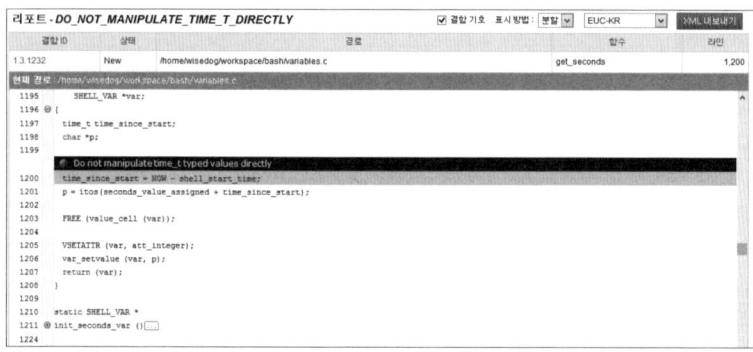

그림 4 정적 코드 분석도구의 오류 탐지 결과 (출처: 파수닷컴 제공)

참고자료

1장

1. "Patriot missile defense, Software problem led to system failure at Dharhan, Saudi Arabia; GAO report IMTEC 92-26", US Government Accounting Office
2. LA Times, "Iraqi Missile Slams Into GIs' Barracks", 1991-02-26
   http://articles.latimes.com/1991-02-26/news/mn-1889_1_scud-attack
3. The Newyork Times, "WAR IN THE GULF: Scud Attack; Scud Missile Hits a U.S. Barracks, Killing 27", 1991-02-26
   http://www.nytimes.com/1991/02/26/world/war-in-the-gulf-scud-attack-scud-missile-hits-a-us-barracks-killing-27.html
4. Wikipedia, Al-Hussein, http://en.wikipedia.org/wiki/Al_Hussein_(missile)

2장

1. Mars Climate Orbiter Failure Board Releases Report, NASA
   http://mars.jpl.nasa.gov/msp98/news/mco991110.html
2. Mars Climate Orbiter, Wikipedia
   http://en.wikipedia.org/wiki/Mars_Climate_Orbiter
3. http://burro.astr.cwru.edu/stu/advanced/20th_soviet_mars.html
4. Report on the Loss of the Mars Polar Lander and Deep Space 2 Missions, JPL Special Review Board
   http://oce.jpl.nasa.gov/mib/casani.pdf

3장

1. AT&T Crash Statement: The Official Report, Risk Forum
   http://catless.ncl.ac.uk/Risks/9.61.html#subj2
2. Cause of AT&T network failure, Risk Forum
   http://catless.ncl.ac.uk/Risks/9.62.html#subj2
3. http://www.uni-koblenz.de/~beckert/Lehre/Seminar-Softwarefehler/Folien/sesterhenn.pdf

---

* 이 책에 실린 '참고자료'는 에이콘출판사 도서정보 페이지(http://www.acornpub.co.kr/book/historic-software-errors)에서 PDF 파일로 확인할 수 있습니다.

4. Brief history of AT&T, http://www.corp.att.com/history/history1.html

4장
1. NORTH AMERICAN ELECTRIC RELIABILITY COUNCIL Final Blackout Report
2. The Great 2003 Northeast Blackout and the $6 Billion Software Bug (The Avaliability Digest)
3. 전기신문 http://www.electimes.com/home/news/main/viewmain.jsp?news_uid=97455

5장
1. USS Yorktown (CG-48), Wikipedia
   http://en.wikipedia.org/wiki/USS_Yorktown_(CG-48)
2. "Sunk by Windows NT", Wired.com
   http://www.wired.com/science/discoveries/news/1998/07/13987
3. "Software glitches leave Navy Smart Ship dead in the water", GCN.com
   http://gcn.com/Articles/1998/07/13/Software-glitches-leave-Navy-Smart-Ship-dead-in-the-water.aspx
4. USS Yorktown (CV-5), Wikipedia
   http://en.wikipedia.org/wiki/USS_Yorktown_(CV-5)
5. http://www.marmach.org/pdf/minutes/arlington010522/smartship.pdf

6장
1. Computing world, http://www.computerworld.com/s/article/82923/The_Story_So_Far
2. Museum of Science-Morris Internet Worm
   http://www.flickr.com/photos/87242149@N00/1802318014/

7장
1. Saab JAS 39 Gripen crash, 8 August 1993, Stockholm, Youtube, http://www.youtube.com/watch?v=4iToQ2Fykol
2. JAS 39 Gripen crash (rare alternate angle) due to pilot-induced oscillation on February 2 1989, Youtube, http://www.youtube.com/watch?v=k6yVU_yYtEc
3. The Stockholm JAS Fighter Crash of 1993, Swedish National Defence College
4. Saab JAS 39 Gripen, Wikipedia English
5. 'JOINT STRIKE FIGHTER - Restructuring Added Resources and Reduced Risk, but Concurrency Is Still a Major Concern', GAO, Mar 20 2012

6. F-22 Raptor crash landing, http://www.youtube.com/watch?v=faB5bldksi8

8장
1. Ariane 5 Flight 501 Failure, Report by the Inquiry Board
2. 의심 많은 교양인을 위한 상식의 반전 101, 김규회, 2012.9.24, 끌리는책
   http://terms.naver.com/entry.nhn?cid=607&docId=1846070&mobile&categoryId=607
3. 항공우주연구정보센터 홈페이지
   http://www.aric.or.kr/trend/history/content.asp?idx=3538
4. [G20'新기술 전쟁' 현장을 가다] [1] 우주시장 연간 169조(兆)… 무한 보고(寶庫)에 '무한경쟁', 조선일보, 2010.01.01
   http://issue.chosun.com/site/data/html_dir/2010/01/19/2010011900723.html
5. Un petit bogue, un grand boum !, Jean-Jacques Levy, INRIA
   http://moscova.inria.fr/~levy/talks/10enslongo/enslongo.pdf

9장
1. "Greek, South Korean Tankers Attacked", 1984.09.17, AP
2. David B.Crist, "Joint Special Operations in Support of Earnest will", 2012.02, DTIC
3. Dan Craig/Dan Morales/Mike Oliver, "USS Vincennes Incident"
4. Investigation Report-Formal Investigation into the Circumstances Surrounding the Downing of Iran Air Flight 655 on 3 July 1988, Seal, U.S. Department of Defense
5. "Overwhelmed by Technology: How did user interface failures on board the USS Vincennes lead to 290 dead?", Luke Swartz
6. 승자도 패자도 없었던 이란-이라크 전쟁, 한겨레, 2008.09.29

10장
1. 류종화, "소니, PS3 작동불능 원인은 윤년 계산 실수", 2010.03.02, 게임메카
2. Weekly World News, Vol. 14, No. 35, 8 Jun 1993
3. Andy Boxall, "TomTom's "leap year bug" causes problems: will getting cozy with car makers help save the industry?", 2012.04.04, Digital Trends
4. "Program Error Halts Hospitals' Computer Work", 1989.09.20, Washington Post
5. 김대영, 이승훈, "소니 PS3, 날짜인식 'Y2K' 오류", 2010.03.01, 매일경제

11장

1. 이브 온라인 커뮤니티 글

   http://community.eveonline.com/news/dev-blogs/about-the-boot.ini-issue/
2. http://www.koreahealthlog.com/143

12장

1. Tony Long, "Sept. 26, 1983: The Man Who Saved the World by Doing … Nothing", 26 Sep. 2007, Wired
2. Stanislav Petrov, Wikipedia

   http://en.wikipedia.org/wiki/Stanislav_Petrov
3. Anastasiya Lebedev, "The Man Who Saved the World Finally Recognized", 21 Mar 2004, MosNews

   http://web.archive.org/web/20110721000030/http://www.worldcitizens.org/petrov2.html
4. William Burr, "The 3 A.M. Phone Call", 1 Mar. 2012, National Security Archive

13장

1. Nancy Leveson, "Medical Devices: The Therac-25", University of Washington
2. 건양대학교 방사선 종양학과 홈페이지
3. "전세계 암 발생, 2030년까지 75% 급증 전망", 연합뉴스, 2012.06.01
4. 방사능 분석센터 홈페이지

14장

1. NASA Mars Global Surveyor webpage
2. White Paper-Mars Global Surveyor (MGS) Spacecraft Loss of Contact, NASA, 2007.04.13
3. NASA Mars Exploration Rover webpage
4. NASA Spirit Mission Status page

15장

1. "Businesses stung by BOQ computer bug" The Sydney Morning Herald, 3 Jan 2010
2. "Bank of Queensland hit by 'Y2.01k' glitch", itNews for Australian Business, 4 Jan 2010
3. Whitney Kisling, "Knight Capital Reports Net Loss After Software Error", Bloomberg, 18

Oct 2012
4. Stephanie Ruhle, Christine Harper & Nina Mehta , "Knight Trading Loss Said to Be Linked to Dormant Software", Bloomberg, 15 Aug 2012
5. Wayne Lilley, "Vancouver stock index has right number at last", Toronto Star, 29 Nov 1983
6. "In the Matter of Knight Capital Americas LLC Respondent", SECURITIES AND EXCHANGE COMMISSION, 16 Oct 2013
7. 김동호, "나이트캐피탈, 시스템 오류로 4억$ 넘게 손실", 뉴스핌, 2012.8.3

16장
1. AIRCRAFT ACCIDENT REPORT (PB00-910401, NTSB/AAR-900/01, DCA97MA058), National Transportation Safety Board
2. "Lessons Learned , American Airlines Flight 965, B-757, N651AA", FAA http://lessonslearned.faa.gov/ll_main.cfm?TabID=3&LLID=43&LLTypeID=2
3. American Airlines Flight 965 CVR/FDR Transcript, http://www.avweb.com/news/safety/183057-1.html?redirected=1
4. AA965 Cali Accident Report, AERONAUTICA CIVIL of THE REPUBLIC OF COLOMBIA
5. 고호관, "추락하는 비행기에서 살아남으려면?", 2013.08, 과학동아

17장
1. 2007 회계연도 감사활동의 성과 및 결산 검사 결과, 감사원
   http://www.bai.go.kr/
2. "정부 17조원 로또 맞았다"(?), 머니투데이
   http://www.mt.co.kr/view/mtview.php?type=1&no=2007090716350623316
3. 권 부총리, 통합재정수지 오류 사과, 공감코리아
   http://media.daum.net/politics/administration/view.html?cateid=1017&newsid=20070911085007380&p=govpress
4. 상반기 재정적자 6.1조원, 아시아경제
   http://media.daum.net/economic/finance/view.html?cateid=1037&newsid=200708231102090 70&p=akn
5. 나라살림 17조 엉터리계산한 예산회계시스템, 600억 들였는데도 프로그램 오류, 한국경제
   http://www.hankyung.com/news/app/newsview.php?aid=2007090930081&sid=0101&nid=002&ltype=1

6. 디지털예산회계시스템 '애물단지'로, 전자신문
http://www.etnews.co.kr/news/detail.html?id=200702010220

18장

1. Michael Barr, BOOKOUT V. TOYOTA, 2005 Camry L4 Software Analysis, Barr Group
2. Angus MacKenzie, Scott Evans, "The Toyota Recall Crisis", Jan. 2010, Motor Trend
   http://www.motortrend.com/features/auto_news/2010/112_1001_toyota_recall_crisis/october.html
3. http://www.youtube.com/watch?v=03m7fmnhO0I
4. KATE LINEBAUGH, DIONNE SEARCEY & NORIHIKO SHIROUZU, "Secretive Culture Led Toyota Astray", 8 Feb. 2010, Wall Street Journal
   http://online.wsj.com/news/articles/SB10001424052748704820904575055733096312238
5. "Toyota to recall 436,000 hybrids globally-document", 8 Feb. 2010, Reuters
   http://www.reuters.com/article/2010/02/09/toyota-recall-announcement-idUSTKG00664220100209
6. 정경민, "도요타 억울함, NASA가 풀어줬다", 2011년 2월 10일, 중앙일보
   http://article.joins.com/news/article/article.asp?total_id=5033176&cloc=olink|article|default

소프트웨어 개발자를 위한 에필로그

1. B.Boehm and Basil, Software Defect Reduction Top 10 List, IEEE Computer
2. Infographic of Coverity

그림 출처

1장

그림 1-1

http://www.openstreetmap.org

그림 1-2

http://en.wikipedia.org/wiki/Al_Hussein_(missile)#mediaviewer/File:AlHussein-Strike.JPEG

(http://www.defenseimagery.mil/assetDetails.action?guid=83d8e0f7711eed05afce38d9d1b674e6d8fab8a6#prof)

그림 1-3

http://www.raytheon.com/capabilities/products/patriot/

그림 1-4, 그림 1-5

PATRIOT MISSILE DEFENSE:Software Problem Led to System Failure at Dhahran, Saudi Arabia

http://www.gao.gov/products/IMTEC-92-26

(http://www.gao.gov/assets/220/215614.pdf)

2장

그림 2-1

http://www.jpl.nasa.gov/explorer/captions/sputnik.php

그림 2-2

http://nssdc.gsfc.nasa.gov/nmc/spacecraftDisplay.do?id=MARSNK1

그림 2-3

http://mars.jpl.nasa.gov/MPF/martianchronicle/martianchron2/marschro24.html

그림 2-4

http://nssdc.gsfc.nasa.gov/nmc/spacecraftDisplay.do?id=1971-049F

그림 2-5

http://photojournal.jpl.nasa.gov

---

* 이 책에 실린 '그림 출처'는 에이콘출판사 도서정보 페이지(http://www.acornpub.co.kr/book/historic-software-errors)에서 PDF 파일로 확인할 수 있습니다.

그림 2-6
http://www.jpl.nasa.gov/history/70s/Viking1_1976.htm
그림 2-7
http://nssdc.gsfc.nasa.gov/planetary/marspath_images_2.html
그림 2-8
http://nssdc.gsfc.nasa.gov/planetary/news/mco_19990923.html
그림 2-9
http://photojournal.jpl.nasa.gov/targetFamily/Mars?subselect=Mission%3AMars+Climate+Orbiter+%3A
그림 2-10
http://nssdc.gsfc.nasa.gov/nmc/spacecraftDisplay.do?id=1962-061A
그림 2-11
http://mars.jpl.nasa.gov/msp98/news/mco991110.html
그림 2-12
Report on the Loss of the Mars Polar Lander and Deep Space 2 Missions
http://mars.jpl.nasa.gov/msp98/news/mco991110.html
ftp://ftp.hq.nasa.gov/pub/pao/reports/1999/MCO_report.pdf
그림 2-13
http://mars.jpl.nasa.gov/msp98/msss/mars_relay/ds2_mpl_role/

3장

그림 3-1
https://www.flickr.com/photos/usnationalarchives/3660047829/
그림 3-2
https://www.corp.att.com/history/nethistory/switching.html

4장

그림 4-1
http://en.wikipedia.org/wiki/Northeast_blackout_of_2003
(http://en.wikipedia.org/wiki/Northeast_blackout_of_2003#mediaviewer/File:Map_of_North_America,_blackout_2003.svg)
그림 4-2
http://en.wikipedia.org/wiki/Northeast_blackout_of_2003
(http://en.wikipedia.org/wiki/Northeast_blackout_of_2003#mediaviewer/File:2003_New_

York_City_blackout.jpg)

그림 4-3

http://electrical-engineering-portal.com/scada-as-heart-of-distribution-management-system

그림 4-4 ~ 그림 4-13

NORTH AMERICAN ELECTRIC RELIABILITY COUNCIL Final Blackout Report
(http://energy.gov/sites/prod/files/oeprod/DocumentsandMedia/BlackoutFinal-Web.pdf)

5장

그림 5-1

http://www.history.navy.mil/photos/sh-usn/usnsh-xz/cv5.htm
(http://www.history.navy.mil/photos/images/h42000/h42341.jpg)

그림 5-2

http://www.history.navy.mil/photos/events/wwii-pac/coralsea/coralsea.htm
(http://www.history.navy.mil/photos/images/g10000/g11916.jpg)

그림 5-3

http://www.history.navy.mil/photos/events/wwii-pac/midway/mid-4n.htm
(http://www.history.navy.mil/photos/images/h73000/h73064.jpg)

그림 5-4

http://www.history.navy.mil/photos/sh-usn/usnsh-xz/cv5.htm
(http://www.history.navy.mil/photos/images/g310000/g312018.jpg)

그림 5-5

http://www.history.navy.mil/photos/sh-usn/usnsh-xz/cv5.htm
(http://www.history.navy.mil/photos/images/g410000/g414423.jpg)

그림 5-6

http://www.history.navy.mil/photos/sh-usn/usnsh-xz/cv5.htm
(http://www.history.navy.mil/photos/images/g10000/g17061.jpg)

그림 5-7

http://www.history.navy.mil/photos/events/wwii-pac/midway/mid-10d4.htm

그림 5-8

http://www.history.navy.mil/photos/images/i06000/i06517c.htm

6장

그림 6-1

http://home.claranet.nl/users/pb0aia/vax/

그림 6-2

http://www.flickr.com/photos/87242149@N00/1802318014/

7장

그림 7-1

http://cs.wikipedia.org/wiki/Saab_JAS-39_Gripen

그림 7-2

http://www.youtube.com/watch?v=k6yVU_yYtEc

그림 7-3

http://www.youtube.com/watch?v=4iToQ2Fykol

그림 7-4

http://www.youtube.com/watch?v=faB5bldksi8

8장

그림 8-1

http://commons.wikimedia.org/wiki/File:Ariane_5_(mock-up).jpg

그림 8-2

http://de.wikipedia.org/wiki/Ariane_(Rakete)#mediaviewer/Datei:Ariane_44LP_clone_at_Space_Center_Bremen.jpg

그림 8-3 ~ 그림 8-6

http://www.youtube.com/watch?v=jHc2yKZml78

그림 8-7

http://www.jzepcevski.com/mundane-explosions

9장

그림 9-1

http://www.openstreetmap.org

그림 9-2

http://commons.wikimedia.org/wiki/File:Islamic_Government_(17_Shahrivar).jpg

그림 9-3

http://new.sajed.ir/menu1/Description.aspx?id=77056, GFDL

그림 9-4
http://www.dodmedia.osd.mil/Assets/1988/Navy/DN-ST-88-01405.JPG
(http://commons.wikimedia.org/wiki/File:Earnest_Will_Gas_King.jpg)

그림 9-5
http://www.dodmedia.osd.mil/Assets/1993/Navy/DN-SN-93-01453.JPEG
(http://en.wikipedia.org/wiki/USS_Samuel_B._Roberts_(FFG-58)#mediaviewer/File:Ffg58minedamage.jpg)

그림 9-6
http://www.dodmedia.osd.mil/Assets/Still/1989/Navy/DN-SN-89-03122.JPEG
(http://en.wikipedia.org/wiki/Operation_Praying_Mantis#mediaviewer/File:Bild-Prayingmantis5sahand.jpg)

그림 9-7
Persian Gulf lessons learend Report: April 1987 p2
(http://www.warboats.org/images/pdf/0629.pdf)

그림 9-8
http://www.dodmedia.osd.mil/Assets/1987/Navy/DN-SC-87-06412.JPEG
(http://en.wikipedia.org/wiki/USS_Stark_(FFG-31)#mediaviewer/File:USS_Stark.jpg)

그림 9-9
http://www.iiaf.net/archive/aircraft/images/f_14__caring_hawk_missle.jpg
(http://en.wikipedia.org/wiki/Grumman_F-14_Tomcat#mediaviewer/File:Irani_F-14_Tomcats_carrying_AIM-54_Phoenixs.jpg)

그림 9-10
Luke Swartz http://xenon.stanford.edu/~lswartz/vincennes.pdf

그림 9-11
http://www.dodmedia.osd.mil/Assets/1993/Navy/DN-ST-93-04318.JPEG
(http://en.wikipedia.org/wiki/Aegis_Combat_System#mediaviewer/File:USS_Vincennes_(CG-49)_Aegis_large_screen_displays.jpg)

그림 9-12
http://www.dodmedia.osd.mil/Assets/Still/1989/Navy/DN-ST-89-02262.JPEG
(http://en.wikipedia.org/wiki/USS_Vincennes_(CG-49)#mediaviewer/File:USS_Vincennes_returns_to_San_Diego_Oct_1988.jpg)

10장

그림 10-1

http://www.activewin.com/zune/facts_and_images_20060914.shtm

그림 10-2

http://bitchen.egloos.com/v/5260860

그림 10-3

http://uk.hardware.info/productinfo/106704/tomtom-go-live-1000-europe

그림 10-4

http://books.google.co.kr/books?id=Ge4DAAAAMBAJ&pg=PA45&dq=school+registers+104-years-old&hl=en&sa=X&ei=nM20U-OcEtff8AWvmlDoCg&ved=0CBwQ6AEwAA#v=onepage&q=school%20registers%20104-years-old&f=false

11장

그림 11-1

http://www.dailymail.co.uk/sport/football/article-2071587/Andy-Carroll-kisses-Lukasz-Fabianski-FIFA-12.html

그림 11-2

http://www.kotaku.com.au/2010/10/fallout-new-vegas-has-bug-issues/

그림 11-3

http://stock.mt.co.kr/view/mtview.php?no=2012011120508134045&type=1

그림 11-4

http://www.eveonline.com/creations/wallpapers/eve-online-mining-operation/

그림 11-5

http://eu.blizzard.com/en-gb/games/wrath/

그림 11-6

http://kotaku.com/5943540/seven-years-later-deadly-plague-returns-to-world-of-warcraft

12장

그림 12-1

http://commons.wikimedia.org/wiki/File:Atomic_cloud_over_Hiroshima_(from_Matsuyama).jpg

그림 12-2

http://en.wikipedia.org/wiki/Able_Archer_83#mediaviewer/File:SS20_irbm.jpg

그림 12-3

http://sprocketink.com/the-important-lesson-of-stan-the-man-petrov/stanislav-petrov/

그림 12-4

http://www2.gwu.edu/~nsarchiv/nukevault/ebb371/

그림 12-5

http://www2.gwu.edu/~nsarchiv/nukevault/ebb371/

13장

그림 13-1

http://www.index.go.kr/potal/main/EachDtlPageDetail.do?idx_cd=2770

그림 13-2

http://news.stanford.edu/news/2007/april18/med-accelerator-041807.html

그림 13-3

http://visuals.nci.nih.gov/details.cfm?imageid=1924

그림 13-6

http://hci.cs.siue.edu/NSF/Files/Semester/Week13-2/PPT-Text/Slide13.html

그림 13-9, 그림 13-10

Nancy Leveson, "Medical Devices: The Therac-25", University of Washington (http://sunnyday.mit.edu/papers/therac.pdf)

그림 13-11

http://health-7.com/Textbook%20of%20Radiation%20Oncology/7%20%E2%80%93%20Principles%20of%20Radiation%20Physics/4

그림 13-12

Nancy Leveson, "Medical Devices: The Therac-25", University of Washington (http://sunnyday.mit.edu/papers/therac.pdf)

14장

그림 14-1

http://www.nasa.gov/centers/jpl/missions/mgs.html

그림 14-2

http://www.msss.com/mars_images/moc/lpsc2000/3_00_dustdevil/

그림 14-3

http://www.msss.com/mars_images/moc/2003/06/26/

그림 14-4

http://images.ksc.nasa.gov/photos/1996/captions/KSC-96PC-1092.html

그림 14-5

http://en.wikipedia.org/wiki/Mars_3#mediaviewer/File:Mars_3_Image.png

그림 14-6

http://nssdc.gsfc.nasa.gov/nmc/spacecraftDisplay.do?id=1975-075C

그림 14-7

http://en.wikipedia.org/wiki/Mars_Pathfinder#mediaviewer/File:Sojourner_on_Mars_PIA01122.jpg

그림 14-8

http://www.nasa.gov/mission_pages/mars/images/20081204-e.html

그림 14-9

http://nssdc.gsfc.nasa.gov/planetary/mars/mars_exploration_rovers/mera_images.html

그림 14-10

http://www.jpl.nasa.gov/news/news.php?release=2009-071

그림 14-11

http://apod.nasa.gov/apod/ap090601.html

15장

그림 15-2

http://finance.google.com

16장

그림 16-1

http://www.defense.gov/photos/newsphoto.aspx?newsphotoid=813

그림 16-5

http://www.defense.gov/dodcmsshare/newsphoto/1997-08/970806-N-4790M-013.jpg

그림 16-6

http://www.openstreetmap.org

그림 16-7, 그림 16-9, 그림 16-11 ~ 그림 16-15

http://lessonslearned.faa.gov/ll_main.cfm?TabID=3&LLID=43&LLTypeID=2

18장

그림 18-2

http://commons.wikimedia.org/wiki/File:2007-Lexus-ES350-2.jpg

그림 18-3

http://upload.wikimedia.org/wikipedia/commons/6/6d/2005_Toyota_Camry_XLE_01.jpg

그림 18-4 ~ 그림 18-6

http://www.safetyresearch.net/Library/BarrSlides_FINAL_SCRUBBED.pdf

소프트웨어 개발자를 위한 에필로그

그림 1

http://en.wikipedia.org/wiki/Grace_Hopper#mediaviewer/File:H96566k.jpg

찾아보기

ㄱ
게임 167
경쟁 상태 89
괌 국제공항 247
광역 정전 사태 70
교환기 61, 64
국산 패키지 게임 169
그레고리력 156
그리펜 114, 115, 120
글라이드 슬롭 247, 248
급발진 277, 280

ㄴ
나로호 123
나이키-허큘리스 28
나이트 캐피털 240, 241
내비게이션 162
내장 소프트웨어 285
뉴욕 증시 240, 241
뉴턴 53

ㄷ
다란 25, 32
대륙간탄도미사일 181
대한항공 246
대한항공 007편 177
대한항공 801편 246, 249
도요타 278, 280, 283, 284, 290
동 텍사스 암센터 195, 200
디지털예산회계시스템 269

ㄹ
라드 191
레인지 게이트 29, 30, 31, 33, 34
렉서스 278
로메오 무선표지국 256, 260, 262, 265
로버 224
로버트 테판 모리스 104
로조 256
리콜 283

ㅁ
마리너 40
마스 글로벌 서베이어 46, 54, 218, 220, 223
마스 익스플로레이션 로버 228
마스 패스파인더 46, 226
마이크로소프트 157
마이클 바 285
모리스 106, 110
모리스 웜 106, 109, 110
무선표지국 256
미국 연방항공청 252
미국 회계감사원 120
미드웨이 해전 94, 99
미러링 289
미 해군 91

ㅂ
바그룹 285, 290
바이킹 1호 45
바이킹 2호 217

315

반다르 압바스 143
방사능 후유 장애 200
방사선 과다 피폭 209
방사선사 190, 192, 193, 195, 199, 207
방사선 치료 187
방사선 후유 장애 209
밴쿠버 증권거래소 236, 237
버퍼 오버플로우 104
보잉 245
보잉 757기 255
보잉 777 245
보잉 787 245
부검 194
북미 우주항공국 109
북미 항공우주 방위사령부 180
블랙아웃 70, 71, 73
블리자드 172
비행 관리 시스템 258
빈센스 144, 146, 151

ㅅ

사담 후세인 139
사브 114
산란박 203
산호해 해전 92, 94
상태 관측 소프트웨어 75
샘미스-스타 79, 84
선속평탄여파기 204
선형가속기 187, 203
소니 159
소저너 226, 227
소프트맥스 169
소프트웨어 사용성 137
소프트웨어 신뢰성 209

수니파 139
순환 복잡도 289
쉘 103
스로틀 280, 284
스마트 쉽 100
스커드 25, 27, 31, 33
스타-사우스 칸톤 78, 79
스택 오버플로우 289
스튜어트-아틀란타 77
스티브 잡스 157
스푸트니크 1호 37
스피드 브레이크 261
스피릿 228, 229
슬립 모드 228
시나리오 수행 151
시아파 139
시큐어 코딩 296

ㅇ

아기 벨 59
아리안3 125
아리안4 125, 126
아리안5 124, 125, 132
아리안스페이스 124, 125
아메리칸항공 254
아메리칸항공 965편 254, 262
아우터 마커 249
아이팟 157
안전 모드 221
알렉산더 그레이엄 벨 57
알 후세인 29
암세포 187
야키마밸리 메모리얼 병원 194, 202, 207
엄마 벨 58

에어로 브레이킹 49, 50, 51
에어버스 152
엑스선 188, 196, 202, 207
엑스선 타겟 204
예외 처리 130
오염된 피 172
오퍼튜니티 228
온타리오 암재단 192
옵저버 46
요크타운 91, 95
우주 경쟁 37, 217
우주 탐사 45
월드 오브 워크래프트 172
웜 106, 108
유닉스 73, 110
유럽우주국 124, 126, 134, 221
윤년 156
윤년 버그 158, 163
율리우스력 156
이라크 138
이란 138
이란-이라크 전쟁 139, 142
이란항공 655편 145, 147, 150, 152
이브 온라인 170
이슬람 혁명 138, 139
이지스 99
인공위성 123, 124

ㅈ
자동 조종 시스템 262
장거리 전화 네트워크 57
장거리 전화 서비스 59
재정경제부 269, 271
전기 70

전력 신뢰도 조정 서비스 74
전염병 174
전자선 188, 195, 196
전자식 교환기 59
전자 장비화 277
전자제어 스로틀 284
정적 코드 분석 297
제트 추진 연구소 48
조기경보 시스템 179, 181
조사 187
주가지수 236, 237
준 157
중동 137
직불카드 238

ㅊ
착륙 브리핑 247
챔벌린-하딩 78
최저 안전고도 경고 시스템 251

ㅋ
칼리 무선표지국 256
칼리 국제공항 254, 256, 258, 263
켄스톤 종앙센터 190
코딩 규약 289
코딩 표준 296
콘솔 192
쿠웨이트 140
퀸즈랜드 은행 238

ㅌ
타이콘데로가 100
탐사선 37, 217
태양 전지판 220, 223, 232

태평양전쟁 94
턴테이블 205
테락6 188
테락20 188
테락25 188, 190, 193, 195, 198, 209
툴루아 256
툴루아 무선표지국 259
트립 76, 78

ㅍ
파운드힘 53
파워 페그 241
패트리어트 27, 30, 31, 34
퍼스트에너지 73, 80, 84, 88
펫 173
플라이 바이 와이어 114
플레이스테이션3 159
피아식별코드 149, 150
피폭 190, 194
필드 라이트 205, 207

ㅎ
한국정보사회진흥원 270
한나-주니퍼 79
항공모함 92
핵무기 175, 176
허위 경보 252
호르무즈 해협 143
호메이니 138
호크 28
화성 37, 41, 48, 217
화성 극지 착륙선 47
화성 기후 궤도 탐사선 47
화성 탐사 '98 계획 47

화성 탐사선 38, 43
화성 탐사선 마스 옵저버 46
화이트박스 테스팅 297

A
AECL 188, 191, 201, 208, 209
Aegis 99
Aerobreaking 49
Alexander Graham Bell 57
Al-Hussein 29
American Airlines 254
American Telephone and Telegraph 57
Ariane 124
Arianespace 124
Atomic Energy of Canada Limited 188
AT&T 57, 58, 64

B
Baby Bell 59
Bandar Abbas 143
Bank of Queensland 238
Barr Group 285
Binary-coded decimal 239
Blackout 70
Blizzard 172
Boeing 245

C
Cali 254
CALI 256
CCP 170, 171
CERT 296
CGR 188
Chamberlin-Harding 78

Coding Standard 296
Computer Emergency Response Team 296
Corrupted Blood 172

D
Dhahran 25
Divided by Zero 101

E
East Texas Cancer Center 195
EFTPOS 237, 238, 240
Electron 188
Electronic Funds Transfer at Point of Sale 237
EMS 74, 88
Energy Management System 74
ESA 124
European Space Agency 124, 222
Eve Online 170

F
F-14 143, 144, 146
F-22 118, 120
F-35 120
F/A-18 E/F 120
FAA 252
False Alarm 252
FCS 115, 117, 118
Federal Aviation Administration 252
Field Light 205
FirstEnergy 73
Flattening Filter 204
Flight Management System 258

Fly-by-Wire 114
FMS 259, 261, 263

G
GAO 120
GE 74
General Electric 74
Glide Slop 247
Government Accountability Office 120
GPWS 250, 265
Gripen 114
Ground Proximity Warning System 250

H
Hanna-Juniper 79
HAWK 28

I
IAM 62, 63
Identification Friend or Foe 149
IFF 149
IFF 모드 150
Inertial Reference System 126
Initial Address Message 62
iPod 157

K
Knight Capital Americas 240

L
Linear Accelerator 187

M
Ma Bell 59

Mars Climate Orbiter 47
Mars Exploration Rover 228
Mars Global Surveyor 46
Mars Observer 46
Mars Pathfinder 46, 226
Mars Polar Lander 47
Mars Surveyor '98 47
Massively Multiplayer Online Role Playing Game 170
MCO 47, 49, 51, 54
Michael Barr 285
Midwest Independent System Operator 75
Minimum Safe Altitude Warning 251
mirroring 289
MISO 75
MISRA-C 289
MMORPG 170, 172
Morris Worm 106
MPL 47, 54

N
NASA 48, 54, 109, 221, 228, 284, 289
National Highway Traffic Safety Administration 280
NHTSA 280, 281, 283
Nike-Hercules 28
Non Player Character 173
NORAD 182
North American Aerospace Defense Command 181
NPC 173

O
OBC 127, 130, 133

Observer 46
On Board Computer 127
Opportunity 228
Outer marker 249

P
Pet 173
Power Peg 241

R
race condition 89
rad 191
Range Gate 29
Reliability 209
Robert Tappan Morris 104
ROMEO 262
Rover 224
ROZO 256

S
Saab 114
Sammis-Star 79
Scattering Foil 203
Scenario Fulfillment 151
SCUD 25
Secure Coding 296
Shell 103
Sleep Mode 228
Smart ship 100
Sojourner 226
Sony 159
Speed Break 261
Spirit 228
Sputnik 37

SRI 126
Stack Overflow 289
Star-South Canton 78
state estimator/state observer 75
Steve Jobs 157
Stuart-Atlanta 77

T
Therac-6 188
Therac-20 188
Ticonderoga 100
TULUA 256

U
UI 149
UNIX 73
User Interface 149
USS Vincennes 144

V
Viking 45
VOR 256

W
Whitebox Testing 297
World of Warcraft 172

X
X-Ray 188
X-Ray Target 204

Y
Y2.01K 버그 240
Y2K 버그 155, 163

Yakima Valley Memorial Hospital 194
Yorktown 91

Z
Zune 157

숫자
1단 로켓 123, 124
1화성년 220
2진수로 쓰여진 10진수 239
4ESS 60
7화성일 227
9.15 대정전 69, 70

 에이콘출판의 기틀을 마련하신 故 정완재 선생님 (1935-2004)

역사 속의 소프트웨어 오류
부실한 소프트웨어가 초래한 위험천만한 사건 사고들

초판 인쇄 | 2014년 7월 10일
4쇄 발행 | 2023년 6월 1일

지은이 | 김 종 하

펴낸이 | 권 성 준
편집장 | 황 영 주
편 집 | 김 진 아
　　　　임 지 원
디자인 | 윤 서 빈

에이콘출판주식회사
서울특별시 양천구 국회대로 287 (목동) 2층
전화 02-2653-7600, 팩스 02-2653-0433
www.acornpub.co.kr / editor@acornpub.co.kr

Copyright ⓒ 에이콘출판주식회사, 2014, Printed in Korea.
ISBN 978-89-6077-572-5
http://www.acornpub.co.kr/book/historic-software-errors

이 도서의 국립중앙도서관 출판시도서목록(CIP)은 서지정보유통지원시스템 홈페이지(http://seoji.nl.go.kr)와
국가자료공동목록시스템(http://www.nl.go.kr/kolisnet)에서 이용하실 수 있습니다.
(CIP제어번호: CIP2014020514)

책값은 뒤표지에 있습니다.